ÉTUDES COMMERCIALES

PAR

Mᴸᴸᴱ ÉLISE LUQUIN

Officier de l'Instruction publique,

Directrice fondatrice des cours supérieurs d'enseignement
commercial, à Lyon.

TOME II

COMPTABILITÉ — TENUE DES LIVRES

Ouvrage honoré des subventions du Ministère de l'Instruction
publique et des subventions de la ville de Paris ; admis au catalogue
des bibliothèques scolaires, pédagogiques et populaires.

PARIS

GUILLAUMIN & Cⁱᵉ
LIBRAIRES
Éditeurs du *Journal des Economistes*
14, rue Richelieu, 14

IMPRIMERIE ET LIBRAIRIE
CLASSIQUES
DELALAIN FRÈRES
56, rue des Écoles, 56

1886

ÉTUDES COMMERCIALES

—

TOME II

MACON, TYP. ET LITH. PROTAT FRÈRES.

ÉTUDES COMMERCIALES

PAR

Mlle ELISE LUQUIN

Officier de l'Instruction publique,

Directrice fondatrice des cours supérieurs d'enseignement
commercial, à Lyon.

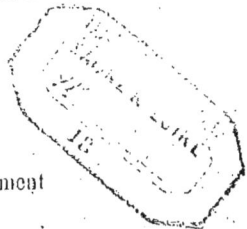

TOME II

COMPTABILITÉ — TENUE DES LIVRES

Ouvrage honoré des subventions du Ministère de l'Instruction
publique et des subventions de la ville de Paris; admis au catalogue
des bibliothèques scolaires, pédagogiques et populaires.

PARIS

GUILLAUMIN & Cie
LIBRAIRES
Éditeurs du *Journal des Économistes*
14, rue Richelieu, 14

IMPRIMERIE ET LIBRAIRIE
CLASSIQUES
DELALAIN FRÈRES
56, rue des Écoles, 56

1886

AVANT-PROPOS

Nous publions aujourd'hui la deuxième partie de nos cours, celle que nous destinons à l'étude de la comptabilité générale et plus spécialement à la Tenue des livres.

La bienveillante sympathie accordée à ce travail par M. le Ministre de l'instruction publique, les souscriptions données par l'Etat et par la ville de Paris à la première partie de cet ouvrage comprise dans le premier volume des Etudes commerciales, leur inscription au catalogue des bibliothèques pédagogiques et populaires sont autant de sujets d'encouragement à cette œuvre; aussi, c'est pour nous un devoir d'en poursuivre la publication.

Il y a quelques mois, la première partie de cet ouvrage, l'Etude du droit commercial et les notions d'Economie politique, recevait sa sanction dans sa présentation à l'Académie des sciences morales et politiques.

Le rapport, si élogieux et si flatteur, de M. Levasseur, membre de l'Institut, renferme de nouveaux motifs à notre reconnaissance.

Nous poursuivons donc la publication de cet ouvrage qui, nous l'espérons, aidera à la propagation de nos Études commerciales dont nous avons fait le but de notre carrière dans l'enseignement.

Cette deuxième partie d'études, absolument pratiques, semble peut-être aride; nous la publions avec l'espoir de généraliser cet enseignement, d'en multiplier les résultats intéressants et de propager partout les services rendus aux jeunes filles par l'Ecole supérieure commerciale, fondée à Lyon en 1857-58.

La tâche est rendue facile par les études que nous avons faites sous la direction de l'éminent professeur M. B. Rolland, dont les conseils ont préparé, au commerce de notre ville, ses meilleurs administrateurs, ses plus sages financiers, et tant de négociants instruits dont les noms, comme le sien, restent l'honneur de notre commerce lyonnais.

Nous avons envers notre professeur, véritable fondateur de l'enseignement commercial à Lyon, un devoir de reconnaissance.

Nous tâcherons de le remplir en faisant connaître les règles si simples et si claires sur lesquelles sont basés ses programmes.

Avec autorisation spéciale, nous emprunterons parfois ses théories; celle du mécanisme des comptes dans les parties doubles, l'organisation de la liquidation appartiennent à son enseignement.

Le nouveau volume que nous publions comprend l'étude de la comptabilité générale, ses diverses applications, soit à l'industrie manufacturière, soit à l'industrie commerciale ; il s'applique surtout à cette dernière.

Nous insistons particulièrement sur les principes fondamentaux, qui sont les bases de toute comptabilité et de chaque comptabilité en particulier.

Indépendamment des principes exposés, notre travail comporte la solution d'une série de propositions relatives à la gestion d'un commerce, comprenant les opérations les plus simples et dont les spéculations ne s'étendent que rarement au delà du marché national, mais suffisantes pour que l'élève, qui aura suivi l'ensemble des questions traitées, soit en état d'administrer une industrie, un commerce, d'en surveiller les opérations et leur règlement à l'inventaire.

Pour compléter son travail, l'élève doit clore ces exercices pratiques par la solution de propositions relatives à la liquidation du commerce qui se dissout et laisse sa suite à une société, de telle sorte que tous les comptes de ce premier commerce, placés au Grand-Livre, se trouvent arrêtés et réglés par eux-mêmes, ou les uns par les autres, ou enfin par le compte du commerce qui est liquidateur.

Nous le répétons, si ces principes très simples sont suivis avec précision et réflexion par nos élèves, si la série des propositions est comprise, si elle est appliquée par l'organisation et l'ouverture des divers livres et des comptes dont se compose une comptabilité commerciale, les règles que nous avons posées suffisent aux exigences même les plus compliquées.

Nous avons dit quelques mots des changes et de la négociation des effets de commerce; mais le cadre restreint de ce travail, essentiellement pratique, et plus spécialement destiné à l'étude que les jeunes femmes doivent faire dans une école supérieure de commerce, ne nous a pas permis d'entrer plus avant et de placer tous les documents qui peuvent constituer un enseignement complet des changes, des monnaies et toutes les questions importantes de la science commerciale.

Nous voulons remplir exactement notre programme et laisser à cet ouvrage élémentaire son caractère pratique et son titre général d'Etudes commerciales.

ELISE LUQUIN,

Officier de l'Instruction publique,

Directrice et fondatrice des cours de Lyon.

Extrait du Rapport du Jury international,
Groupe II, Classe VII.

L'ENSEIGNEMENT SECONDAIRE

Par M. Emile CHASLES

Secrétaire du Jury, Inspecteur général de l'Instruction
publique.

L'ENSEIGNEMENT DES FEMMES

FONDATION DES ÉCOLES TECHNIQUES

« L'enseignement des femmes doit son développement sérieux au commerce et à l'industrie, c'est-à-dire que le caractère professionnel attaché à certaines Écoles les a fait seul connaître, aimer et fréquenter. Ce que les philosophes réclamaient sans l'obtenir, la reconnaissance du droit des femmes dans la vie moderne se trouve obtenu de fait par la création spontanée des cours les plus modestes à l'usage des filles. Les questions fort graves de l'amélioration du sort des femmes, de l'élévation de leur salaire, de la dignité de leur existence, de leur droit à la liberté par le travail, de l'avenir des orphelines, de la retraite des veuves, de l'accès des unes ou des autres aux professions et emplois que les hommes détiennent, tous ces problèmes soulevés depuis longtemps par les penseurs, mais aussitôt déplacés, faussés et compromis par les déclamations ou les utopies, soit des ambitieux, soit des femmes émancipées, ont trouvé leur solution pratique dans la nécessité de former des caissières pour une ville de commerce ou des brodeuses pour une ville d'industrie. Une simple Ecole de comptabilité, un atelier de couture et de broderie, devenaient l'embryon d'une véritable Ecole technique et professionnelle, pourvu qu'il se trouvât, ici ou là, des femmes résolues se passionnant pour l'œuvre même, s'y consacrant tout entières, et l'élevant de proche en proche, de manière à l'étendre de l'enfant à la jeune fille et de la jeune fille à la femme.

» Il s'en est trouvé, et sans doute un bon nombre que nous ne connaissons pas, dans tous les ordres de la société. Combien d'âmes ont été émues par ces misères de la fille du peuple et occupées à en chercher le remède, on ne le saura jamais ! Il fallait ici, comme dans l'enseignement technique des garçons, régulariser, universaliser les Institutions que l'on essayait de fonder et leur donner surtout une sanction, en suivant l'élève au delà de l'Ecole. Toute fille qui est certaine d'obtenir un emploi par son travail éprouve au moins la tentation d'étudier. A l'heure où j'écris, à Paris, il en vient le soir, en plein hiver, par la boue et la neige, qui veulent suivre les cours de comptabilité, de langues vivantes, de dessin, etc...

» En 1857, la Chambre de commerce de Lyon décida qu'une Ecole serait ouverte et rattachée aux établissements que dirigeait la Société d'Instruction primaire. Mlle Elise LUQUIN proposait un plan d'études qui fut adopté ; on établit des cours d'arithmétique, de grammaire, d'écriture, de droit, à côté du cours fondamental de *comptabilité*. Plus de 100 jeunes filles ou jeunes femmes se présentèrent pour les suivre. En 1859, l'exposition universelle de Londres, à l'instigation de M. Michel Chevalier, accordait une récompense à la directrice, en signalant un ouvrage qui la frappa et qui était intitulé : ÉTUDES COMMERCIALES, par Mᶨˡᵉ E. L., directrice fondatrice du cours public de comptabilité commerciale à Lyon. M. Baudrillard entretint de ce livre les lecteurs du *Journal des Débats*. Une fois connue, l'œuvre trouva des imitateurs au dehors ; Saint-Etienne, Grenoble, Amiens, Marseille, Paris, ont pensé à fonder des institutions analogues à celle de Lyon, en demandant à Lyon non seulement des programmes, mais encore des professeurs. Ainsi les élèves de ces cours, destinées à devenir des caissières, trouvèrent dans l'enseignement une carrière nouvelle. Le succès se confirma à l'exposition de 1867 et encore en 1868, lorsque M. Duruy, alors ministre de l'Instruction publique, et portant sur tous les points de l'enseignement son active attention, fit une visite à l'Ecole de Mᶨˡᵉ Luquin. Il lui accorda une subvention de l'Etat, « en y mettant, dit un rapport de l'époque, cette condition que l'institution de Lyon se préoccuperait de former des professeurs pour toutes fondations analogues faites en France. » Depuis ce moment, malgré des heures de doute ou de difficultés, l'Ecole a continué son travail et agrandi encore ses cours. Je vois ajoutés, sur les derniers programmes, l'histoire du commerce et l'enseignement des langues vivantes.

» Sur ce dernier point, les écoles commerciales ont encore à se développer ; les unes ne possédaient pas de cours de langues vivantes, les autres laissaient professer l'anglais, l'allemand, l'espagnol, d'après de fausses méthodes qui consistent presque toujours soit à immoler la pratique à la théorie, soit à oublier toute théorie pour une pratique fort vague.

» Mais il faut reconnaître que, si elles n'ont point résolu, quoi qu'elles en disent, les questions de méthodes (qui sont si délicates), elles ont accepté ou même sollicité l'enseignement des langues vivantes beaucoup plus franchement que ne l'a fait l'enseignement secondaire classique.

» Pour terminer, en ce qui touche l'enseignement commercial proprement dit de Mlle Luquin, disons que le jury de 1878 a récompensé une seconde fois cette École, et la directrice, qui demandait surtout que l'on reconnût la date et l'effet de son œuvre. « Le cours de comptabilité commerciale, sous le patronage de la Chambre de commerce de Lyon, écrivait-elle, revendique son droit d'aînesse et d'honneur d'avoir pris, le premier, en 1857, l'initiative de la création de l'enseignement commercial pour les femmes, puisque, pour elles, il devient le moyen à l'aide duquel elles peuvent trouver une carrière honorable et lucrative qui, en utilisant leurs connaissances, leur constitue une dot. En un mot, il est la vraie solution du problème posé de *l'amélioration du sort des femmes.* »

JOURNAL OFFICIEL, 2 Décembre 1883.

*Rapport de M. LEVASSEUR, membre de l'Institut,
Inspecteur général de l'Université.*

Présentation à l'Académie des sciences morales et
politiques du premier volume des *Etudes commerciales* :

« M. Levasseur offre, au nom de Mlle Elise Luquin,
officier d'Académie [1], un volume intitulé : *Etudes
commerciales*, Droit commercial (gr. in-18, Paris,
librairie Guillaumin). Mlle Luquin a fondé à Lyon,
sous le patronage de là Chambre de commerce, un
des premiers, peut-être le premier cours public
d'Etudes commerciales à l'usage des jeunes filles. Ce
cours s'est étendu, en restant toujours sous la même
direction, à mesure que les services qu'il rendait
étaient mieux appréciés. Il comprend aujourd'hui la
langue française, les langues étrangères, l'arithmétique commerciale, la géographie industrielle et l'histoire du commerce, le droit commercial et l'économie
politique.

» Mlle Luquin avait publié, en 1859, ses premiers
cours sous le titre d'*Etudes commerciales*. Elle a
repris et développé son travail, et le travail qu'elle
offre à l'Académie n'est que la première partie d'une
publication en trois volumes qui doit embrasser,
outre le Droit et l'Economie politique (c'est la matière
du premier volume), la comptabilité et l'histoire commerciale.

» Mlle Luquin expose avec méthode le Droit commercial, et se sert à propos de l'Economie politique
pour en éclairer les règles. »

1. Depuis, officier de l'Instruction publique.

Nous lisons l'article suivant, de M. Leroy-Beaulieu, dans *l'Economiste français* du 8 décembre 1883, *Bulletin biographique :*

ETUDES COMMERCIALES : DROIT COMMERCIAL, par Mlle ÉLISE LUQUIN, officier d'Académie[1], directrice-fondatrice des cours supérieurs de l'enseignement commercial à Lyon. 1 vol. in-8°, Paris, 1883. Librairies Delalain frères et Guillaumin — M. Levasseur, en présentant ce livre à l'Académie des sciences morales et politiques, s'est exprimé ainsi : « Mlle Luquin a eu le mérite de fonder un des premiers, peut-être le premier cours public d'études commerciales destiné à des jeunes filles, qui ait existé en France. Ce cours, créé à Lyon sous le patronage et avec l'argent de la Chambre de commerce, et institué d'abord sous le titre de « Cours de comptabilité », s'est étendu, en restant toujours sous la même direction, à mesure que les services qu'il rendait étaient plus appréciés. Il comprend aujourd'hui la langue française et les langues étrangères, l'arithmétique commerciale, la géographie industrielle et l'histoire du commerce, le droit commercial et l'économie politique. Depuis un quart de siècle, il a été doublement utile à Lyon, en ouvrant une carrière à un grand nombre de jeunes personnes et en fournissant au commerce des auxiliaires capables, et il a été distingué dans nos expositions universelles parmi les établissements d'instruction publique. Depuis quelques années, la Ville de Paris a institué, d'après un mode différent, un ensemble de cours commerciaux non seulement pour les filles, mais pour les garçons : les leçons, données gratuitement le soir, rendront à la nombreuse population parisienne des services analogues.

» Mlle Luquin avait publié en 1859 ses premiers

---

1. Depuis, officier de l'Instruction publique.

cours, sous le titre d'*Etudes commerciales*. Elle a repris et développé son travail comme son enseignement, et le présent volume n'est que la première partie d'une publication en trois volumes, qui doit embrasser le droit et l'économie politique (c'est la matière de ce volume), la comptabilité, l'histoire commerciale et industrielle. Il n'est pas facile de faire comprendre le droit commercial et les principes de la science économique par un enseignement sommaire à des jeunes filles que des études antérieures n'y ont pas préparées. Mlle Luquin nous paraît avoir triomphé de cette difficulté. Elle expose avec méthode, et elle se sert à propos de l'économie politique pour éclairer les règles du droit. Son ouvrage pourra être utile non seulement à ses élèves, mais à tous ceux qui, n'ayant pas fait leurs études de droit, voudront cependant acquérir des notions de droit commercial. »

Nous pourrions reproduire ici bien d'autres articles bibliographiques des grands journaux de Paris, à l'occasion de la présentation de la 1re partie des Études commerciales à l'Académie des sciences morales et politiques, soit au *Journal des Débats*, au journal le *Temps*, soit aussi dans le *Journal des Économistes*, qui, par la plume autorisée de M. Courcelle-Seneuil, nous consacre un compte rendu et une critique si élogieuse.

Nous y renvoyons nos lecteurs.

(Voir *Journal des Économistes*, mois de mars 1884, p. 168.)

Tels sont nos encouragements à poursuivre cette publication.

INTRODUCTION

___

Le commerce constitue l'une des plus grandes branches de la richesse.

Il a pour fonction de faire circuler et de mettre à la portée de la consommation les produits de l'industrie.

Or, l'industrie c'est la transformation de la matière première en d'autres produits, plus nombreux, plus variés.

Elle est : ou *agricole*, ou *manufacturière* ou *commerciale*.

L'*industrie agricole*, qui devient une véritable science, obtient, par la culture du sol et les instruments agraires savamment perfectionnés, les matières premières, source principale de la richesse d'une nation.

L'*industrie manufacturière* transforme les produits de la nature en d'autres produits plus nombreux, plus variés, et met ainsi la produc-

1

tion générale au premier rang de la puissance économique.

L'industrie commerciale, celle dont nous nous occuperons davantage, met à la portée des consommateurs les produits divers et rapproche ainsi la production et la consommation.

L'industrie, dans son sens général, comprend donc la création et la circulation dans la société de tous objets, de toutes matières premières ou manufacturées appropriées aux besoins de l'homme.

Donc l'industrie dans ses applications est la cause de la prospérité d'une nation.

Mais si le génie de l'homme crée les produits qui alimentent le luxe et le bien-être, il est une condition de succès non moins impérieuse : c'est l'esprit de conservation, autrement dit c'est l'*économie*.

L'économie appliquée aux trois grandes branches de l'industrie a une mission large ; elle enseigne, sous le titre d'*économie sociale*, les principes à l'aide desquels se développe et progresse l'industrie générale, elle lui fournit les moyens de prospérité qui accroissent la fortune des particuliers et, par ce fait, la richesse nationale ; elle enseigne par quelle solidarité intime se lient les trois branches de l'industrie et d'après quels principes chacune d'elles prospère.

Dans un cadre plus restreint, l'économie s'impose à toute industrie ; pour le commerce, elle est la base de toute entreprise commerciale et de toute existence individuelle ou de famille, elle implique l'*ordre*.

L'*ordre* a des principes parfaitement définis ; et ces principes constituent la science que nous voulons enseigner. Nous la comprendrons sous le nom de *comptabilité*.

Mais comment définir d'une manière exacte la comptabilité ? N'est-elle pas la science générale que doit posséder toute personne qui veut gérer, administrer sagement une entreprise industrielle quelconque ? N'est-elle pas l'unique moyen pour le commerçant de se rendre compte de ses affaires, de préparer les résultats qu'il veut obtenir de son capital et d'atteindre le but final de toute entreprise commerciale : *réaliser des bénéfices rémunérateurs.*

La comptabilité est donc une science d'ensemble comprenant des connaissances multiples :

1° Etude de l'industrie dans ses applications aux matières premières ;

2° Etude des lieux de production et des lieux
de consommation;

3° Connaissance du droit commercial et de
l'arithmétique générale et appliquée ;

4° Enfin connaissance des diverses méthodes
employées à la tenue des écritures commerciales. C'est cette dernière partie qui sera l'objet
de l'étude présente.

Faire de la comptabilité, c'est chercher à
établir l'harmonie d'une administration financière quelconque.

On commet une grave erreur lorsque, dans
le langage ordinaire, on confond la comptabilité
avec une des études qui en dérivent : la *tenue
des livres*.

Cette dernière étude n'est que l'application
d'un système d'écritures; il faut laisser au
mot comptabilité un sens beaucoup plus large.

ÉTUDES COMMERCIALES

LIVRE Ier

TENUE DES LIVRES

CHAPITRE Ier

Principes généraux.

Le commerce et toute opération commerciale consistent dans une série d'échanges plus ou moins directs, plus ou moins immédiats, d'une valeur contre une autre valeur, de nature différente, mais d'appréciation égale et se formant le plus souvent par un échange de la valeur monétaire contre toute autre espèce de valeur, contre des services ou des marchandises.

Ces échanges, qui constituent la base de toute comptabilité, se résument toujours par une opération donnant lieu à un mouvement de valeurs entre deux personnes au moins, dont l'une donne et l'autre reçoit, et qui se traduit de la manière suivante :

1° La livraison de la marchandise ;

2° Le payement ou livraison de la contre-valeur.

Chacune de ces opérations exige, pour être complète, deux termes :

> 1° Un crédit ;
> 2° Un débit.

La personne qui livre est désignée sous le nom de *créancier*, parce que ce qu'elle a livré lui est dû.

La personne qui reçoit est désignée sous le nom de *débiteur*, parce qu'elle doit ce qu'elle a reçu, et comme ces deux personnes sont dans une position contradictoire, on peut dire qu'elles sont contre-parties l'une de l'autre.

Dans la première opération, celui qui livre la valeur ou la marchandise est *créancier* du prix de cette valeur.

Dans la deuxième opération, qui suit plus ou moins immédiatement la première, le *créancier* de la marchandise devient *débiteur* de la contre-valeur qu'il reçoit, et le *débiteur* de la marchandise devient *créancier* de la contre-valeur qu'il livre.

Donc ils sont libérés, puisque chacun d'eux se trouve à la fois *débiteur* et *créancier* de la même somme ; c'est ainsi que ces deux opérations se complètent et se balancent.

Il faut reconnaître que les écritures ont été passées, en sens inverse, pour chaque commerçant, sur les livres de chacun d'eux.

Pour traduire une opération commerciale, il faut donc toujours recourir à ce fait représenté par ce principe fondamental :

Qui reçoit une valeur est débiteur.
Qui livre une valeur est créancier.

Ces termes généraux se présentent à chaque opération d'achats où de ventes, de payements au comptant ou à terme ; aussi les articles à passer, adoptant toujours la même division, expriment la valeur reçue par le mot : *doit* ou *débit*, et la valeur fournie en compensation, par le mot : *avoir* ou *crédit*.

D'où nous pouvons conclure que tout système d'écritures repose sur le principe énoncé :

Qui reçoit doit ;

Qui livre est créancier.

Ce principe est applicable invariablement aux divers systèmes de comptabilité :

1° La partie simple ;

2° La partie double.

MÉTHODE PARTIE SIMPLE.

Dans le premier système, que nous intitulons *partie simple*, la proposition ou article d'écritures à inscrire énonce seulement un *terme*, celui qui est *débiteur*, parce qu'il reçoit ; ou celui qui fournit la contre-valeur et que l'on nomme : *créancier* ou *créditeur*.

L'article n'est porté qu'une fois au Grand-Livre, d'où son nom partie simple, autrement dit compte unique.

Dans le deuxième système le plus usité :

MÉTHODE PARTIE DOUBLE.

Les écritures énoncent à la fois les deux termes :

1° Le débiteur ;

2° Le créancier.

Il y a une double mention au Grand-Livre, et deux comptes témoignant de la même opération se contrôlant l'un l'autre ; l'un de ces comptes demeure le compte personnel, l'autre est représenté par l'un des comptes généraux.

Toute la différence des deux systèmes repose sur cette forme d'interprétation ; car l'un et l'autre s'appuient sur les mêmes principes généraux, et trouvent dans la *loi* les mêmes obligations, les mêmes moyens pour les remplir.

Il faut examiner séparément chacun de ces deux systèmes et, pour les appliquer, ouvrir les écritures d'un commerce fictif.

Mais, avant d'aborder cette étude pratique, indiquons :

1° Quels sont les livres en usage dans le commerce et quelles sont les prescriptions légales qui s'y rattachent ;

2° Quels sont les titres et les documents qui servent à l'établissement et à la justification de la comptabilité.

CHAPITRE II

Livres en usage dans le commerce.

Les notes bien rédigées et placées sur divers registres, et dans un certain ordre, forment les moyens à l'aide desquels le commerçant peut arriver au but final qu'il se propose, en établissant une comptabilité régulière.

Ces registres se divisent en deux classes :

1° *Les livres principaux exigés par la loi;*
2° *Les livres auxiliaires qu'elle sous-entend.*

La loi, protectrice des intérêts de la société, devait intervenir dans la vie commerciale, comme elle l'a fait dans la vie civile.

Elle devait règlementer, en les précisant, les *droits* et les *devoirs* des commerçants les uns envers les autres.

Aussi a-t-elle imposé les règles les plus formelles à tous ceux qui font le commerce, qu'ils soient industriels, négociants, marchands ou banquiers.

La loi est obligatoire pour tous.

Il y est inscrit : « Le commerçant doit avoir des « livres sur lesquels seront enregistrées journelle- « ment les opérations de son commerce. »

Cette prescription est ancienne : il est intéressant de rechercher, dans les coutumes du commerce fran-

çais, les obligations imposées autrefois aux commerçants.

HISTORIQUE DE LA COMPTABILITÉ.

De tous temps, les commerçants ont tenu des livres
renfermant les diverses opérations de leur commerce,
et cela dans leur propre intérêt. Si la loi est inter-
venue pour régulariser l'usage des livres, c'est qu'il
semblait nécessaire de protéger l'intérêt public en
même temps que l'intérêt privé.

Nous croyons inutile de remonter plus haut que le
XVIIᵉ siècle : la grande ordonnance de Colbert est
regardée comme la base de notre Code commercial
actuel.

Or, l'ordonnance de 1673, dans son titre III, rendait obligatoire l'usage des livres ; elle prescrivait
certaines formalités destinées à assurer leur tenue
régulière, elle contenait peu de prescriptions, mais
elle exigeait qu'un *inventaire* fût dressé tous les deux
ans sur feuilles volantes.

Son tort fut de frapper les *livres* d'un *timbre* de
dimension et de certains autres impôts. Ces mesures
fiscales nuisirent à l'exécution de la loi. L'ordonnance ne fut pas observée et le fisc, qui avait voulu
se procurer ainsi des ressources considérables, au
moyen des formalités prescrites, manqua son but.

Néanmoins, la législation de l'an VII maintint le
timbre de dimension sur les livres de commerce ; il
ne réussit pas mieux à faire accepter cet impôt que les
mœurs repoussaient.

La loi du 20 juillet 1837 comprit mieux l'intérêt général. Elle supprima le timbre des livres de commerce et le remplaça par trois centimes additionnels au principal de la patente. Dès lors, se régularisèrent les prescriptions du Code de commerce en ce qui concerne les livres à tenir.

I. — LIVRES PRINCIPAUX.

Le texte de la loi nous démontre que l'obligation de tenir des *livres* est impérieuse ; qu'elle pèse sur tous les individus faisant des actes de commerce sans distinction, sur les commerçants exerçant isolément et sur ceux formant une société, sur les étrangers résidant en France comme sur les Français.

Tout négociant, quelque modeste que soit son commerce, est assujetti à cette obligation : aucune exception n'est faite.

Celui qui fait des actes isolés, n'étant pas reconnu commerçant, ne peut être tenu à cette obligation.

Même dans un commerce de menu détail, on peut exiger du marchand l'énoncé en bloc de ses recettes et de ses dépenses.

Mais exposons, en les raisonnant, les dispositions de la *loi*.

Code de commerce, art. 8. — « Tout commerçant « est tenu d'avoir un *Livre-Journal* qui présente jour « par jour ses dettes *actives* et *passives*, les opérations « de son commerce, ses négociations, ses acceptations « ou endossements d'effets et généralement tout ce « qu'il reçoit et paye à quel titre que ce soit, et qui

« énonce, mois par mois, les sommes employées à la
« dépense de sa maison, le tout indépendamment des
« autres *livres* usités dans le commerce et qui ne sont
« pas indispensables. Il est tenu de mettre en liasse
« les lettres qu'il reçoit et de copier sur un registre
« celles qu'il envoie. »

Art. 9. — « Il est tenu de faire tous les ans un
« inventaire de ses effets mobiliers et immobiliers, de
« ses dettes actives et passives. Il doit copier cet
« inventaire sur un registre à ce destiné. »

Ainsi, les articles 8 et 9 indiquent la tenue de trois
livres sans se préoccuper des exigences de certains
commerces, certaines fonctions, certaines attributions,
par exemple celles des agents de change, des courtiers,
des changeurs, des entrepreneurs de transport, que
leurs fonctions obligent à la tenue de livres spéciaux.
(Code de commerce, art. 84, 196, 102.)

JOURNAL.

Le premier livre exigé c'est le *Livre-Journal*, sur
lequel le commerçant doit inscrire, par ordre de dates,
non seulement toutes les opérations de son commerce,
mais, ainsi que le prescrit encore l'art. 8, tout ce qui
est reçu ou payé à un titre quelconque : dot, succession, etc.

Cette exigence est légitime : en cas de faillite, le
commerçant doit se rendre compte et rendre compte à
ses créanciers des causes qui ont amené son désastre,
et mettre les tribunaux à même d'apprécier sa
conduite. De là, la nécessité de faire connaître les
éléments qui composent son *actif* et son *passif*.

La mention écrite d'une opération sur le Journal se nomme : *article*.

Le commerçant doit en outre justifier des opérations consignées sur son journal par la correspondance. De là, l'obligation de copier toutes les lettres qu'il envoie et de conserver en liasse celles qu'il reçoit ainsi qu'il est dit : Art. 9. — « Le commerçant est tenu « de mettre en liasse les lettres missives qu'il reçoit et « de copier sur un registre celles qu'il envoie. »

LIVRE COPIE DE LETTRES.

La correspondance étant l'expression des rapports extérieurs, on peut, par la conservation des lettres et des télégrammes reçus, et par la copie des lettres envoyées, conserver la trace des conventions qui ont été passées avec les correspondants.

Le Code n'a pas étendu cette prescription aux factures et autres effets acquittés, mais c'est une mesure d'ordre de conserver ces titres et cela pendant le temps déterminé par la loi.

LIVRE DES INVENTAIRES.

Il ne suffit pas au commerçant de reproduire ses opérations, il doit encore se rendre annuellement un compte exact de sa situation commerciale.

L'art. 9 ajoute : « Il est tenu de faire tous les ans, « sous seing-privé, un inventaire de ses effets mobi- « liers et immobiliers, de ses dettes actives et passives, « et de le copier, année par année, sur un registre « spécial à ce destiné. »

En formulant cette prescription, la loi a voulu obliger le commerçant à mettre un ordre complet dans ses affaires, à les vérifier, à rechercher les causes des pertes subies et à modifier ses opérations si elles ne présentent pas de bons résultats.

Par le mot *inventaire*, il ne faut pas comprendre l'acte que peut dresser un officier public.

L'inventaire exige la recherche aussi exacte que possible de la situation financière du commerce, l'état consciencieux et sincère de toutes les opérations exprimées par les écritures commerciales, le relevé des valeurs actives qui composent son *avoir* et des dettes qui constituent le *passif* de son commerce.

Sous l'ancienne législation, l'ordonnance de 1673 ne faisait point de l'inventaire une obligation aussi impérieuse; toutes les deux années, il était ordonné de consigner sur feuilles volantes la situation *active* et *passive* du commerce.

Sous notre législation actuelle, le négociant doit se rendre compte plus souvent de l'état de sa position. Une fois au moins chaque année, il doit dresser un tableau représentant, d'une part : L'énumération des valeurs *actives* composant son avoir, savoir :

Actif.

1° L'estimation des marchandises en magasin;
2° L'importance des espèces en caisse;
3° L'importance des meubles et ustensiles;
4° L'estimation des valeurs en portefeuille;
5° Le relevé des comptes débiteurs;
6° La valeur du mobilier personnel, s'il n'y a pas

association, et les créances hypothécaires dont le commerçant est propriétaire ;

7° Les immeubles, si le commerçant exerce seul ; en un mot, tout ce qui constitue sa fortune personnelle à quelque titre que ce soit.

D'autre part,

L'énumération des dettes constituant le passif.

Passif.

1° Tous les effets en circulation souscrits par le commerçant ou acceptés par lui ;

2° Le relevé des comptes créanciers ;

3° Les obligations hypothécaires ou autres qui grèvent ses propriétés immobilières ;

4° L'importance du capital par lui apporté dans le commerce, quelle que soit la nature des valeurs dont se compose ce capital pour lequel il est créancier personnel du commerce.

La différence entre l'*actif* et le *passif* est nécessairement l'expression du bénéfice ou de la perte.

Bénéfice, si l'actif est le plus fort ; perte, au contraire, si la différence est en faveur du passif.

L'inventaire doit être signé par le commerçant et certifié sincère et conforme aux écritures commerciales.

Mais, si la loi a obligé le commerçant à faire un *inventaire*, elle ne s'est point préoccupée des moyens à employer pour coordonner et classer tous les éléments de cet inventaire.

Indépendamment du *Journal*, il est un livre dont la tenue est indispensable, bien que la loi ne le mentionne pas : c'est le *Grand-Livre*, qui peut être considéré comme le trait d'union entre le Journal et le livre des *inventaires*.

GRAND-LIVRE.

Le Grand-Livre est en effet la reproduction du *Journal*, mais dans un ordre plus méthodique, plus explicite, par ordre de comptes.

Un *compte* en écritures commerciales est l'état présentant la situation d'un titulaire avec son correspondant ; il exprime, d'une part, l'entrée de la valeur ou débit ; d'autre part, la sortie ou payement de la valeur ou crédit.

Le *Grand-Livre* est donc un recueil de comptes ouverts aux personnes et aussi, dans les écritures à parties doubles, aux valeurs sur lesquelles on opère. Ce livre doit, à sa première inspection, présenter la situation du commerçant vis à vis de son commerce.

Chaque article du Journal doit-être très rigoureusement transporté au Grand-Livre et y être classé dans le compte spécial que l'article concerne, soit au débit, soit au crédit de ce compte : de là, les expressions *porter* ou *passer* un article au *débit* ou au *crédit*.

Les comptes ouverts au Grand-Livre sont en général nombreux ; les folios ou pages sur lesquels ils sont inscrits doivent être enregistrés sur un livre spécial appelé *Répertoire*, où l'indication du nom de chaque correspondant et la ville qu'il habite seront placées et classées par ordre alphabétique, avec le numéro d'ordre et le folio du Grand-Livre.

Les livres principaux sont, le plus souvent, insuffisants dans la pratique, et pour en faciliter la tenue et en diminuer le développement, on a recours à l'emploi des livres auxiliaires.

Nous allons les définir.

II. — LIVRES AUXILIAIRES.

Les livres auxiliaires sont ceux qui sont destinés à aider à la tenue des livres principaux, à compléter, à développer leurs indications nécessairement sommaires. Ils varient suivant l'importance ou le genre du commerce, et chaque industrie adopte ceux qui sont utiles à sa spécialité.

Les opérations qu'ils présentent sont mentionnées sur le *Journal*; mais le livre auxiliaire fournit plus de détails sur la situation du commerçant avec ses correspondants et sur sa situation personnelle; quelques-uns de ces livres sont d'un emploi général et leur classification peut s'établir de deux manières;

D'une part : livres auxiliaires affectés aux diverses valeurs;

D'autre part : livres d'ordre et livres de rapports ou livres de renseignements.

LIVRES AFFECTÉS AUX VALEURS.

Ces livres ouvrent un brouillard ou journal spécial à chaque valeur qu'ils représentent, soit aux marchandises, soit aux espèces, soit aux effets à recevoir et aux échéances. Ils sont ensuite rapportés au journal général.

2.

Dans leur application, ces livres subdivisent les valeurs et sont d'un immense secours pour la formation de l'inventaire.

Nous nous réservons de compléter l'étude des livres auxiliaires, leur emploi, leur forme, leurs divisions, dans un chapitre spécial.

III. — FORMALITÉS PRESCRITES POUR LES LIVRES.

Les livres de commerce sont assujettis à certaines formalités dont le but est d'assurer la sincérité des écritures et de prévenir la fraude.

Art. 11. — « Le commerçant, avant de faire usage « des livres principaux, devra les faire coter, parapher, « viser, soit par le maire ou l'adjoint, soit par un des « juges des tribunaux de commerce. »

Cette formalité n'entraîne aucun frais.

Art. 10. — « Le livre-journal et le livre des inven- « taires doivent être cotés, paraphés et visés une « fois par année; le copie de lettres ne sera pas sou- « mis à cette formalité. »

Ce livre est contrôlé par les originaux conservés.

Ce visa annuel a pour but d'arrêter les opérations d'une année, d'en fixer les dates, d'empêcher l'alté-ration des écritures. Il ne faut pas considérer ce visa comme un examen des opérations, mais comme une simple formalité.

Il diffère du visa mentionné dans l'art. 11 et exigé sur les livres avant qu'ils aient servi; il est une sorte de procès-verbal constatant la date à laquelle lesdits livres ont été visés et paraphés.

La cote ou numérotage des feuilles, exigé par l'art. 10, empêche l'intercalation et les soustractions d'écritures.

Le paraphe ou signature abrégée de l'officier public empêche la substitution d'une feuille dans le registre.

Art. 10. — « Les livres devront être tenus sans « blancs, sans ratures, sans transports en marge. »

Ces prescriptions, toutes dans l'intérêt du commerce, devront être suivies ponctuellement. Les erreurs ou omissions peuvent se réparer par un article spécial.

« Les commerçants doivent conserver leurs livres « pendant 10 ans. »

La loi ne fixe pas le point de départ de ce délai qui commencera de la date de la dernière écriture qui y est portée.

Au delà de ce délai, il n'y a pas prescription pour les opérations mentionnées dans les livres ; la prescription *trentenaire* est de règle en matière commerciale comme en matière civile.

Au delà du terme de 10 ans, les livres du commerçant conservent encore leur valeur et peuvent être produits sur sa demande.

Art. 12. — « Régulièrement tenus, les livres ont « une grande importance ; ils peuvent être admis à « faire foi en justice, et ils deviennent une preuve « favorable au commerçant qui les a exactement « tenus. »

Si, au contraire, leur tenue est irrégulière, si le commerçant n'a pas ouvert de livres, ce fait devient une cause aggravante, sans pourtant présenter la valeur d'une preuve absolue.

Il y a là une sanction très sérieuse à l'appui de l'observation des prescriptions signalées. — De là, l'expression de la loi : « Les livres du commerçant « seront admis, et la preuve contraire réservée au « défendeur. »

« Les personnes non commerçantes ne peuvent « être tenues de présenter leurs livres, quand même « ils auraient pour cause des faits de commerce. »

Art. 12. — Il est dit au Code de commerce :

« Les livres qui ne seront pas revêtus des formalités « prescrites ne pourront faire foi en justice. »

En cas de faillite, cette disposition peut avoir de graves conséquences, elle est une autre sanction des dispositions relatives aux livres de commerce.

Si la production des livres peut être offerte par le commerçant, si elle peut être requise par les juges, jamais, en aucun cas, le secret professionnel ne doit être violé ; l'inspection porte sur le différend en litige et les livres restent en dehors de l'inspection qu'on pourrait craindre ; aussi, la loi a-t-elle pris grand soin de distinguer comment et dans quels cas la communication ou la présentation des livres et des inventaires peut être ordonnée.

DE LA COMMUNICATION ET DE LA PRÉSENTATION
DES LIVRES DE COMMERCE.

La loi détermine, en les limitant, les cas où peuvent être remis les livres à l'effet de les vérifier en leur entier ; elle établit même une différence entre leur *communication* et leur *présentation*. (Art. 14, 15, 16 et 17 du Code de commerce.)

Dans le premier cas, les livres sont remis pour être compulsés dans leur entier.

Dans le deuxième cas, les livres ne sont consultés que sur certains points.

Art. 15. — Code de commerce : « Dans le cours « d'une contestation, la représentation des livres peut « être ordonnée par le juge, même d'office, à l'effet « d'en extraire ce qui concerne le différend. »

La représentation des livres est de droit commun, elle peut être requise par la partie adverse.

La communication des livres est, au contraire, exceptionnelle et ne peut être demandée que dans les cas suivants :

1° Affaires de succession ;

2° En cas de communauté de biens ;

3° S'il y a partage de société, pour les associés et même les intéressés ;

4° Dans le cas de faillite (Code de commerce, art. 14).

Art. 16. — « Si le commerçant, dont la commu-« nication des livres est requise, habite des lieux « éloignés, les tribunaux peuvent déléguer un juge « pour prendre connaissance, dresser procès-verbal de « leur contenu, l'envoyer au tribunal et aux juges « saisis de la contestation, le tribunal prononce sur « le *Vu* de ce document, comme il l'aurait fait sur la « vue des livres, évitant ainsi le déplacement du « commerçant. »

Art. 17. — « Si les parties aux livres desquelles on « offre d'ajouter foi refusent de les présenter, le juge « peut déférer le serment à l'autre partie. »

Ce refus ne s'explique que par l'aveu même de la partie adverse de la conformité de ses *dires*.

La demande de présentation deviendrait un moyen de lenteur apporté à la conclusion d'une affaire.

LIVRE II

TITRES & DOCUMENTS RELATIFS AUX CONTRATS COMMERCIAUX

CHAPITRE 1er

Définition.

Pour bien passer les articles sur les livres de commerce, il faut avoir, préalablement, notion des opérations dont ces articles rendent compte.

Toutes les opérations commerciales, nous l'avons dit, sont en réalité des *échanges*.

Les échanges sont réglés par des *contrats*, les contrats sont constatés par des titres.

Donc, après avoir étudié ce qui concerne les livres de commerce, sur lesquels les articles doivent être portés, il faut maintenant examiner quels sont les titres et les documents qui fournissent la matière des articles.

On peut établir deux divisions :

1° Titres représentant les marchandises;

2° Titres représentant les valeurs de crédit.

Nous examinerons, dans cet ordre, les titres usuels que nous croyons devoir indiquer aux commerçants;

nous n'avons pas en effet la prétention de passer en revue tous les contrats dont s'occupent le Code civil et le Code de commerce.

CHAPITRE II

Contrats relatifs aux marchandises.

La marchandise peut être vendue ou achetée, avec ou sans intermédiaires, elle peut être déposée en gage, elle peut être expédiée. De là, quatre sortes de contrats :
1° Contrats d'achat et de vente ;
2° Contrats de commission ;
3° Contrats de dépôt et de gage ;
4° Contrats de transport.

§ Ier. — Contrats d'achat et de vente. Titres qui les représentent.

Le contrat d'achat et de vente est celui qui se forme entre deux personnes qui cèdent une marchandise contre un prix.

Mais certaines conditions de la vente, la quantité de la marchandise livrée, son prix, le délai de payement et d'autres conditions encore, sont constatées par une note que doit remettre le vendeur à l'acheteur ; ce bordereau est le titre qui consacre le contrat, il est connu sous le nom de *facture*.

FACTURE.

La facture représente plus spécialement la livraison de la marchandise vendue ; elle est l'expression du contrat qui lie les parties.

Si elle émane d'un commerçant, l'art. 109 du Code de commerce la cite comme une constatation légale de la vente et de l'achat, la preuve en matière commerciale.

Elle contient toutes les conditions du marché, savoir :

1° La date de la livraison de la marchandise ;

2° Le nom et l'adresse de l'acheteur ;

3° Le nom et l'adresse du vendeur ;

4° Le lieu du payement, attributif de juridiction, conformément au Code de procédure civile, art. 420. La loi décide que le payement sera fait au domicile du *débiteur*, si il n'y a condition contraire ;

5° La nature de la marchandise vendue et sa désignation détaillée, les numéros et les marques des colis dont se compose la vente, le poids brut et le poids net, la tare ;

6° Les escomptes et les bonifications ;

7° Le prix de l'unité qui sert de base, et pour les pays étrangers, la monnaie admise pour le payement de la marchandise.

En général, les habitudes d'une place de commerce sont adoptées par les commerçants d'une même ville et président à la rédaction de la facture qui, habituellement, est imprimée et renferme les énonciations exigées.

La facture est un acte privé qui ne suffit pas comme preuve contre l'acquéreur; mais lorsqu'elle est acquittée par le vendeur, elle devient un acte sous seing privé et fait preuve du payement.

Lors du payement de la facture, si elle est supérieure à dix francs, elle est soumise au droit fixe de quittance de dix centimes; ce timbre mobile, apposé sur la facture, doit contenir la date de l'acquit et la signature du créancier.

Une amende de soixante francs est applicable à celui qui ne se conforme pas à cette prescription.

A ces conditions générales de la facture se joignent encore des dispositions particulières aux places de commerce qu'on habite, elles sont relatives à l'escompte.

ESCOMPTE.

L'escompte est une diminution du prix de vente.

L'escompte en marchandise, qu'il ne faut pas confondre avec l'escompte en banque, est une bonification que le vendeur accorde à l'acheteur pour l'engager à payer comptant ou à devancer l'échéance.

Les ventes, en effet, se font souvent avec termes pour le payement, ventes dites à *crédit*, par opposition aux ventes au comptant.

Quelquefois et suivant certains usages commerciaux et spéciaux à certaines maisons, à certaines marchandises, l'escompte porte sur le prix et constitue une diminution du prix facturé. Nous ne pouvons que protester contre un usage qui est une dissimulation du prix réel de la marchandise.

MODÈLE D'UNE FACTURE AVEC ESCOMPTE

Doit Monsieur MOREL *, de Paris, les marchandises ci-après payables à 90 jours ou comptant escompte 2 %.*

Mai.	10	70	»	Florence à 40 c. émeraude...	1	75	122	50
»	»	20	»	Satin 60 c. tramé coton......	4	25	85	»
»	»	20	»	Id. 60 c. tout soie........	6	»	120	»
»	»	10	»	Velours bleu tout soie......	15	»	150	»
»	»	6	D^{nes}	Cravates 3/4 taffetas........	60	»	360	»
»	»	5	»	Id. 3/4 cuit noir.......	84	»	420	»
»	»	5	»	Cravates 3/4 serge d'Alger..	66	»	27	50
»	»	6	»	Id. 3/4 satin noir......	72	»	36	»
				Total..............			1,321	»
				Escompte 2 %..........			26	42
				NET..............			1,294	58

BONIFICATION A RÉFACTION.

Il y a des réductions qu'il est d'usage de réclamer pour certaines marchandises; on les désigne de différents noms : *don, surdon, tolérance* ; elles sont basées sur les déchets pour ainsi dire inévitables, sur les avaries, sur les écarts de qualité.

On trouvera tous les détails sur les usages commerciaux des tares, des emballages, des réfactions, dans la loi du 13 juin 1866.

TARE.

La tare est le poids de l'enveloppe dans laquelle est contenue la marchandise.

Le poids *brut* est le poids de cette marchandise comprenant le *contenant* et le *contenu*.

Le poids *net* est le poids de la marchandise dégagé de la *tare*.

L'acheteur ne peut payer le poids de la *tare* le même prix que la marchandise. Il est donc convenable, pour les marchandises qui ne peuvent se peser sans leur enveloppe, d'indiquer sur la facture :

1° Le poids brut de la marchandise ;

2° Le poids net.

On obtiendra le poids net en soustrayant, du poids brut de la marchandise, le poids de la tare.

La *tare* est dite *tare écrite* lorsqu'elle est signalée sur le contenant, sinon elle est dite *tare reconnue*.

Quelquefois, par forme de transaction, les parties peuvent convenir d'une bonification de tant pour cent sur le poids brut, pour éviter toute opération de mesurage ou de dépotage ; il n'est pas fait état de la tare, et on dit alors *tare perdue*.

MODÈLE DE FACTURE AVEC TARE

Lyon, 20 avril.

Doit Monsieur SALAVY, *de Marseille, ma facture à 5 surons indigo payable à 3 mois ou comptant escompte 4 %. Tare 11 k. par suron à 27 fr. 60 le k.*

N°	K.			SOMME TOTALE.
34	108	»		
35	109	D		
36	112	»		
37	114	»		
38	111	D		
	554	D	Poids brut.	
	55	»	Tare 11 k. par suron.	
	499	»	POIDS NET à 27 fr. 60 le k.....	13,772 40

§ II. — Intermédiaires. — Contrats de commission.
Titres qui les représentent.

Le contrat d'achat et le contrat de vente ne se produisent pas toujours directement de l'*acheteur* au *vendeur*, ils exigent quelquefois le concours d'intermédiaires qui jouent des rôles divers. Dans ce cas, de nouveaux titres représentent l'acte de l'intermédiaire :

Commissionnaire ou *courtier* auquel une rémunération est due et payée sous le nom de *commission*, *ducroire*, *courtage*.

COMPTE DE VENTE ET NET PRODUIT.

L'achat et la vente d'ordre et pour le compte d'un commettant sont des actes commerciaux faits par les commissionnaires ou intermédiaires libres.

Le commissionnaire *vendeur* reçoit, avec les ordres qui lui sont donnés, la marchandise destinée au marché.

Vérification faite de la marchandise reçue, le commissionnaire accuse réception à son commettant.

Quand il a vendu tout ou une partie de cette marchandise, il dresse un compte et l'envoie à ce dernier.

Ce compte est un état indicatif de la marchandise par lui vendue, du prix de la vente, des escomptes qu'il a pu accorder à l'acheteur et du montant net de la facture remise et qu'il reproduit en tête de son compte de vente ; il déduit tous les frais qui peuvent lui être dus, y compris la *commission* et le *ducroire* s'il y a lieu ; le net constitue la somme dont il devient *débiteur* vis à vis de son *commettant*.

De là, le nom de *compte de vente* et *net produit*.

Deux cas peuvent se présenter pour le commissionnaire : ou il vend en son nom, et il ne fait pas connaître à son commettant le nom de l'*acheteur*, alors il engage seul sa responsabilité, ou il devient garant de la solvabilité de son client ; dans ce cas la garantie qu'il fournit est déterminée sous le nom de *ducroire* et se traduit par une augmentation de la commission de vente.

Ou bien le commissionnaire vendeur révèle le nom de l'*acheteur*, et dans ce cas, sauf conventions contraires, il n'est pas responsable de la solvabilité.

Le plus souvent, il envoie à son commettant le duplicata de la facture, et alors ce dernier opère directement le remboursement du prix de vente.

(*Voir le tableau page 32.*)

MODÈLE D'UN COMPTE DE VENTE ET NET PRODUIT

COMPTE DE VENTE ET NET PRODUIT A 10 SURONS INDIGO

*Vendus pour compte de M. L. ***, de Lyon, pour Samuel et Cie,
à 30 fr. le k. Payable comptant escompte 4 %.*

Tare écrite et vérifiée. — Commission et Ducroire.

R. T.										
	21	K. 58	»	T. 2	25					
	22	59	»	2	30					
	23	60	»	2	10					
	24	57	»	2	05					
	25	58	»	3	10					
	26	60	»	2	30					
	27	69	»	2	20					
	28	60	»	2	15					
	29	59	»	2	15					
	30	50	»	2	20					
		590	»	22	80					
Tare.		22	80							
		567	20	Net à 30 fr. le k.........		17,016	»		16,385	35
				Escompte 4 %..........		680	65			
				Voiture 590 k. à 19 fr. les 100 k...		110	60			
				Factage 1 fr. par S......		10	»		784	15
				Courtage 1 %...........		170	15			
				Com⁰ⁿ et Ducroire 4 %.		493	40			
				Valeur 30 septembre.					15,551	20

COMPTE D'ACHAT ET FRAIS.

Le commissionnaire *acheteur* reçoit de son commettant ordre d'acheter ; les ordres reçus, il doit prendre note et accuser réception, exécuter l'achat, faire expédier la marchandise et remettre le compte d'*achat* et *frais* d'après la facture qui lui est remise par le *vendeur*.

Ce compte n'est que la représentation de *l'achat* opéré, les conditions d'achat, le prix par lui stipulé, auquel il doit ajouter les frais qu'il a faits pour opérer l'achat et le droit de commission.

DUCROIRE.

La garantie donnée par le commissionnaire pour des acheteurs peu connus sur une place de commerce est ce qu'on nomme *ducroire*.

Le *ducroire*, dont le nom dérive de la forme italienne *del crederer*, accorder confiance.

Par ce fait, le commissionnaire s'oblige personnellement à payer à l'échéance.

Le commissionnaire qui vend avec *ducroire* exige un supplément de commission alloué par l'usage et les conventions ; juste rémunération pour les chances auxquelles il s'expose.

Ce cautionnement ne change pas la nature de l'opération ni la qualité d'intermédiaire.

Bien que le *ducroire* semble emprunter la forme d'un contrat, il n'est en réalité qu'une simple convention qui n'est représentée par aucun titre spécial.

3

Le *ducroire* se calcule généralement sur le taux alloué à la commission d'une vente à terme.

Mais ces questions sont traitées d'une manière plus complète dans notre premier volume. (*Droit commercial*, page 26.)

MODÈLE D'UN COMPTE D'ACHAT ET FRAIS

Compte d'achat et frais à 20 balles cacao Maragnan, achetées pour compte de David, de Bordeaux, par Isidor et Cie*, payable comptant escompte 4 %.*

Tare 2 % à 1 fr. 60 le k. — Commission et courtage.

MARQUE.	DÉSIGNATION DES MARCHANDISES.	PRIX.	SOMMES.		TOTAL.	
P. F. 130 à 139	20 Balles cacao Maragnan pesant ensemble 1,948 k. 75 net à 1 fr. 60 le k.....................	1 60	3,118	80		
	A déduire escompte 4 % sur 3,118 fr. 80.................		124	70		
					2,994	10
	Frais { Factage à 0 fr. 50 par B...		10	»		
	Poids public 0 fr. 25 par B		5	»		
	Courtage 1 %............		31	20		
	Réparations		9	80		
	Commission 2 %		59	85		
					115	85
	TOTAL.............				3,109	95

Courtage.

Le *courtage* n'est point un contrat, mais il existe sur certains marchés et pour la vente de certaines marchandises, des intermédiaires créés par la loi et qui ont la mission exclusive de mettre en rapport acheteurs et vendeurs, de conclure des marchés dont ils garantissent la sincérité et de constater officiellement le *cours* des marchandises ; ces intermédiaires se nomment courtiers en marchandises.

La rétribution qu'ils perçoivent, appelée *courtage*, consiste en un tant pour cent prélevé sur l'importance des marchés conclus par leur intermédiaire.

Le courtage se prélève sur le prix brut ou sur le prix net de la marchandise ; il est payé, soit par l'acheteur, soit par le vendeur, soit moitié par l'un et par l'autre.

Ces différents points sont réglés, ou par la loi qui institue les *courtiers* et qui a été modifiée en 1867, ou par les usages, ou encore par les Chambres de commerce.

Le courtier diffère du commissionnaire ; il ne représente au contrat ni l'*acheteur* ni le *vendeur*. (Voir notre premier volume, page 29.)

§ III. — Contrats de dépôt et de gage. Titres qui les représentent.

La marchandise, au lieu d'être vendue, peut être déposée comme garantie du payement de la somme due. Un acte sous seing privé, la correspondance, une lettre de voiture peut servir à constater l'affectation de la marchandise au payement de la dette spécifiée ou de l'emprunt contracté.

Le titre remis par un *mont-de-piété* se nomme *reconnaissance*.

Si le gage n'est pas remis directement au créancier, il sera déposé entre les mains d'un tiers. (Code civil, 2076.)

Les magasins généraux ont été créés pour recevoir les marchandises destinées à former le nantissement et pour procurer aux propriétaires de ces marchandises des instruments de crédit faciles.

Les magasins généraux délivrent deux titres :

L'un, pour faciliter la transmission de la propriété de là marchandise, se nomme *récépissé*. — L'autre, qui doit faciliter la mobilisation d'une partie de la valeur de cette marchandise, est nommé *warrant*.

Dans tous les cas où il y a eu dépôt, remise d'un effet mobilier corporel en gage, le débiteur, en se libérant, rentre dans la possession de sa propriété qu'il n'a pas aliénée.

Nous n'avons pas à parler de la *reconnaissance* des monts-de-piété ; nous citerons seulement, parmi les titres relatifs au nantissement, les deux titres créés par la loi, pour les magasins généraux.

RÉCÉPISSÉ.

Le récépissé doit contenir :

1° Le nom, la profession, la demeure du déposant ;

2° La date du dépôt ;

3° La nature de la marchandise déposée.

Il est le certificat du dépôt, il constitue la propriété de la marchandise, il est détaché d'un registre à souche, il est endossable, et par l'*endos* transmet la propriété de la marchandise déposée; il est soumis au timbre de dimension.

WARRANT.

Sur la demande du déposant, les magasins généraux peuvent faire expertiser la marchandise, et une avance peut être faite sur cette marchandise.

Dans ce cas, il est délivré un nouveau titre appelé *warrant*, détaché de la même souche et sous le même numéro que le *récépissé*.

Il constate la somme prêtée, et mention doit en être faite sur le récépissé; en effet, dès que le *warrant* est délivré, le récépissé ne représente plus pour la valeur de la marchandise que la différence entre la somme réalisable par la vente de cette marchandise et la somme stipulée sur le *warrant*, laquelle est privilégiée.

Le *warrant* est un précieux moyen de crédit. Reçu comme un effet de commerce et négociable, il est soumis, comme tel, au timbre proportionnel.

Les établissements de crédit l'escomptent et la garantie résultant du privilège accordé par la *loi* aux warrants remplace pour eux une signature.

La Banque de France les prend à l'escompte revêtus de deux signatures.

Le *warrant* contient les mêmes conditions, poids, numéros qui sont sur le récépissé.

SOCIÉTÉ LYONNAISE
DES MAGASINS GÉNÉRAUX.

N° D'ORDRE   N° D'ENTRÉE

Lyon, le   , 18 . .

RÉCÉPISSÉ des marchandises ci-après déposées au nom et à l'ordre

de M.

MARQUES ET Nos.	NOMBRE DE BALLES.	POIDS BRUT. kos.	POIDS NET. kos.	PRIX D'ESTIMATION francs.	MONTANT francs.

OBSERVATIONS.

Le Contrôleur,   Lyon, le   18   Le Directeur,

SOCIÉTÉ LYONNAISE
DES MAGASINS GÉNÉRAUX.

Nº D'ORDRE

Nº D'ENTRÉE

B. pour fr. ===== payable le ===== 18

WARRANT à ordre, engageant, pour la somme déterminée par le 1er endossement d'autre part et avec la garantie des cédants, les marchandises ci-après qui ont été déposées contre récépissé nº

Au nom et à l'ordre de M.

MARQUES ET Nᵒˢ	NOMBRE DE BALLES.	POIDS BRUT. kᵒˢ	POIDS NET. kᵒˢ	PRIX D'ESTIMATION francs.	MONTANT francs.

OBSERVATIONS.

Le Contrôleur,   Lyon, le   18   Le Directeur,

§ IV. — Contrats de transport.
Titres qui les représentent.

Le contrat de transport est représenté par des documents dont la nature varie suivant que la marchandise voyage sur les routes ordinaires, sur les chemins de fer ou sur mer.

1° LETTRE DE VOITURE.

La *lettre de voiture* est le titre du transport des marchandises sur les routes de terre ; elle est définie et règlementée par l'article 102 du Code de commerce ; il y est dit :

La lettre de voiture doit contenir :

1° La date de l'expédition ;

2° La nature de la marchandise expédiée, les marques, numéros et poids ;

3° Le nom et le domicile du commissionnaire expéditeur ;

4° Le nom et le domicile du voiturier ;

5° Le nom et l'adresse du destinataire ;

6° Le prix du transport ;

7° Le délai dans lequel le transport doit être effectué ;

8° L'indemnité due pour cause de retard.

A ces conditions se joignent deux obligations formelles :

1° La *lettre de voiture* doit être faite sur papier timbré.

2° Si la lettre de voiture est faite par un commissionnaire de transport auquel a été remise la marchandise, le manufacturier fait alors remettre par ce dernier un document qui constate la remise des colis, l'ordre de charger qui lui est donné et les conditions de transport.

Ce titre porte le nom de *bulletin de chargement*.

Lorsque l'expéditeur a fait des frais et veut être remboursé, au moment de la livraison, par le destinataire, il doit mentionner le total des frais sur la *lettre de voiture*; on dit alors qu'il fait suivre en remboursement telle ou telle somme.

Actuellement, les transports s'effectuent en grande partie par les Compagnies de chemins de fer ; ces Compagnies ont des tarifs établissant le prix et les délais de transport suivant qu'il s'effectue par la grande ou par la petite vitesse, et aussi d'après la distance kilométrique et la nature de la marchandise.

(*Voir le tableau page 42.*)

2° RÉCÉPISSÉS OU BORDEREAUX DES COMPAGNIES DE CHEMINS DE FER.

Les marchandises voyageant sur les voies ferrées nécessitent un titre qui les accompagne.

La lettre de voiture est remplacée par un simple récépissé délivré par les Compagnies. Ce récépissé est remis à l'expéditeur, et, de plus, en opérant la délivrance de la marchandise, la Compagnie remet au destinataire un titre appelé *bordereau* indiquant les conditions du transport.

Service journalier	LETTRE DE VOITURE	Voiture.....	11 30
pour		Timbre et ass.ᶜᵉ »	60
Paris et le Nord.	**G. PHILIBERT** Commissionnaire de roulage et agent des chemins de fer du Nord, à Tournai.	Remboursem'. » » 	11 90

Le voiturier est tenu de vous prévenir avant d'entrer en ville pour les marchandises sujettes à l'octroi.

Tournai, le 5 avril 18

MARQUE	Numéros	POIDS	COLIS
T. P.	460	65 50	1
	250	60 10	1
		125 60	2

Par petite vitesse je vous expédie deux balles de laine pesant ensemble cent vingt-cinq kilogrammes marquées et numérotées comme ci-contre.

Lesquelles vous seront rendues bien conditionnées à votre domicile, dans le délai de trois jours, non compris ceux du départ et de l'arrivée, sous peine de perdre un tiers du prix de la voiture que vous payerez à raison de neuf francs par cent kilogrammes et rembourserez en outre soixante centimes pour timbre et assurance.

G. PHILIBERT.

À M. Dumond,
10, rue du Cherche-Midi,
Paris.

Vous serez sans recours contre moi en cas de manque ou d'avarie, si au préalable vous n'avez fait toutes les diligences contre le voiturier ou son représentant. — En cas d'incendie le voiturier est tenu de dresser procès-verbal sur les lieux, et d'annexer à sa déclaration copie de la lettre de voiture.

Le *récépissé* indique :

1° La nature, le poids, la désignation des colis ;

2° Le nom et l'adresse du destinataire ;

3° Le prix total du transport et la série où est comprise la marchandise ;

4° Le délai dans lequel le transport doit s'effectuer.

Le *récépissé* est détaché d'un registre à souche.

Un double doit accompagner l'expédition et, comme nous l'avons dit, être remis au destinataire.

Le monopole concédé aux Compagnies leur a fait imposer des obligations et la loi les règlemente.

Aussi, les délais règlementaires des transports sont fixés et règlementés par le ministre des travaux publics.

Ces délais varient, suivant que la marchandise voyage par la grande ou la petite vitesse, et suivant la série dans laquelle elle est placée.

Le prix varie dans les mêmes conditions ; il est fixé par les tarifs qui sont homologués par le gouvernement.

Nous rappelons ici que, lorsque l'on veut conserver un recours contre le chemin de fer, contre un transporteur quelconque, il ne faut pas émarger le livre de réception et ne signer qu'en stipulant des réserves. Le contrat de transport est résolu et le transporteur est complètement déchargé, du moment que le livre d'émargements porte la signature du destinataire.

3° CONNAISSEMENT.

Le *connaissement* est pour la marchandise voyageant sur l'eau ce que la lettre de voiture est pour la marchandise voyageant sur nos routes de terre.

Ce titre doit, au terme de la loi (Code de commerce, art. 281), indiquer, outre les énonciations relatives à la désignation de la marchandise, au prix du transport appelé *fret* ou *nolis*, à l'indication du nom du destinataire et de l'expéditeur :

1° Le port d'embarquement ;

2° Le port d'arrivée ;

3° Le nom et l'adresse du capitaine ;

4° Le nom et le tonnage du navire ;

5° Les marques et numéros des objets à transporter.

Le connaissement est rédigé en quatre exemplaires signés par l'expéditeur et le capitaine.

Un exemplaire doit être remis : 1° à l'expéditeur, 2° au destinataire, 3° au capitaine, 4° à l'armateur du navire.

Le connaissement est nominatif, à ordre, au porteur.

Nominatif. — Dans ce cas, la personne désignée peut seule prendre livraison de la marchandise.

A ordre. — Quand le connaissement stipule que la marchandise sera remise à la personne désignée ou à son ordre, et, dans ce cas, une formule de cession sera portée au dos du titre et indiquera le nom de la personne désignée pour recevoir.

Au porteur. — Quand il est stipulé que la marchandise sera délivrée à celui qui la réclamera, le connaissement en mains.

Dans la pratique, un grand nombre de ces prescriptions sont négligées, et le *connaissement* rédigé à ordre est transmis sans endossement comme s'il était au porteur.

Le *connaissement* est considéré comme le titre de propriété des marchandises qui y sont désignées, il est souvent engagé en garantie de fonds avancés et leur valeur est affectée par privilège au remboursement du *prêteur*.

Ainsi, dans les transactions avec l'extrême Asie, on rencontre presque constamment des *traites docu-mentaires*.

Ce sont des *lettres de change* garanties par la marchandise et forcément accompagnées par le connaissement qui représente la marchandise expédiée.

La traite documentaire est visée par le banquier qui a prêté l'argent pour l'achat de la marchandise; elle devra être acceptée et payée à l'échéance par le destinataire propriétaire de la marchandise, et, jusqu'à l'époque du payement, la marchandise sera détenue par le banquier comme nantissement.

Les formules de connaissement ne sont pas invariables, elles subissent des modifications suivant les ports.

Le connaissement, rédigé dans la forme légale, fait foi entre les parties intéressées au chargement et entre elles et les assureurs. Comme la lettre de voiture, le connaissement doit être rédigé sur papier timbré, à peine d'une amende de trente francs. (Loi du 11 juin 1843.)

(*Voir le tableau page 46.*)

Nous venons d'énumérer les principaux titres employés dans les actes commerciaux relatifs aux marchandises : *achat et vente, commission, dépôt, transport*; nous étudierons très sommairement les

CONNAISSEMENT

Compagnie générale Maritime.	Je, Mandès, capitaine du navire l'Aigle, maintenant à Bordeaux, en charge pour Monte-Video, reconnais avoir reçu dans mon dit navire sous son franc tillac de vous M. de Balme, agent de la compagnie,
Agence de Bordeaux, Quai des Bacalans.	Un colis marchandises cubant 0m 27 centimètres. Poids et contenu inconnu, franc de casse et de coulage et livrable sous palan.
R. P. 1, 96, 60, 44, 0m 27	Le tout sec et bien conditionné marqué et numéroté comme en marge, lesquelles marchandises je m'engage porter et conduire dans mon dit navire au dit lieu de Monte-Video et là les livrer à M. , ou à son ordre en me payant pour mon fret la somme de ▓▓▓ plus 10 % d'avarie et chapeau.
Remboursement. Primage.	Et pour cet effet, je m'engage corps et biens avec mon dit navire, fret et apparaux d'icelui; en foi de quoi j'ai signé cinq connaissements d'une même teneur dont l'un accompli, les autres de nulle valeur.
	Bordeaux, le 20 août 1885.
Fret. — Chapeau.	J. MANDÈS.

titres qui concernent les valeurs de crédit, renvoyant le lecteur à la première partie de cet ouvrage : premier volume des *Etudes commerciales*, dans lequel est traité plus complètement cet important sujet.

CHAPITRE III

Valeurs de crédit.

Tout contrat constitue un *échange*.

Si le contrat représente une vente ou un achat, contre la marchandise vendue ou achetée, on donne un prix.

La remise de la *contre-valeur* doit être justifiée par un acquit, preuve du payement effectué.

Ces divers reçus qui constituent la libération du *débiteur* à son *créancier* sont toujours de formules très simples; ils doivent être revêtus d'un timbre mobile de dix centimes, lorsque la somme dépasse dix francs (Loi de quittance).

Mais tout échange ne peut se libérer ainsi, et on a créé des valeurs à terme pour faciliter les transactions en se basant sur le *crédit*.

I. — VALEURS DE PLACEMENT OU CONVENTIONNELLES.

Les *valeurs conventionnelles* sont celles qui résultent d'un contrat passé; en un mot, elles forment un droit de *créance*.

Suivant le crédit qui s'y rattache, elles représentent, d'une part, la valeur du titre ou valeur nominale; d'autre part, la valeur résultant de la solvabilité de celui qui la fournit.

Tous ces titres forment dans leur ensemble une partie de l'actif de leur propriétaire.

Elles constituent simplement la reconnaissance d'une dette souscrite par le commerçant au profit d'un tiers désigné, tels sont : les *billets simples* ou *promesses*.

1° BILLETS SIMPLES.

Le billet simple est l'engagement souscrit au profit d'une personne de lui rembourser, à une époque fixée, capital et intérêt, une somme déterminée qu'elle a reçue en dépôt.

Les intérêts devront être calculés en *dedans* ou en *dehors*.

L'intérêt en dehors consiste à déterminer les intérêts que rapporterait la somme inscrite sur un billet à partir du jour de sa souscription, jusqu'à l'échéance du terme.

Cet intérêt se calcule à tant pour cent.

Soit : à chercher l'intérêt pour 6 mois d'un billet de 500 francs au taux de 5 0/0.

$$\frac{5 \times 500 \times 6}{100 \times 12} = 12^{f} 50$$

L'intérêt cherché, plus le capital, égalent : 512 fr. 50.

L'intérêt est dit en *dedans*, lorsque l'on a à déterminer quelle serait la somme qui, placée à intérêts au moment de la souscription, deviendrait à son échéance, égale au montant de la somme portée sur le titre.

Dans l'intérêt *en dedans*, on le comprend, la somme inscrite sur le billet est un capital augmenté de ses intérêts.

Dans l'intérêt en *dehors*, la somme portée sur le titre est un capital simple.

La promesse ou billet simple n'est point un titre négociable, il ne peut se transmettre qu'en se conformant aux prescriptions civiles relatives à la cession des créances (Code civil, art. 1689 et suivants).

Si le billet est souscrit par un commerçant, il peut prendre le caractère d'un titre commercial.

MODÈLE D'UN BILLET SIMPLE.

« Le 15 mai 1886, je payerai à M. Raoul la somme de *deux mille francs.*

« Lyon, le 4 janvier 1886.

Signé BERNARD. »

4

Il n'est pas indispensable d'indiquer en quoi consiste la valeur fournie ; cependant, c'est toujours une sage précaution d'ajouter ces mots : valeur en espèces, valeur en argent prêté, ou valeur en marchandises, en compte.

Le billet est personnel, c'est-à-dire que la propriété n'en est pas transmissible par l'endossement. Il peut néanmoins être cédé, mais par un acte séparé, soumis à toutes les règles ordinaires des actes de cession ou de vente ; car, dans ce cas, la transmission n'est autre chose que la vente d'une créance.

En général, le billet simple n'est soumis à aucune formalité particulière, à moins qu'il ne soit employé à des opérations civiles par des personnes réputées lettrées. Dans ce cas, il doit être écrit en entier de la main de celui qui le souscrit, ou au moins il faut que le souscripteur ait écrit de sa main un bon ou approuvé portant en toutes lettres la somme d'argent promise.

Cette obligation cesse, lorsque le billet émane d'artisans, laboureurs, vignerons, gens de journées et de service.

2° TITRES DE RENTE (RENTES SUR L'ÉTAT).

Code de commerce. (Art. 529-530-1909-1913.)

C'est sous Louis XIV, à l'occasion de la guerre de 1672, que fut adopté, en France, le système des emprunts.

Le 24 août 1793, il fut décidé que l'on convertirait en une seule dette les engagements anciens ou récents reconnus comme dettes de l'Etat.

Les créanciers durent rendre leurs anciens titres, pour qu'ils fussent anéantis, et reçurent en échange des extraits d'inscriptions, tous uniformes, indiquant la quotité de rente 5 0/0 pour laquelle ils étaient inscrits sur un registre unique appelé *grand-livre de la dette publique*.

Les rentes se désignent par le taux de l'intérêt qu'elles rapportent.

On distingue actuellement le 3 0/0, le 4 0/0 et le 4 1/2 0/0, le 5 0/0 ayant subi récemment une conversion.

Les *titres de rentes* sont ou *nominatifs* ou au *porteur*.

Dans le premier cas, leur négociation s'opère par un transfert.

Le 3 0/0 se paye par trimestre : le 1er janvier, le 1er avril, le 1er juillet et le 1er octobre.

Le 4 et le 4 1/2 0/0 se payent par *semestre*.

Tous les arrérages de rentes sont payables pendant 5 ans, à partir de l'échéance ; passé ce délai, s'ils ne sont pas réclamés, ils restent acquis au *Trésor*.

La rente sur l'Etat ne paye aucun impôt ; elle est insaisissable, si ce n'est par le Trésor au profit des agents comptables.

Ces titres de rentes constituent ce qu'on appelle : *les fonds publics.*

Les rentes sur l'Etat se vendent et s'achètent, mais seuls les agents de change, qui reçoivent un courtage de 1/8 0/0 sur le prix de la rente, peuvent conclure l'opération.

La rente n'est point remboursable, elle peut être cédée au moyen d'un transfert.

Les titres de rentes au porteur sont des multiples de 10 francs.

Les titres de rentes nominatives sont d'un nombre entier de francs ; les plus petites inscriptions sont de 5 francs.

Les rentes diffèrent de l'intérêt en ce que le taux reste invariable, tandis que le cours varie.

Règle. — Pour calculer quelle rente on peut obtenir pour un capital donné, on multiplie le taux de la rente par le capital et on divise le produit par le cours.

Exemple.

Quel revenu se fera-t-on, en achetant du 3 0/0 au cours de 68 fr. 25, si l'on peut disposer d'une somme de 58.380 fr. ?

Raisonnement. — Pour 68 fr. 25, on aurait 3 fr. de rente.

Pour 1 fr., on aurait $\dfrac{3}{68^f 25}$

Pour 58.380 fr., on aurait $\dfrac{3 \times 58380}{68^f 25} = 2.566$

Réponse. — On aurait un revenu de : 2.566 fr., plus 3 fr. 50 restant sans emploi.

Autre exemple.

Le 4 1/2 0/0 étant au cours de 94 fr. 85, combien aura-t-on de rentes pour 75.280 fr. ?

Raisonnement. — Puisque 94 fr. 85 rapportent 4 fr. 50.

1 fr. rapporte $\dfrac{4^f 50}{94^f 85}$ et 75.280 fr. rapportent :

$$\dfrac{4^f 50 \times 75.280}{94^f 85} = 3.571 \text{ fr. } 53.$$

On aura une rente de 3.571 fr. 53.

3º ACTIONS INDUSTRIELLES.

Dans le but d'attirer les capitaux dans l'industrie, il se crée des sociétés dites sociétés commerciales en commandite par *actions* et sociétés anonymes ou sociétés de capitaux.

Le titre qui représente la part prise dans une association, dont le capital se fractionne en titres représentatifs, se nomme *action*.

L'action confère à l'actionnaire une part proportionnelle dans la propriété de l'actif et dans la répartition des bénéfices résultant, à l'inventaire annuel.

Les sommes réparties, tous les six mois ou tous les ans, aux actionnaires s'appellent *dividende*.

Le *dividende* est distribué en deux parties distinctes : l'une *fixe*, qui prend le nom d'*intérêt*; l'autre *variable*, qui conserve le nom de *dividende*.

Les titres d'*actions* sont *nominatifs* ou au *porteur*.

Les titres nominatifs se transmettent par un transfert inscrit sur les registres de la société.

Les *titres* au porteur se transmettent par la simple remise du titre. Les agents de change peuvent servir d'intermédiaires pour l'achat et la vente de ces titres.

MODÈLE D'UNE ACTION

Société anonyme

des

ACIÉRIES ET FORGES DE FIRMINY (Loire).

CAPITAL :   DE FRANCS

Divisé en   actions de   francs chacune.

Constituée conformément aux prescriptions de la loi promulguée le   18 , et en vertu des statuts dressés par acte devant M.   , notaire à le   18 .

Durée   années : à partir du 18 .

Siège social à Lyon.

ACTION AU PORTEUR

N°

Donnant droit à un   millième de l'actif social, cette proportion sera modifiée en cas d'augmentation du capital social par l'assemblée générale   comme cela est prévu par l'art.   des statuts.

Lyon, le   18 .

Les Administrateurs,

Signature.   Signature.

EXTRAIT DES STATUTS.

4° OBLIGATIONS.

Il ne faut pas confondre l'*action* et l'*obligation*.

L'*action* est un titre indiquant le capital placé dans une société, et donnant droit à une part proportionnelle dans les bénéfices.

L'*obligation* est un titre représentant une *créance* résultant d'un prêt fait à une société industrielle, ou à une administration publique, à une ville, pour l'achèvement de travaux, etc.

Pour ces dernières, leur cours varie peu ; toutefois, elles subissent l'influence de la solvabilité de l'Etat, de la Compagnie, de la ville qui les a émises.

Le montant des obligations est ordinairement divisé par petites fractions égales, accessibles aux petits capitalistes, Trois cents, cinq cents, mille francs.

Le titre délivré en échange du prêt s'appelle *obligation*.

L'*obligataire* perçoit l'intérêt fixe du capital prêté, mais ne participe ni aux bénéfices ni aux pertes, c'est-à-dire que les intérêts et les sommes affectées aux remboursements graduels sont prélevés sur les recettes, avant toute répartition aux *actionnaires*.

Bien que l'*action* et l'*obligation* aient beaucoup d'analogie, il y a pourtant, entre ces deux titres, de notables différences.

MODÈLE D'UNE OBLIGATION

Compagnie des chemins de fer de

PARIS A LYON ET A LA MÉDITERRANÉE

Société anonyme constituée par acte du   18   , approuvée par décret du   18   .

ÉMISSION DE   OBLIGATIONS TROIS POUR CENT

Autorisée par l'assemblée générale du   18   .

Série ▓▓▓   OBLIGATION DE   FRANCS   N° ▓▓▓

Le porteur a droit : 1° A un intérêt semestriel de   payable les   . 2° Au remboursement du capital de   francs par voie de tirage au sort d'après le tableau d'amortissement d'autre part. Le tirage au sort s'opérera par série de cent obligations ou par fraction de série.

La Compagnie se réserve le droit de remboursement au pair par anticipation à quelque époque que ce soit.

Par délégation du Conseil,   Un administrateur.

Y.   X.

Paris, le   18   .

L'Obligation devra, outre les signatures, porter le timbre sec de la compagnie.

Les coupons ne doivent être détachés qu'à l'époque de l'échéance.

Comme les *actions*, les *obligations* sont cessibles, elles sont représentées par des titres et peuvent se transmettre. Mais, si dans la forme elles présentent des ressemblances, elles varient dans le fond.

Comme les *actions*, les *obligations* sont cotées à la Bourse, mais quel que soit leur taux d'émission, elles sont remboursables à un chiffre déterminé d'avance et souvent par voie de tirage au sort, avec ou sans prime.

Les actions et les obligations des sociétés industrielles sont l'objet d'opérations commerciales.

Au comptant, elles se négocient en quantité quelconque; à terme, elles ne sont demandées ou offertes que par groupe de 25 ou multiples de 25.

II. — VALEURS DE CIRCULATION OU EFFETS
DE COMMERCE.

Les effets de commerce sont des valeurs que la loi crée pour développer le *crédit* et pour faciliter les opérations commerciales.

Ils se transmettent par l'endossement.

Leur négociation constitue le commerce de la *banque*. Il ne faut pas les confondre avec les *billets au porteur* et la simple promesse dont la cession ne s'opère pas de la même manière et qui ne présentent pas le caractère commercial.

La loi consacre un grand nombre d'articles aux effets de commerce.

Soit : art. 110 à 187 (Code de commerce).

Lois du 5 juin 1850, 11 juin 1859, décembre et janvier 1880.

Lois du 23 août 1871 et 28 février 1874.

Les effets de commerce les plus employés sont : la *lettre de change*, le *billet à ordre*, le *mandat*, le *billet au porteur* et le *chèque*.

Ce chapitre des effets de commerce est longuement et minutieusement traité dans le premier volume et la première partie de cet ouvrage.

Nous ne donnons ici que le dispositif de la loi concernant ces valeurs afin de les indiquer pour mémoire.

Nous prions nos élèves et nos lecteurs de consulter les chapitres 12, 13, 14, page 161 à 230 de la première partie de nos *études commerciales*.

§ Ier. — Lettre de change.

La *lettre de change* renferme, dans son nom même, toute sa définition.

Elle est l'acte par lequel une personne mande à une autre personne, habitant un lieu différent, de payer à celui qui sera désigné dans l'acte, ou à tout autre à qui elle a cédé ses droits une somme dont elle reconnaît avoir reçu la valeur.

Ajoutons que la somme sera payable à la personne indiquée sur la lettre ou à son ordre, mais que la remise de ce titre ne sera valable qu'au moyen d'une formule de cession appelée *endossement* et rédigée également à ordre.

Ainsi faite, la lettre de change est l'exécution du *contrat* de change.

La lettre de change est donc, tout à la fois, un moyen de crédit et un instrument de circulation.

Comme la monnaie, et mieux encore, la *lettre de change* circule de mains en mains, de France à l'étranger.

La loi, art. 110 du Code de commerce, la définit ainsi :

« La *lettre de change* est un effet de commerce
« sous une forme et dans des termes consacrés par la

« loi et par l'usage, au moyen duquel une personne
« transmet à une autre personne une somme d'ar-
« gent qu'elle a ou qu'elle fera trouver dans un
« autre lieu, et mande à son *débiteur* actuel ou futur
« de payer cette somme à celui qui se présentera
« régulièrement porteur du titre à l'échéance. »

La lettre de change implique les conditions indispensables suivantes :

1° Elle ne peut exister sans le *change* dont elle
consacre le contrat, et, par ce motif, elle exige la
remise de place en place ;

2° Elle est faite avec le concours de trois personnes : le *tireur*, celui qui émet le titre ; le *tiré*,
celui sur qui la lettre est faite : le *preneur*, ou tiers
à l'ordre de qui elle est passée et qui a la faculté de
la transmettre à toute personne qui, à son tour, la
cèdera par un *endossement* régulier ;

3° La lettre de change doit être faite conformément
aux prescriptions de l'article 110 et suivants du Code
de commerce :

« 1° La lettre de change doit être tirée d'un lieu
« sur un autre lieu ;

« 2° Elle est datée ;

« 3° Elle énonce la somme à payer ;

« 4° Elle porte le nom de celui qui doit payer ;

« 5° Elle fixe le lieu et l'époque du payement ;

« 6° Elle indique la valeur fournie, en espèces,
« en marchandises, en compte ou de toute autre
« manière ;

« 7° Elle est à l'ordre d'un tiers ou à l'ordre du
« tireur lui-même ;

« 8° Elle est signée par le tireur ;

« 9° Si elle est faite par 1re, 2e, 3e ou 4e de change,
« elle l'exprime. »

Toutes les prescriptions sont exprimées par la loi,
la forme n'en est point facultative.

La lettre de change doit contenir :

A gauche, le *lieu de formation* du titre et sa date ;

A droite, la *valeur* de la lettre exprimée ainsi :
B. P. F. et la somme en chiffres.

Le corps de la lettre contient :

L'*échéance* qui peut varier ;

L'*invitation* à payer. Veuillez payer ou simplement : *payez.*

La *spécification* de la lettre ; si elle ne comporte
qu'un exemplaire ; *par cette seule de change, etc.*

L'*ordre*, indication du nom de celui auquel le
titre est cédé.

La *somme*, cette somme doit être reproduite en
toutes lettres.

La *valeur* indique le *motif* du titre : valeur en
espèces, en marchandises, en compte.

La *signature* du tireur à droite, au bas du titre, et
le *nom* et l'*adresse* du tiré à gauche.

Mais ces dispositions de formes seront plus faci-
lement comprises et démontrées par des *modèles* que
nous plaçons ici et qui représentent les obligations
imposées par la loi.

MODÈLE DE LETTRE DE CHANGE

Lyon, le 1er juin 1885. B. P. F. 1.000

Au premier août prochain, veuillez payer par cette première de change à Monsieur Louis ou à son ordre la somme de MILLE FR. valeur reçue en espèces suivant avis.

A Monsieur FRANC.   E. MANUEL.
Allées de Tourny, Bordeaux.   1, rue du Bois, Lyon.

LETTRE DE CHANGE A VUE

Lyon, le 25 mai 1885. B. P. F. 1.000

A vue il vous plaira payer à M. Roche ou à son ordre la somme de MILLE FR. valeur reçue en marchandises que vous passerez suivant avis.

A Monsieur PIERRON,   ROMAIN.
Rue Saint-Antoine, Paris.

LETTRE DE CHANGE A JOUR FIXE

Lyon, le 1er juin 1885. B. P. F. 1.000

Au dix juillet prochain, veuillez payer à M. Bonnard ou à son ordre la somme de MILLE FR. valeur reçue en espèces.

A Monsieur JANIN,   P. MURON.
Rue St-Louis, 12, St-Etienne.   Rue de la Charité. 10, Lyon.

LETTRE DE CHANGE DATÉE ET ACCEPTÉE

Lyon, 20 juillet 1885.   B. P. F. ▓▓▓ 1000 ▓▓▓

A trente jours de vue, payez par cette première de change à Monsieur Combet ou à son ordre, la somme de ▓▓▓ **MILLE FR.** ▓▓▓ valeur reçue en espèces.

A Monsieur LACOUR, Dijon.

Vue et acceptée 25 juillet,   N. DUMONT.
LACOUR.

La lettre de change peut être faite ou sur une personne qui nous doit ou même sur toute personne qui *accepte*, ne devant pas, de devenir *débiteur* de la lettre de change. Cette explication est exprimée ainsi par la loi :

« La lettre de change peut être faite par *provision* « ou par *acceptation*. »

Il y a provision, dit l'article 116 du Code de commerce, lorsque celui sur qui est faite la lettre de change est redevable d'une somme au moins égale à la valeur du *titre*.

Elle est faite par acceptation, quand celui sur qui elle est tirée prend le double engagement de se reconnaître volontairement *débiteur* du titre et de payer à l'échéance.

« L'acceptation d'une lettre de change doit être « signée ; elle est exprimée par le mot *vue et acceptée*. « Elle est datée, si la lettre est à un ou plusieurs « jours de vue.

« Une lettre de change doit être acceptée à sa pré-
« sentation, dans le délai de 24 heures.

« S'il y a provision à la lettre de change, l'ac-
« ceptation est exigible et, en pareil cas, le refus
« d'acceptation est constaté par un *protêt* ou acte
« fait par un huissier dans le but d'affirmer et de
« consacrer la créance. »

L'acceptation s'écrit généralement au bas et en
travers du titre.

Elle est exprimée par le mot *acceptée* au dessous
duquel est apposée la signature.

La date n'est nécessaire que pour les lettres
payables à un délai de date, si la lettre n'était point
payée à l'échéance.

La lettre de change protestée peut être acceptée par
un tiers intervenant au profit du *tireur* ou de l'un
des *endosseurs*.

« L'intervention doit être mentionnée dans l'acte
« de protêt. »

La lettre de change ne remplirait qu'imparfaite-
ment son but si elle ne pouvait se transmettre et
faciliter ainsi un grand nombre de payements.

L'*ordre* ou *endossement* est le moyen de transmission ; il s'opère par un écrit fait sur le titre même,
mais au dos de ce titre.

La loi l'indique, ainsi que sa forme, dans l'article
136 du Code de commerce.

« La propriété d'un effet de commerce se trans-
« met par la voie de l'endossement ; l'endossement
« est daté ; il exprime la valeur fournie ; il énonce
« le nom de celui à l'ordre de qui le titre est passé.

« Si l'endossement n'est pas conforme aux dispo-

5

« sitions de l'article précédent, il n'opère pas la
« transmission du titre, il n'est qu'une simple pro-
« curation. »

« Il est défendu d'antidater l'*endossement*. »

L'endossement régulier est la mention écrite au
dos du titre et indiquant que la propriété en est
acquise et transférée à un tiers.

Pour être régulier, il doit contenir :

Le nom et la signature du cédant, le nom du
cessionnaire, la clause à ordre permettant au bénéficiaire de céder à son tour la *lettre*, l'indication de la
valeur fournie, cause de la transmission de propriété.
La date déterminant l'ordre des endossements.

L'indication du lieu n'est pas exigible.

Ainsi fait, l'endossement est dit régulier.

Il a pour effet de transférer la propriété de la lettre
et de rendre les endosseurs garants solidaires du
payement à l'échéance.

MODÈLE D'UN ENDOSSEMENT

Payez à l'ordre de M. Dumont,
valeur en compte.
Dijon, 10 juin.
COSTE.

Payez à l'ordre de M. Romain,
valeur en espèces.
Paris, 15 juin.
DUMONT.

Payez à l'ordre de M. Verrier.
valeur reçue en marchandises.
Lyon, 20 juin.
ROMAIN.

La lettre de change peut être garantie par un *aval*.

Ce cautionnement donné par un tiers à l'un des signataires ou souscripteurs se fournit sur la lettre même ou par acte séparé par ces mots : *bon pour aval*, et la signature.

« Le donneur d'*aval* est tenu solidairement et par « les mêmes voies que le tireur et les endosseurs. »

Il est, sauf conventions contraires, soumis à la juridiction des tribunaux de commerce.

Ainsi garantie, on comprend les avantages que présente la lettre de change.

DU PAYEMENT.

La loi exige que la lettre de change soit payée au jour de l'échéance.

Si le payement est fait, il libère tous ceux qui ont participé au titre.

Si l'effet n'est pas payé, le refus de payement doit être constaté par un acte authentique fait par un huissier : *le protêt*.

Le *protêt* est un procès-verbal fait par un huissier dans le délai déterminé de 24 heures, et si l'échéance arrive un jour férié, dans celui de 48 heures. Cet acte doit être dénoncé dans la quinzaine aux signataires que l'on veut poursuivre en remboursement, et dans le même délai de quinzaine dénonciation doit en être faite au greffe du tribunal de commerce.

Les art. 162 — 163 (Code de commerce) disent :
« Cet acte, appelé protêt, devra contenir la trans-
« cription de la lettre, de l'acceptation, les endosse-
« ments, la sommation de payer le montant de la
« lettre. Il annonce l'absence ou la présence de celui
« qui doit payer. Le motif du refus de payer. Il est
« fait au domicile de celui sur qui est fait le titre.
« Nul acte ne peut remplacer le protêt.

« En cas de faillite, le protêt sera dressé avant
« l'échéance par un titre spécial. »

Rechange. — Le porteur non payé ou celui qui a
payé par intervention ont une créance contre leurs
garants. Ils peuvent, à l'effet d'obtenir immédiatement
le remboursement de cette créance, créer et négocier
une nouvelle lettre de change soit sur le cédant, soit
sur un autre endosseur, soit sur le tireur lui-même.

Ce nouveau titre est appelé *rechange* ou *retraite.*

Cette nouvelle lettre de change ou *retraite* comprend le capital et les intérêts énoncés dans la lettre
protestée, les frais divers de protêt, agios, rechanges,
le tout contenu dans un bordereau appelé : *compte
de retour.*

Nous voulons, ainsi que nous l'avons dit au début
de ce chapitre, donner ici les indications indispensables ; renvoyant à la première partie de nos études
commerciales les prescriptions nombreuses se rattachant à l'important sujet de la *lettre de change.*

§ II. — Billet à ordre. — Billet à domicile.

Le *billet à ordre* est le titre représentant l'engagement que prend une personne de payer, à une époque déterminée, une somme quelconque, entre les mains de la personne dénommée, appelée bénéficiaire, ou à celle qui en sera devenue propriétaire par un endossement régulier.

Toutes les prescriptions relatives à la lettre de change et concernant l'échéance, l'endossement, l'aval, le payement par intervention, la solidarité, les droits et les devoirs du porteur et des souscripteurs, le protêt et le rechange sont applicables au billet à ordre.

La loi, article 187 du Code de commerce, dit : « Le « *billet à ordre* est daté ; il énonce la somme à payer, « le nom de celui à l'ordre de qui il est souscrit ; « l'époque du payement, la valeur fournie et, comme « la lettre de change, l'indication sous deux énon- « ciations, l'une en chiffres, l'autre écrite en toutes « lettres, de la valeur du *titre*.

Quoique la plupart des énonciations soient les mêmes, certaines différences existent entre la lettre de change et le billet à ordre.

1° Le billet n'exige pas la remise de place en place, condition indispensable pour la lettre de change.

2° Deux personnes suffisent à la formation du *billet à ordre*, trois sont nécessaires pour la lettre de change.

3° Le billet n'est pas par lui-même un effet de commerce ; la lettre de change est un titre essentiellement commercial.

MODÈLE D'UN BILLET A ORDRE

Paris, 1er juillet 1885.   B. P. F. 100

Au 15 septembre prochain, je payerai à M. Armand ou à son ordre la somme de CENT FR. valeur reçue en marchandises.

LAURENT,

Négociant à Paris, rue du Bac, 15.   N° 3

Il arrive souvent qu'un billet contient la clause à *ordre*, et est payable (comme la lettre de change), dans un autre lieu que celui où il a été souscrit.

Le *billet à ordre* prend alors le titre de *billet à domicile*.

Il diffère ainsi de la lettre de change et ne comporte que deux personnes : le *souscripteur* et le *bénéficiaire*.

MODÈLE D'UN BILLET A DOMICILE

Paris, 15 mai 1885.   B. P. F. 100

Au 20 juin prochain, je payeraï à M. Duc ou à son ordre, la somme de CENT FR. valeur reçue en espèces.

A Monsieur VERRIER,

Payable à son domicile,   R. LAURENT.

Rue neuve, 7, Lyon.

Ainsi que le présentent ces deux billets modèles, il n'y a d'autre différence entre eux que dans le lieu de payement qui revêt dans le billet à domicile la remise de place en place, et qui est payable au domicile d'un tiers désigné.

§ III. — Mandat.

Le *mandat* est un écrit par lequel celui qui le souscrit charge une personne de payer à un tiers, à une époque qu'il détermine, une somme dont il déclare avoir reçu la valeur.

Le *mandat* est tiré par un créancier sur son *débiteur* et payé à l'ordre d'un tiers.

Il est tiré d'un lieu sur un autre.

Il doit être précédé d'un avis adressé au débiteur ou à celui qui devra payer le mandat, il indique la somme, l'échéance, le relevé du compte.

Le mandat présente bien des analogies avec la lettre de change, mais il en diffère essentiellement sur un point : il n'est pas susceptible d'acceptation, étant toujours fait par *provision*.

Il n'est un effet de commerce que s'il est fait par un commerçant.

Il ne faut pas le confondre avec les mandats de payement délivrés aux fonctionnaires ayant qualité pour recevoir ; ce dernier titre n'est nullement négociable ni cessible par voie d'endossement.

MODÈLE D'UN MANDAT

Lyon, 1er juillet 1885.   B. P. F. ≡ 1 0 0 0 ≡

A fin août prochain, veuillez payer par le présent mandat à M. Laroche ou à son ordre, la somme de ≡ **MILLE FR.** ≡ valeur reçue en marchandises.

A Monsieur FRAISSE.

Rue de la Loire, Saint-Etienne,   L. COSTE.

---

§ IV. — Billet au porteur.

Le *billet au porteur* est une simple promesse qui ne contient ni le nom du bénéficiaire ni la valeur fournie.

Il peut remplacer parfois le billet à ordre ; mais il ne présente pas les garanties de ce dernier ; il ne peut se faire qu'entre gens sur lesquels se base la plus grande confiance ; il est, du reste, peu employé ; il se formule ainsi :

A telle époque, je payerai au porteur la somme de . . . .

Et la signature.

§ V. — Chèque.

Lois des 14 juin 1865, août 1871, 19 février 1874.

Le *chèque*, que nous plaçons à la suite des effets de commerce, est un titre créé sous la forme d'un *mandat*. Il est entré dans nos habitudes commerciales depuis la loi de 1865.

C'est un instrument de crédit, un mode de payement facilitant le retrait des comptes de dépôt chez les banquiers ; mais, par sa forme et son emploi, il n'est pas un effet de commerce.

La loi le définit ainsi :

Art. 1. — « Le chèque est l'écrit qui, sous la « forme d'un mandat de payement, sert au tireur à « effectuer à son profit le retrait de tout ou partie de « son compte et disponible.

« Il est signé par le tireur et porte la date du jour « où il est tiré.

« Il n'a qu'une seule échéance, il ne peut être « tiré qu'à vue.

Art. 2. — « Le chèque ne peut être tiré que sur un « tiers ayant provision préalable.

Art. 3. — « Le chèque peut être tiré d'un lieu sur « un autre ou sur la même place.

Art. 4. — « L'émission d'un chèque, même lorsqu'il « est tiré d'un lieu sur un autre, ne constitue pas, « par sa nature, un acte de commerce ; toutefois les « dispositions de la loi lui sont applicables.

Art. 5. — « Le porteur d'un chèque doit en récla-
« mer le payement dans les cinq jours, y compris
« celui de sa date, si le chèque est tiré de la place
« sur laquelle il est payable, et dans le délai de huit
« jours, y compris le jour de sa date, s'il est tiré d'un
« autre lieu.

« Le porteur d'un chèque qui n'en réclame pas le
« montant dans les délais ci-dessus perd son recours
« contre les endosseurs ; il perd aussi son recours
« contre le tireur, si la provision a péri par le fait
« du tiré après lesdits délais.

Art. 6. — « Le tireur qui émet un chèque sans
« date ou qui le revêt d'une fausse date est passible
« d'une amende égale à 6 0/0 de la somme pour
« laquelle le chèque est tiré.

« L'émission d'un chèque sans provision préa-
« lable est passible de la même amende, sans préju-
« dice de l'application des lois pénales, s'il y a lieu. »

MODÈLE D'UN CARNET DE CHÈQUES

TALON	Nom du banquier. (Couper en deux par moitié.)	Paris, le 18 B. P. F. ≡100≡
Paris, le 18		A vue veuillez payer à notre ordre (ou au porteur ou à M. ou à son ordre) la somme de ≡CENT FR.≡
F. ≡≡≡		dont vous débiterez mon compte.
Bénéficiaire :		Paris, le (date en toutes lettres, sauf le millésime).
M.		A M. (nom et profession) demeurant à
N° ≡≡≡		Signature. N° ≡≡≡

DIFFÉRENCES ENTRE LE CHÈQUE ET LA LETTRE DE CHANGE.

Nous avons traité la question du chèque d'une manière plus complète dans notre première partie des études commerciales ; mais nous devons indiquer dans ce cadre restreint certaines mentions qui établissent des différences notables entre le chèque et la lettre de change.

1° La lettre de change est tirée d'un lieu sur un autre ; le chèque peut être tiré d'un lieu sur un autre, mais il l'est le plus souvent sur la même place.

2° La lettre de change est datée, et payable à diverses échéances ; le chèque est toujours *à vue* ; si la date est omise ou inexacte, le souscripteur est frappé de pénalités spéciales.

3° La lettre de change est susceptible d'acceptation, le chèque ne l'est pas.

4° La lettre de change exprime la valeur fournie, le chèque ne l'indique pas.

5° La lettre de change est par sa forme un effet de commerce ; le chèque n'est qu'un mode de payement, un instrument de crédit.

6° La lettre de change peut se faire par acceptation, sans qu'il y ait provision préalable ; le chèque exige impérieusement la *provision*, sous peine d'amende.

7° La lettre de change à *vue* n'est exigible que dans les trois mois de sa date ; le chèque est exigible dans le délai de cinq jours, et de huit jours s'il revêt la remise de place en place.

8° Un droit fixe et proportionnel est applicable à la lettre de change. Depuis la loi de 1874, le chèque est soumis au droit de 0 fr. 10 s'il est tiré sur la même place et de 0 fr. 20 quand il est tiré de place en place.

LIVRE III

DU CHANGE

CHAPITRE Ier.

Définition.

Nous venons de passer rapidement en revue, dans notre précédent chapitre, les noms qui, dans les articles passés sur les livres, représenteront les différentes opérations du commerçant.

Nous avons admis, tacitement, pour passer les écritures, que les échanges avaient lieu entre négociants du même pays et que le comptable n'avait à traduire les opérations qu'en francs et centimes, suivant le système monétaire adopté dans notre pays.

Mais il arrive presque constamment dans le commerce en *gros* et surtout en *banque*, qu'il faut passer *écritures* d'opérations internationales ; or, les systèmes monétaires varient d'un pays à un autre ; il devient donc nécessaire de connaître les valeurs relatives des différentes monnaies adoptées pour fixer le prix de la marchandise.

L'appréciation d'une monnaie d'un pays est basée sur la quantité d'*or fin* contenue dans cette monnaie

qu'on suppose réduite en *lingot ;* car toute monnaie
étrangère à un pays est un *lingot* pour celui-ci.

Au lieu de faire voyager les espèces, on règle les
comptes entre différentes places par des effets de
commerce, traites ou créances sur le dehors, qu'on
désigne sous le nom générique de *change* et qui
constituent une véritable marchandise. Ces effets de
commerce prennent les noms des pays et se nomment ;
le *Londres,* le *Paris,* l'*Amsterdam* ; ou les noms de la
monnaie qui a cours dans le pays et se nomment
alors : la *livre sterling,* le *dollar,* les *piastres,* les
roubles, etc.

Nous trouvons une définition du change dans les
ouvrages économiques de M. Courcelle-Seneuil ; il y
est dit :

« Le change est le commerce de l'argent et des
« lettres de change qui en sont la représentation. Ce
« commerce s'établit entre les particuliers qui ont
« des *lettres de change* à payer dans différents pays
« et ceux qui ont des *lettres* à y recevoir. Il évite le
« transport des monnaies par la compensation des
« dettes réciproques.

« Il consiste, pour les négociants et les banquiers,
« à vendre l'argent qui leur est dû dans différentes
« villes de leur pays ou des pays étrangers, à des
« personnes qui leur en payent la valeur. Cette vente
« ou transmission de créances se fait au moyen
« d'une *lettre de change,* c'est-à-dire d'un ordre de
« payer, qu'ils adressent à leurs *débiteurs* pour leur
« dire de payer à ces acheteurs ou à leurs délégués. »

« Il y a toujours, à Paris, un grand nombre de
« personnes qui doivent à Londres ; et à Londres, un

« nombre égal de personnes qui doivent à Paris. Il
« en résulte que si Paul de Paris a un payement à
« faire à Londres, il n'envoie pas à ce dernier la
« somme en espèces, mais il achète à un banquier
« une *lettre de change* sur Londres, c'est-à-dire un
« ordre adressé par un créancier Louis, à Paris, à
« son débiteur Jacques, à Londres, pour que celui-ci
« paye à Paul ou à son ordre. Paul, à Paris, trans-
« met la propriété de cet ordre à Pierre son créancier
« de Londres par un endossement ; celui-ci se pré-
« sente chez Jacques de Londres et reçoit le paye-
« ment de sa créance.

« Ainsi se trouvent acquittées la dette de Paul, à
« Paris, vis à vis de Pierre, à Londres; et celle de
« Jacques de Londres vis à vis de Louis de Paris,
« sans transport de numéraire, par une simple com-
« binaison qui ne nécessite que l'échange de corres-
« pondance et quelques frais bien compensés par
« les avantages résultant de cette opération. »

Les banquiers *cambistes* sont les intermédiaires
entre ceux qui demandent et ceux qui offrent le
papier.

Dans le commerce du change, on distingue les
effets de commerce payables en France et ceux
payables à l'étranger.

Le prix auquel on vend, dans un lieu, l'argent qui
doit être reçu dans un autre est, ce qu'on appelle, le
prix du *change* ou simplement le *change*.

Ce prix est très variable ; il suit la formule économique de l'offre et de la demande. Le change est donc.

le prix de la négociation des effets de commerce. Il peut s'établir de deux manières :

1° Sur les places de commerce ayant le même système monétaire ;

2° Sur les villes étrangères ayant des monnaies différentes.

De là, deux façons d'établir le change :

Change intérieur et *change extérieur*.

CHAPITRE II

Change intérieur.

Le change est dit *intérieur* quand il s'applique aux négociations faites en France ou avec les pays ayant adopté le même système monétaire en 1865 : la *Belgique*, la *Suisse*, l'*Italie*, la *Grèce*.

Le change consiste dans l'échange des valeurs dont l'appréciation est semblable et portant sur des sommes exprimées en même monnaie ; elles sont formulées à *tant pour cent*.

Le prix du change se compose de deux éléments : la perte de changement de place et la perte d'intérêts.

1° La perte de changement de place est la bonification calculée à tant pour cent sur la valeur nominale, et discutée par les parties pour la négociation d'un effet payable dans une autre ville que celle qu'on habite.

2° La perte de l'intérêt est l'escompte accordé au cessionnaire, représentant l'intérêt à courir du jour de la négociation.

L'escompte varie aussi selon l'abondance ou la rareté du numéraire.

6

La perte de changement de place et la perte d'intérêt ou l'escompte se confondent et se résolvent par un tant pour cent unique sur la valeur du *titre*, ce qui a lieu généralement pour la négociation des effets à courte échéance.

Le tant pour cent se calcule comme une simple commission de *banque* ; il ne porte que sur un petit nombre de négociations ; il se prélève sur le montant de l'effet sans avoir égard au temps ; ce taux diffère peu de celui de la commission de recouvrement indiquée sous le nom de changement de place.

Les maisons de banque se chargent de l'encaissement des effets sur la province.

La Banque de France et le Comptoir d'escompte ont la spécialité de ces opérations pour lesquelles on réclame tant p. 0/0.

Lorsqu'on négocie, chez un banquier, plusieurs effets à un même taux d'escompte, il n'est pas utile de faire autant d'opérations qu'il y a de billets.

La note détaillée des *valeurs* présentées à l'escompte est appelée *bordereau d'escompte* si elle est remise par le banquier, et *bordereau de négociations* si elle est présentée par le vendeur.

Lorsque les effets sur l'étranger ou *divises* sont sur les places qui ont le même système monétaire que la France, les changes s'expriment au moyen de l'*agio* en bénéfice ou en perte ; *au dessus* ou *au dessous* du pair.

CHAPITRE III

Change extérieur.

Le change extérieur est celui qui s'établit entre la France et les pays étrangers payant en monnaies autres que celles du pays dans lequel on opère; ou encore, c'est l'acte d'un preneur achetant une certaine somme d'une monnaie étrangère, monnaie exigible à une certaine époque, et comptant à son cédant, pour prix de cette somme en monnaie étrangère, une certaine somme en monnaie nationale de la place qu'il habite.

Le *change extérieur* s'établit sur les mêmes bases que le *change intérieur,* mais se calcule autrement.

Pour calculer le change des monnaies, il faut connaître le rapport qui existe entre les diverses monnaies et les bases principales sur lesquelles sont établis les divers systèmes monétaires.

Le change extérieur suppose donc la connaissance des monnaies étrangères, leur valeur respective au *pair;* sans quoi l'on ne pourrait apprécier si le *change* est favorable ou défavorable sur telle ville.

Il y a deux prix dans le change :

L'un *fixe* et *invariable*, résultat de la valeur intrinsèque des monnaies et qu'on nomme le *pair du change;*

L'autre qui varie suivant les circonstances et qu'on nomme le *cours du change* ; il n'est autre chose que le prix des monnaies étrangères, lequel se cote tous les jours à la *bourse*.

Le prix du *change* s'établit et s'évalue par la comparaison des monnaies de chacun des deux Etats ; la première sert de type, la seconde d'unité monétaire. Pour établir l'échange, il faut prendre l'une des deux pour terme de comparaison.

Par exemple, dans l'évaluation de notre monnaie avec celle de Londres, on convient de comparer le franc, terme variable, avec la *livre sterling*, terme invariable. De là, les expressions que tel pays donne le *certain* et tel autre l'*incertain*.

Ces termes se rapportent au rôle de l'une ou de l'autre monnaie dans la comparaison. On dit qu'une place de commerce donne le *certain*, quand sa monnaie sert de terme fixe et invariable dans la comparaison ; celle qui fournit au contraire le terme mobile donne l'*incertain*.

En général, on prend pour terme fixe ou le *certain* celle des deux monnaies dont la valeur est la plus élevée ; il est plus facile, par ce moyen, de suivre les plus petites variations du change.

Entre deux places, il y a donc toujours un terme *fixe* et un terme *mobile*, lesquels sont déterminés par l'usage.

Sur la *cote* des diverses places de commerce, on inscrit généralement l'*incertain* : on suppose que le terme invariable qui sert de type est connu.

Ainsi les expressions : Londres, 25 ᶠ 10, Hambourg, 187 ᶠ 1/4, signifient que la *livre sterling* payable à

Londres s'achète à Paris 25ᶠ 10 et que, pour 187ᶠ 1/4, on obtient 100 marcs banco payables à Hambourg.

Pour constater la parité ou la différence des changes entre deux places, il est nécessaire de ramener à une expression de même nature les expressions différentes du change.

Ces calculs s'opèrent le plus souvent par les proportions. Ainsi que nous l'avons dit précédemment, entre les villes de France, le change s'évalue en *francs*. Il en est de même sur les places étrangères qui ont adopté notre système monétaire.

Pour ces différentes villes, le *change* s'exprime comme pour les changes intérieurs à tant pour cent ; il en faut conclure que l'unité monétaire entre les pays étrangers simplifierait considérablement les complications des comptes de monnaies.

Déjà, depuis quelques années, l'adoption du système décimal dans plusieurs États commence à se généraliser. On tend à changer, l'une contre l'autre, les monnaies de compte et, par là, à faire disparaître la difficulté des calculs résultant des monnaies étrangères.

Le cadre restreint de cet ouvrage ne nous permet pas d'insister davantage sur ce sujet. Il nécessiterait de longs détails, car dans les *changes* entrent les *escomptes*, la cote du papier *à vue*, la cote du papier *long*, la cote du papier *court*.

Les opérations de change qui constituent l'*arbitrage* sont très difficiles à conduire ; les habiles cambistes sont très rares.

Arbitrer, c'est apprécier la voie la plus économique pour libérer sa dette et la voie la plus avantageuse

pour céder sa créance ; on comprend tout ce qu'une
semblable opération exige de connaissances et de
calculs rapides ; il faut tenir compte des échéances,
des différences des taux d'escompte, des cours du
change, des oppositions des systèmes monétaires, des
dépréciations de l'or ou de l'argent et de la dépréciation du papier-monnaie, etc., etc.

CHAPITRE IV

De la monnaie.

La monnaie, dit Michel Chevalier, est une marchandise qui intervient dans les transactions à deux
titres inséparables l'un de l'autre : celui de *mesure*,
celui d'*équivalent*.

La monnaie, dont l'origine remonte à la plus haute
antiquité, se trouve mentionnée dans les récits
bibliques.

Les Egyptiens se servaient de monnaies d'or et
d'argent frappées à l'effigie de la déesse Minerve et du
hibou, oiseau qui lui était consacré.

La monnaie favorise, en les simplifiant, toutes les
opérations commerciales ; par elle, l'échange en marchandises ou le *troc* des peuples peu civilisés disparaît dans les pays d'*Occident*.

La monnaie, par sa forme, sa valeur intrinsèque,
élevée et homogène, permet, avec une petite quantité
de métal employée dans sa fabrication, de devenir un
moyen d'échange facile à reconnaître et pouvant recevoir l'empreinte nette et délicate de l'Etat qui l'émet.

L'or et l'argent ne peuvent être employés entre deux peuples comme moyens d'échange, mais ils figurent comme moyens de comparaison et, dans tous les États, ils servent d'étalon de la monnaie.

Les anciens ont senti cette nécessité de choisir pour agent intermédiaire des opérations commerciales, pour agent de circulation, une marchandise spéciale, acceptée par tous, en tous lieux et par tous les peuples ; ils ont converti les lingots en disques, et, lorsque les métaux n'étaient pas à leur disposition, ils ont pris le fer, le cuivre, le sel, etc.

La valeur de la monnaie s'apprécie à deux points de vue :

La monnaie réelle ou effective ;

La monnaie de compte.

La première comprend toute monnaie frappée, *or*, *argent*, *billon*, dont le poids et le titre sont déterminés, et ont cours légal dans le pays qui les a frappés.

La deuxième, ou monnaie de compte, est celle qui sert dans le commerce comme type de payements, et à laquelle on attache un poids fixe ; son nom vient de ce qu'elle sert d'unité dans les comptes et les écritures commerciales.

Il faut considérer, dans les monnaies réelles, trois points importants :

1° Leur valeur au pair, ou valeur légale ;

2° Leur valeur au tarif, ou valeur intrinsèque ;

3° Leur valeur commerciale.

1° *Valeur au pair*. — La valeur au pair, ou valeur légale, résulte de la comparaison du métal pur que les monnaies contiennent, d'après les lois du pays qui les émet, avec la quantité de métal pur contenue dans une autre monnaie prise pour unité. On sait que le métal des monnaies d'or et d'argent n'est pas à l'*état pur*, mais à celui de *mélange*, d'*alliage*.

En France, les monnaies d'*or* contiennent 9 parties de *fin* pour une partie de *cuivre*.

C'est ce qu'on exprime par ces mots : mélange à 9/10 de fin ou 900/1000.

L'alliage n'est autre chose que le mélange du métal fin (or, argent) au cuivre.

Le *titre* désigne la fraction en poids, or ou argent, dont la monnaie est composée.

2° *Valeur au tarif.* — La valeur au tarif, ou valeur intrinsèque, est celle qui se détermine par la quantité de métal précieux qu'elle contient, sans tenir compte des frais de fabrication ni de l'alliage

3° *Valeur commerciale.* — La valeur commerciale est celle qui se détermine par la rareté ou l'abondance ; elle n'a pas de limites et repose sur la loi de l'offre et de la demande ; on peut donc acheter, suivant la circonstance, des monnaies à un prix supérieur à leur *valeur au pair*.

En France, l'or et l'argent ont cours forcé sans délimitation de sommes. Les monnaies étrangères ne sont reçues à la Monnaie que comme *lingots*.

Depuis la convention connue sous le titre de : *Alliance monétaire*, conclue le 23 décembre 1865 entre la France, la Suisse, l'Italie, la Belgique et la Grèce, la France a adopté pour ses monnaies réelles les conditions suivantes :

TABLEAU DES MONNAIES FRANÇAISES.

INDICATION ET VALEUR.		DIAMÈTRE.	POIDS DES PIÈCES.	TITRE.
	100 fr.	35 mil.	Gr. 32,258	
	50	28	16,129	
5 en or.	20	21	6,4516	$900/1000$
	10	19	3,22580	
	5	17	1,61290	
	5	37	25	$900/1000$
	2	27	10	
5 en argent.	1	23	5	
	$1/2$	18	2,5	$835/1000$
	$1/5$	15	1	
	0,10	30	10	
4 en cuivre.	0,05	25	5	
	0,02	20	2	
	0,01	15	1	

Les calculs auxquels donne lieu la comparaison des monnaies exigent des connaissances spéciales mathématiques, l'étude des arbitrages, la règle des conjointes.

Nous ne pouvons qu'indiquer ces règles dans ces notes sommaires.

Disons seulement que, pour comparer entre elles les diverses monnaies, on prend pour base la quantité de métal pur, ne tenant aucun compte de l'alliage ; on compare, de la même manière, le métal pur contenu dans la monnaie à évaluer, et on en conclut la valeur relative des deux espèces.

Exemple.

Le titre en France est : $\dfrac{900}{1000}$ ou $\dfrac{9}{10}$

Le titre en Angleterre est : $\dfrac{916}{1000}$ ou $\dfrac{11}{12}$

On veut connaître en francs la valeur de la livre sterling ; il faut dire : le poids de la livre sterling est de 7 gr. 988, la quantité d'or qu'elle contient est

$$\frac{7.988 \times 11}{12}$$

Le franc pèse 0 gr. 32.258 et contient or pur :

$$\frac{0.32258 \times 9}{10}$$

Donc, la valeur intrinsèque, abstraction faite des frais de monnayage, est

$$\frac{7.988 \times 11}{12} : \frac{0.32258 \times 9}{10} = 25^f 22$$

C'est le pair intrinsèque, la valeur basée sur le poids d'or. Ce rapport cesse d'être exact lorsqu'il s'agit de la livre sterling considérée comme monnaie de compte, telle qu'il faut l'envisager dans les changes.

TABLEAU GÉNÉRAL DES MONNAIES

Pour simplifier les calculs et les réductions sur les changes des monnaies, nous dressons un tableau général.

Pour le présenter, nous avons fait les recherches les plus minutieuses et nous avons réuni, aussi exactement que possible, nos renseignements ; nous les avons presque tous puisés dans l'Annuaire du Bureau des longitudes.

Mais le cours des monnaies a une valeur variable, suivant le cours du change ; le taux ne peut être fixe.

Les monnaies doivent être considérées au double point de vue de la valeur réelle ou effective exprimée sous le nom général de monnaie, qui comprend tout numéraire or, argent ou cuivre, déterminé de poids, de titre, et ayant cours légal dans le pays où elle a été frappée.

La monnaie de compte qui, comme son nom l'indique, est adoptée par les commerçants pour la tenue de leurs écritures.

Outre cette division, il faut considérer dans les monnaies effectives :

1° La valeur légale ; 2° la valeur intrinsèque ; 3° la valeur commerciale.

Notre tableau les représente ; il établit la valeur résultant des lois de fabrication de chaque pays ; quand les renseignements nous ont fait défaut, nous avons pris la valeur réelle, telle qu'elle résulte d'essais faits à l'Hôtel des monnaies.

UNION MONÉTAIRE

Union monétaire, 23 décembre 1865. — Exécutive 1er août 1866, pour 15 ans; renouvelée en 1878, pour 6 ans, 1880-1886. Cette union est ouverte à tous les peuples qui veulent y adhérer.

Art. 1er. La France, la Belgique, la Grèce, l'Italie, la Suisse demeurent à l'état d'union pour ce qui regarde le titre, le poids, le diamètre et le cours de leurs espèces monnayées d'or et d'argent. La monnaie de billon n'est pas comprise. Les types des monnaies d'or frappées à l'empreinte des hautes puissances constituantes sont les pièces de 100 fr., 50 fr., 20 fr., 10 fr., 5 fr., déterminées quant au titre, au poids, à la tolérance et au diamètre convenu entre les puissances. La Suède a frappé des Carolins conformes à nos pièces.

MONNAIES EUROPÉENNES

FRANCE.	ITALIE.	SUISSE.	BELGIQUE.	GRÈCE.
Monnaie de compte, le franc de 100 centimes.	Monnaie de compte, la lire.	Monnaie de compte, le franc.—Suivant les conventions, la Suisse n'a pas de monnaie d'or.	Monnaie de compte, le franc.	Monnaie de compte, la drachme.
Or. { 100 f. » 50 » 20 » 10 » 5 »	Or. { 100 lires. 50 » 20 » 10 » 5 »		Or. { 20 » 10 »	Or. { 100 dr. 50 » 20 » 10 » 5 »
Argent. { 5 » 2 » 1 » » 50 » 20	Argent. { 5 » 2 » 1 » » 50 » 20	Argent. { 5 » 2 » 1 » » 50	Argent. { 5 » 2 » 1 » » 50	Argent. { 5 » 2 » 1 »

COLONIES FRANÇAISES

AFRIQUE

Algérie.

Toute la colonie d'Algérie adopte les monnaies françaises. Les indigènes donnent à la pièce de 5 francs le nom de Douro.

On compte aussi par Sequin d'or .... 8 fr. 70

1/2 Sequin.. 4 fr. 18

1/4 Sequin.. 2 fr. 17

Sénégal (Dakar, Saint-Louis), Guinée, Gabon.

Adoptent le système monétaire français, mais en outre on adopte sur presque toute la côte la Piastre Espagnole, qui sert de monnaie de compte.

A cours le Quadruple d'or .... 86 fr. »

La Piastre d'argent............................. 5 fr. 25

On emploie l'échange.

Madagascar (Tamatave, Tananarive).

Les pièces qui sous le nom de Piastres servent de base aux transactions sont les pièces de 5 francs. Les indigènes coupent la monnaie en petites pièces dont on estime la valeur au poids français.

On emploi aussi le troc ou échange.

Mayotte, Nossi-Bé, Sainte-Marie.

Monnaie française.

La Réunion, Taïti, Iles Marquises.

Monnaie française.

ASIE

INDES FRANÇAISES

Pondichéry, Chandernagor, Karikal, Mahé.

Monnaie de compte, Pagode à 24 fr.: on compte aussi en Roupie.
Roupie du Mogol.................................... 38 fr. 72
$\frac{1}{2}$ — $\frac{1}{4}$ de Roupie.
Ducat d'or.. 11 fr. 62
Roupie d'argent................................... 2 fr. 40

Cochinchine Française.

Les monnaies ayant cours sont la Piastre américaine, la pièce de 5 francs française et les monnaies annamites.
La Sapèque tend à disparaître.
On compte en francs, Dollars, Piastres.

AMÉRIQUE

ILES DU NORD

Les Antilles, La Guadeloupe (St-Pierre et Miquelon).

Monnaie française.

La Martinique, La Désirade.

Monnaie française.

ILES DU SUD

Guyane française.

Dans l'intérieur on compte en franc, à 20 sous.
Avec l'étranger, le franc, à 100 centimes.
La France ne fait frapper pour la colonie que des pièces de 10 et de 5 centimes.

OCÉANIE

Nouvelle Calédonie (Nouméa).

Monnaie française.

EUROPE

Angleterre.

Loi monétaire du 4 avril 1870.

Monnaie de compte, livre-sterling. 25 fr.

	VALEUR.		
	Au Pair	Au Tarif	Comᵗᵉ
Or. Souverain ou livre-sterling........	25 22	25 15	25 »
½ souverain	12 61	12.57	12 50
Argent. Couronne 5 chellings..............	5 81	5 75	6 »
½ couronne............	2 91	2 87	3 »
Florin 2 chellings...........	2 32	2 30	2 40
6 pence....................	» 58	» 57	» 60
1 penny	» 10	» 09	» 10

Espagne.

Loi monétaire du 19 octobre 1868.

	Au Pair	Au Tarif	Comᵗᵉ
Or. Alphonsine 25 pesetas........	25 »	24 94	24 75
Doublon 10 escudos	26 »	25 88	25 »
4 escudos	10 40	10 35	10 »
2 escudos	5 20	5 17	5 »
Argent. Duro 2 escudos....	5 19	5 15	4 50
Escudo 10 réaux	2 60	2 57	2 25
Peseta............	» 9s	» 92	» 90
½ peseta	» 47	» 46	» 45
Réal............	» 23	» 22	

Portugal.

Loi monétaire du 29 juillet 1854.

Monnaie de compte, milreis ..... 5 fr. 60

	Au Pair	Au Tarif	Comᵗᵉ
Or. Couronne 10 milreis........	56 »	55 88	55 »
½ couronne 5 milreis...	28 »	27 94	27 50
1/5 Id. 2 id. ...	11 20	11 17	11 »
1/10 Id. milreis...	5 60	5 59	5 50
Argent. 2 testons 500 reis	1 20	1 10	1 »
Teston 100 reis........	» 51	» 50	» 50
½ teston 50 reis.....	» 25	» 25	» 25
5 testons 500 reis........	2 55	2 52	2 10

Danemark.

Loi monétaire du 23 mai 1873.

Monnaie de compte, krone de 100 ore.
1 fr. 3888.

		Au Pair	Au Tarif	Com^le.
Or.	20 kronen..........................	27 78	27 71	26 50
	10 kronen..........................	13 89	13 85	13 25
Argent.	2 kronen...........................	2 67	2 64	2 64
	1 krone (100 ore).................	1 33	1 32	1 30
	50 ore............................	» 67	» 66	» 50
	40 ore............................	» 53	» 53	» 40
	25 ore............................	» 32	» 32	» 25
	10 ore............................	» 13	» 13	» 10

Au-dessus du tableau : **VALEUR.**

Suède.

Convention avec le Danemark, en date du 27 mai 1873.

Monnaie de compte, krone de 100 ore. 1 fr. 3888.

Norvège.

Convention avec la Suède, 4 mars 1875.

Monnaie de compte, krone de 100 ore. 1 fr. 3888.

Russie.

Monnaie de compte, rouble de 100 kopeks.
4 francs.

Or.	½ impérial 5 roubles.............	20 66	20 58	20 50
	3 roubles.........................	12 40	12 35	11 76
Argent.	Rouble ou 100 kopeks.............	3 99	3 97	3 92
	Poltinnik 50 kopeks..............	1 99	1 98	1 96
	Tchetwertak 25 kopeks...........	» 99	» 99	» 98
	Abassis 20 kopeks...............	» 45	» 44	» 78
	Florin polonais 15 kopeks.......	» 34	» 33	» 59
	Grivenik 10 kopeks..............	» 23	» 22	» 30
	Pietak 5 kopeks.................	» 11	» 11	» 20

7

Empire Allemand.

Loi monétaire du 4 décembre 1871.

Monnaie de compte, reichs-mark de 100 pfennig. 1 fr. 2545.

		Au Pair	Au Tarif	Com¹.
		VALEUR.		
Or.	20 marks ou double couronne......	24 69	24 62	24 50
	10 marks ou couronne............	12 35	12 31	12 25
	5 marks........................	6 17	6 16	6 25
Argent.	5 marks........................	5 56	5 51	6 »
	2 marks........................	2 22	2 20	2 40
	1 mark 100 pfennigs.............	1 11	1 10	1 20
	¹/₂ mark 50 pfennigs.............	» 56	» 55	» 60
	¹/₄ mark 20 pfennigs.............	» 22	» 22	» 30

Duché de Bade.—Saxe.—Bavière.—Wurtemberg.—Prusse.

Mêmes monnaies.

Autriche-Hongrie.

Loi monétaire du 24 décembre. — 9 juillet 1873.

Monnaie de compte, florins 100 k.

Quadruple ducat...............		47 41	47 21	47 21
Or.	Ducat.........................	11 85	11 80	11 50
	8 florins 20 francs.............	20 »	19 95	20 »
	4 florins 10 francs........	10 »	9 97	8 50
Argent.	2 florins......................	4 94	4 90	4 26
	1 florin 100 kreutzers.	2 47	2 45	2 10
	¹/₄ florin.....................	» 62	» 61	» 55
	20 kreutzers	» 59	» 59	» 60

Pays-Bas.

Loi monétaire du 6 juin 1875.

Monnaie de compte, florins..... 2 fr. 10.

Or.	Double ducat.................	23 66	23 54	23 50
	Ducat........................	11 83	11 77	11 75
	10 florins....................	20 83	20 76	20 70
Argent.	Rixdalers 2 ¹/₂ florins..........	5 25	5 21	5 »
	1 florin......................	2 10	2 08	2 »
	¹/₂ florin.....................	1 05	1 04	1 »
	25 cents, 10 cents, 5 cents........	» 51	» 50	» 50
	10 cent	» 20	» 20	» 20

Empire Ottoman.

Loi monétaire de 1844.

Monnaie de compte, piastre. 0 fr. 2278.

	VALEUR.		
	Au Pair	Au Tarif	Com^le.
500 piastres ou bourses	113 92	113 97	112 10
250 Id.	56 93	56 73	56 05
100 Id.	22 78	22 69	22 25
50 Id.	11 78	11 35	11 12
25 Id.	5 70	5 67	5 50
20 Id.	4 44	4 40	4 40
10 Id.	2 22	2 22	2 20
5 Id.	1 11	1 10	1 10
2 Id.	» 44	» 44	» 55
1 piastre 40 paras	» 22	» 22	» 22
1/2 Id. 20 id.	» 11	» 11	» 11

Or. (500–25 piastres, Or)
Argent. (20 piastres–1/2, Argent)

AMÉRIQUE

Etats-Unis.

Loi monétaire du 12 février 1873.

Monnaie de compte, dollar de 100 cents
5 fr. 1825.

	Au Pair	Au Tarif	Com^le.
Double aigle 20 dollars............	103 65	103 61	102 50
Aigle 10 dollars....................	51 85	51 82	51 25
Demi-aigle 5 dollars...............	25 91	25 92	25 62
3 dollars.........................	15 55	15 49	15 36
1/4 aigle 2 1/2 dollars..............	12 95	12 91	12 81
1 dollar..........................	5 18	5 16	5 125
Trade dollar (monnaie de com^e)....	5 44	5 40	» »
Dollar 100 cents..................	5 34	5 31	4 50
1/2 dollar 50 cents................	2 50	2 48	2 25
1/4 dollar 25 cents..	1 25	1 24	1 125
20 cents.........................	1 »	» 99	» 90
Dime 10 cents....................	» 50	» 49	» 45

Or. (Double aigle–1 dollar, Or)
Argent. (Trade dollar–Dime, Argent)

Mexique.

Loi monétaire du 27 novembre 1867.

Monnaie de compte, peso de 100 centavos
5 fr. 4308.

	Au Pair	Au Tarif	Com^le.
20 pesos	101 99	101 77	100 50
10 pesos	50 99	50 88	50 25
5 pesos..........................	25 49	25 44	25 12
2 1/2 pesos.......................	12 75	12 72	12 56
1 peso...........................	5 10	5 09	6 23

Or. (20 pesos–1 peso, Or)

		VALEUR.		
		Au Pair	Au Tarif	Com^le.
Argent.	50 centavos	2 71	2 69	2 »
	25 centavos	1 35	1 34	1 50
	10 centavos	» 54	» 53	» 40
	5 centavos	» 27	» 26	» 20

Pérou.

Loi monétaire du 14 février 1864.

Monnaie de compte, sol de 10 dineros ou 100 cents. 5 fr.

		Au Pair	Au Tarif	Com^le.
Or.	20 sols	100 »	99 78	100 »
	10 sols	50 »	49 89	50 »
	5 sols	25 »	24 94	25 »
	2 sols	10 »	9 97	10 »
	1 sol	5 »	4 99	5 »
Argent.	1 sol	5 »	4 96	5 »
	1/2 sol	2 50	2 48	2 50
	1/5 sol	1 »	» 99	» »
	1 dinero	» »	» »	» »
	1/2 dinero	» »	» »	» »

Uruguay.

Monnaie de compte, piastre ou peso. 5 fr.

		Au Pair	Au Tarif	Cours du jour.
Argent.	1 peso	5 »	4 96	
	1/2 peso	2 50	2 48	
	20 centesimos	1 »	» 90	
	10 centesimos	» 50	» 49	

Equateur.

Monnaie de compte, sucre. 5 fr.

		Au Pair	Au Tarif	Cours du jour.
Argent.	Sucre	5 »	4 96	
	1/2 sucre	2 50	2 48	
	2 decimos	1 »	» 90	
	1 decimo	» 50	» 49	

Brésil.

Monnaie de compte, milreis. 2 fr. 8316.

		Au Pair	Au Tarif	Com^le.
Or.	20,000 reis	56 63	56 32	55 50
	10,000 reis	28 32	28 16	27 75
	5,000 reis	14 16	14 08	13 83

	Au Pair	Au Tarif	Com^le.
VALEURS.			

Argent.	2,000 reis	5 19	5 16	4 50
	1,000 reis	2 60	2 58	2 25
	500 reis	1 30	1 28	1 10

Chili.

Lois monétaires du 9 janvier 1851,
25 octobre 1870.
Monnaie de compte, peso de 100 centavos.
5 francs.

Or.	Condor 10 pesos....................	47 28	47 12	46 50
	Doblon 5 pesos....................	23 64	23 56	23 30
	Escudo 2 pesos....................	9 45	9 42	9 20
	Peso....................	4 73	4 70	4 60
Argent.	Peso....................	5 »	4 96	» »
	50 centavos....................	2 50	2 48	» »
	20 centavos....................	1 »	» 99	» »
	1 decimo	» 50	» 49	» »
	½ decimo....................	» 25	» 24	» »

Colombie.

Loi monétaire du 9 juin 1871.
Monnaie de compte, peso d'or. 5 fr.

Or.	Double condor 20 pesos....................	100 »	99 78	
	Condor 10 pesos....................	50 »	49 89	
Argent.	1 peso	5 »	4 90	
	2 decimos....................	» 93	» 92	
	1 decimo....................	» 46	» 46	
	½ decimo	» 23	» 23	

Cours du jour.

Vénézuéla.

Loi monétaire du 11 mai 1871.
Monnaie de compte, vénézolano. 5 fr.
Nouvelle loi 11 mai 1879.
Monnaie de compte, le bolivar. 1 fr.

Or.	Bolivar....................	» »	» »	21 50
Argent.	Peso de 10 reaux....................	5 »	4 96	4 10
Or.	Bolivar de 6 grammes ½....................	» »	» »	19 50

République Argentine.

Loi monétaire du 5 novembre 1881. Monnaie de compte, peso. 5 fr.	VALEURS.		
	Au Pair	Au Tarif	Com^le.
Or. { Argentino 5 pesos..............	25 »	24 94	
Médio argentino 2 pesos ¹/₂.......	12 50	12 47	
Argent. { Peso.....................	5 »	4 96	Cours du jour.
50 cents...................	2 50	2 48	
20 cents...................	1 »	» 99	
10 cents...................	» 50	» 49	
5 cents....................	» 24	» 24	

Iles Sandwich.

Monnaie de compte, dollar. 5 fr.			
Argent. { Dollar......................	5 34	5 31	5 »
¹/₂ dollar	2 48	2 48	2 50
¹/₄ dollar	1 15	1 24	1 25
1 dime.....................	» 50	» 50	» 25

AFRIQUE

Tunisie.

Or. { 1 Pièce de 100 piastres	60 20	60 16	60 29
¹/₂ — ¹/₄ — ¹/₁₀ — ¹/₂₀	» »	» »	» »
Argent. pièce de 2 piastres	1 24	1 24	1 23

Maroc.

Or. { Mitikat ou ducat	» »	» »	4 12
Bondiki...................	» »	» »	11 12
Argent. Ukia ou once..................	» 54	» 53	» 41

Egypte.

Monnaie de compte, piastre de 40 paras. 0 fr. 2575.			
Or. { 100 piastres (livre égyptienne)......	25 75	25 69	25 56
50 piastres.................	12 87	12 85	12 78
25 piastres.................	6 43	6 42	6 39
Argent. { Parisi ou piastre.............	2 47	2 45	2 50
¹/₂ — ¹/₄ — parisi............	» »	» »	» »
Tallari....................	5 14	5 10	5 »
¹/₂ — ¹/₄ — ¹/₈ — tallari..........	» »	» »	» »

ASIE

Indes Anglaises.

Monnaie de compte, roupie. 2 fr. 3757.

			VALEURS.		
			Au Pair	Au Tarif	Com^{le}.
Or.	Mohur 15 roupies		36 83	36 72	36 72
	Id. 10 id.		24 55	24 48	23 80
	Id. 5 id.		12 28	12 24	11 90
Argent.	Roupie.........................		2 36	2 36	2 »
	1/2 roupie.....................		1 19	1 18	1 »
	1/4 roupie.....................		» 59	» 59	» 50

Japon.

Loi monétaire de 1871.

Monnaie de compte, yen de 100 sen.
5 fr. 1664.

Or.	20 yen		103 33	103 11	
	10 yen		51 67	51 55	
	5 yen		25 83	25 62	Cours du jour.
	2 yen		10 33	10 31	
	1 yen		5 17	5 15	
Argent.	1 yen		5 39	5 35	
	50 sen		2 22	2 20	
	20 sen		» 89	» 88	
	10 sen		» 44	» 44	
	5 sen		» 22	» 22	

Perse.

Or.	Thoman 100 schahis.............		11 86	11 83	11 14
	1/2 thoman 50 schahis..........		5 93	5 91	5 57
	Sachib-Keran 20 schahis		2 08	2 06	2 20
Arg^t.	Banabat 10 schahis.............		1 04	1 03	1 11
	Abassis 4 schahis.............		» 41	» 40	» 44

Afghanistan.

Même monnaie que dans l'empire de Perse.

Chine.

Monnaie de compte, tael ou liang.

A Schang-Haï, le tael................................		7 625
A Canton, id.		8 280

Turquie d'Asie.

SMYRNE, BROUSSE, TRÉBIZONDE

Les monnaies sont les mêmes qu'à Constantinople; dans les affaires avec l'étranger on se sert de piastres d'Espagne, de ducats de Hollande et de thalers.

BAGDAD ET BASSORA

Les comptes se tiennent en mamoudis, valeur de 0 fr. 15 centimes environ.

CHAPITRE V

De l'intérêt de l'argent.

§ Ier. — Définition.

L'intérêt est le bénéfice qu'on retire d'une somme prêtée appelée CAPITAL.

C'est encore la compensation que le prêteur exige de l'emprunteur pour se dédommager des bénéfices qu'il obtiendrait en faisant valoir son capital.

Le *taux*, unité de l'intérêt, représente le bénéfice ou tant pour cent accordé pour le prêt du *capital* pour un an. Ce taux varie; il peut être de 3, 4, 5 et 6 0/0 en matière commerciale.

Cet intérêt dépend de trois conditions :

1° De la somme placée ou capital ;

2° Du temps pendant lequel elle est placée ;

3° Des conditions de placement.

On distingue l'intérêt simple et l'intérêt composé :

1° Intérêt simple, quand les intérêts sont payés à chaque échéance et que le capital reste le même pendant toute la durée du prêt.

2° Intérêt composé, quand les intérêts du capital, au lieu d'être payés à chaque échéance, sont ajoutés au *principal* pour former un capital nouveau productif d'intérêts à son tour.

Nous ne pouvons ici que citer des formules générales; ce serait sortir du cadre que nous nous sommes tracé en publiant cette partie de notre enseignement; nous renvoyons nos lecteurs aux divers cours d'arithmétique publiés, jusqu'au jour où nous publierons nous-mêmes, avec nos cours d'arithmétique appliquée, la partie pratique des études commerciales.

Règle générale. — L'intérêt d'un certain capital, pendant un nombre déterminé d'années, s'obtient en prenant le centième du capital qu'on multiplie par le taux de l'intérêt et par le nombre d'années.

Exemple.

Étant demandé l'intérêt de 5.000 fr. pendant 4 ans au taux de 6 0/0 :

$$\frac{5.000 \times 6 \times 4}{100} = 1.200^{f}$$

Lorsque le taux est 5 0/0, l'intérêt est égal au 20ᵉ du capital multiplié par le nombre d'années.

L'intérêt de 20.000 fr. pour un an = 1.000 fr.

L'application du calcul de l'intérêt par année à celui par jour ne diffère que par l'introduction de deux termes nouveaux qui sont :

1° Le nombre de jours pendant lequel l'intérêt a existé ;

2° Le total des jours de l'année que l'on compte

dans le commerce de 360 jours, lorsqu'il s'agit du calcul des intérêts.

Exemple.

Etant demandé les intérêts de 5.000 fr. pendant 40 jours à 6 0/0 :

$$\frac{5.000 \times 6 \times 40}{100 \times 360} = 33^f33$$

§ II. — Calcul de l'intérêt par les nombres.

Les inconvénients résultant de la longueur et de la multiplicité des calculs d'intérêts dans les comptes commerciaux ont amené la combinaison si simple et si expéditive des *nombres*.

Le *nombre* ou produit du capital par le temps représente un *capital fictif* dont l'intérêt, pendant un jour, est égal à l'intérêt du capital réel pendant le nombre de jours donnés.

Supposons l'intérêt de 4.560 fr. pendant 25 jours.

L'*intérêt* de 4.560 fr. pendant 25 jours est égal à celui de 4.560 fr. $\times 25$ ou 115.000 pendant un jour ; puisque, si d'un côté on a un capital 25 fois plus grand, on a, d'autre part, un nombre de jours 25 fois plus petit.

Exemple.

Soit à chercher l'intérêt de 11.680 fr. à 5 0/0 placés pendant 55 jours :

$$\frac{5 \times 11.680 \times 55}{100 \times 360} = 89\,{}^{\text{f}}22$$

L'intérêt cherché est de 89 fr. 22 ; si par le système des nombres nous faisons la vérification de ce calcul, nous trouverons que l'intérêt est égal à celui de 11.680 × 55 = 642.400 pendant un seul jour.

$$\text{Soit} : \frac{642.400 \times 5}{360 \times 100} = 89\,{}^{\text{f}}22$$

Pour simplifier les calculs relatifs aux différentes recherches soit de l'*intérêt*, soit du *capital*, soit du *taux*, soit du *temps*, on a adopté des formules qui permettent de résoudre promptement toutes les questions qui peuvent se présenter.

L'intérêt étant représenté par I, le capital par C, le taux par 0/0, le temps par T, on obtient les formules suivantes :

RECHERCHE DE L'INTÉRÊT.

Le temps exprimé en années.	Le temps exprimé en mois.	Le temps exprimé en jours.
$I = \dfrac{C \times 0/0 \times T}{100}$	$I = \dfrac{C \times 0/0 \times T}{1.200}$	$I = \dfrac{C \times 0/0 \times T}{36.000}$

D'où la règle :

L'intérêt s'obtient en multipliant le capital par le produit du taux par le temps et divisant ce produit par 100, 1.200 ou 36.000, suivant qu'on exprime le temps en années, en mois ou en jours.

Exemple.

Quel intérêt produit un capital de 6.300 fr. placé à 5 0/0 pendant 3 ans?

$$\frac{6.300 \times 5 \times 3}{100} = 945^f \text{ intérêts.}$$

RECHERCHE DU CAPITAL.

Le temps exprimé en années.	Le temps exprimé en mois.	Le temps exprimé en jours.
$C = \dfrac{I \times 100}{0/0 \times T}$	$C = \dfrac{I \times 1.200}{0/0 \times T}$	$C = \dfrac{I \times 36.000}{0/0 \times T}$

Règle. — On obtient le capital en multipliant l'intérêt par 100, 1.200, 36.000 et divisant ce produit par le produit du taux par le temps.

Exemple.

Quel est le capital qui, placé à 6 0/0 pendant 8 ans, a produit un intérêt de 1.728 fr.

$$\frac{1.728 \times 100}{6 \times 8} = 3.600^f \text{ capital.}$$

RECHERCHE DU TAUX.

Le temps exprimé en années.	Le temps exprimé en mois.	Le temps exprimé en jours.
$0/0 = \dfrac{I \times 100}{C \times T}$	$0/0 = \dfrac{I \times 1.200}{C \times T}$	$0/0 = \dfrac{I \times 36.000}{C \times T}$

Règle. — Le taux s'obtient en multipliant l'intérêt par 100, 1.200, 2.600 et divisant ce produit par le produit du capital par le temps.

Exemple.

A quel taux a été placé le capital 5.400 fr. qui a rapporté, en 15 mois, 405 fr. d'intérêts ?

$$\frac{405 \times 1.200}{5.400 \times 15} = 6 \%$$

RECHERCHE DU TEMPS.

Le temps exprimé en années.	Le temps exprimé en mois.	Le temps exprimé en jours.
$T = \dfrac{I \times 100}{C \times \%}$	$T = \dfrac{I \times 1.200}{C \times \%}$	$T \times \dfrac{I \times 36.000}{C \times \%}$

Règle. — Le temps s'obtient en multipliant l'intérêt par 100, 1.200, 36.000 et divisant ce produit par le produit du capital par le taux.

Exemple.

Pendant combien de jours a été placé un capital de 3.600 qui, au taux de 6 0/0, a produit un intérêt de 432 fr.?

$$\frac{432 \times 36.000}{3.600 \times 6} = 720 \text{ jours.}$$

§ III. — Calcul de l'intérêt au moyen du diviseur fixe.

En comparant, entre elles, les différentes formules que nous venons de donner pour la recherche de l'*intérêt*, du *capital* ou du *temps*, nous devons remarquer que le *taux* figure toujours dans l'un des termes, et 100, 1.200, 36.000 dans l'autre.

Or, si nous supprimons le *taux* qui figure dans un des termes, et que nous divisions dans l'autre terme 100, 1.200, 36.000 par ce taux, nous n'aurons rien changé à la valeur de la fraction, par ce principe : qu'on peut multiplier ou diviser les deux termes d'une fraction sans changer la valeur de cette fraction et l'on aura simplifié les calculs.

Le quotient de la division 100, 1.200, 36.000 et même 36.500, par le taux, est ce qu'on appelle *diviseur fixe*, représenté par D'F.

Les formules servant à calculer l'*intérêt*, le *capital* et le *temps* se trouvent transformées ainsi :

Intérêt.	Capital.	Temps.
$I = \dfrac{C \times T}{D\,F}$	$C = \dfrac{I \times D\,F}{T}$	$T = \dfrac{I \times D\,F}{C}$

TABLEAU DES DIVISEURS FIXES

Ayant pour base 360 jours, année commerciale.

AU TAUX DE		AU TAUX DE	
1 %	36.000	6 %	6.000
1 1/2	24.000	6 1/4	5.760
2	18.000	6 1/2	5.538
2 1/4	16.000	6 3/4	5.333
2 1/2	14.400	7	5.142
2 3/4	13.090	7 1/4	4.965
3	12.000	7 1/2	4.800
3 1/4	11.076	7 3/4	4.645
3 1/2	10.285	8	4.500
3 3/4	9.600	8 1/4	4.383
4	9.000	8 1/2	4.235
4 1/4	8.470	8 3/4	4.114
4 1/2	8.000	9	4.000
4 3/4	7.578	9 1/4	3.891
5	7.200	9 1/2	3.789
5 1/4	6.855	9 3/4	3.692
5 1/2	6.546	10	3.600
5 3/4	6.260		

TABLEAU DES DIVISEURS FIXES

Ayant pour base l'année de 365 jours.

AU TAUX DE		AU TAUX DE	
2 %	18.250	6 %	6.085
2 1/4	16.222	6 1/4	5.840
2 1/2	14.600	6 1/2	5.615
2 3/4	13.272	6 3/4	5.407
3	12.166	7	5.214
3 1/4	11.231	7 1/4	5.034
3 1/2	10.428	7 1/2	4.866
3 3/4	9.733	7 3/4	4.709
4	9.125	8	4.562
4 1/4	8.588	8 1/4	4.424
4 1/2	9.111	8 1/2	4.294
4 3/4	7.684	8 3/4	4.171
5	7.300	9	4.055
5 1/4	6.952	9 1/4	3.946
5 1/2	6.636	9 1/2	3.842
5 3/4	6.348	9 3/4	3.743
		10	3.650

A l'aide de ces tableaux, le *calcul des intérêts* se réduit à une opération mécanique dont voici la formule générale :

Pour trouver l'*intérêt* d'une somme donnée pendant l'espace de temps écoulé d'une date à une autre il faut :

Règle. — Chercher le nombre de jours écoulés entre ces deux dates, multiplier la somme par le nombre de jours et diviser le produit de cette multiplication par le *diviseur fixe* correspondant, exprimé dans ces tableaux.

Le quotient de cette division exprime l'intérêt.

Exemple.

Quel intérêt produit un capital de 3.600 fr. placé à 6 0/0 pendant 90 jours ?

$$\frac{3.600 \times 90}{60} = 54 \text{ fr.}$$

Il est deux cas qui obligent le commerçant à la pratique du calcul des intérêts :

1° Les comptes courants ;

2° Le bordereau de négociation ou note remise par le banquier et contenant : les divers effets et leur désignation, leur date, leur échéance, le produit de l'intérêt et, enfin, toutes les conditions de la négociation.

§ IV. — Calcul de l'intérêt par les parties aliquotes des nombres.

Outre les règles que nous avons posées, il existe une autre méthode pour calculer l'intérêt, c'est celle dite des parties aliquotes.

Cette méthode est fondée sur ce raisonnement que tout diviseur, ou sous-multiple d'un nombre, en est aussi une partie aliquote.

Partant d'un des diviseurs de 360, nombre représentatif des jours dont se compose l'année commerciale, on procède par la réduction à l'unité de 60, 72, 90 jours formant le 1/6, le 1/5, le 1/4 de l'année. Et de même, 1 est le 1/6, le 1/5, le 1/4 d'un intérêt constitué à 6, 5, 4 0/0, dont le taux divise l'année en un nombre correspondant de parties égales.

Etant posé ce principe, pour ramener le calcul à l'unité, il suffit de prendre la centième partie du capital à l'aide de la virgule, ainsi que nous l'avons expliqué ; on a ainsi un nombre qui exprime l'unité de temps et l'intérêt pour tout capital quel que soit le taux de placement, puisqu'il est exact que 1 0/0 ou le

$\dfrac{1}{100}$ de 100 fr. sont une même chose.

Il faut, ensuite, multiplier ou diviser par 2, 3, 4, etc., ce nombre d'unités suivant que le chiffre des jours dont on s'occupe est double, triple, quadruple, ou au contraire la moitié, le quart de la partie aliquote faisant fonction de diviseur et qui correspond au taux convenu.

Cette méthode est fort expéditive, surtout lorsqu'il s'agit d'opérer sur de grands nombres.

Exemple.

Quel intérêt produit un capital de 9.495 fr. placé à 3 0/0 pendant 280 jours (année 360 jours)?

Pour 90 jours l'intérêt est de.........		94^r,95
— 180 —	....	189^r,90
— 10 —	....	10^r,55
280		295^r,40

Le diviseur fixe à 4 0/0 étant 9.000 dont le $\frac{1}{100}$ est 90, il faut 90 jours au capital pour rapporter son 100e ou 94^r,95; en 180 jours, soit 2 fois 90 jours, il produira 2 fois plus ou 94^r,95 $\times$ 2 = 189^r,90, et en 10 jours ou 1/9 de 90, il produira 1/9 de 94^r,95 ou 10^r,55. En 280 jours il produira 94^r 95 + 189^r,90 + 10^r,55 = 295^r,40.

Règle. — Pour trouver l'intérêt d'un capital, quel que soit le taux de l'intérêt, pendant une période de jours ou division exacte de l'année correspondant au taux de l'intérêt, il faut prendre le centième du capital; le nombre obtenu dans ce système donne l'intérêt produit pendant cette période considérée comme unité; puis on opère sur ce chiffre par voie de multiplication ou de division, suivant ce qui vient d'être expliqué.

60 jours représentent le 6me de l'an pour l'intérêt à 6 %
72 — — 5 — — à 5 %
80 — — 4 1/2 — — à 4 1/2
90 — — 4 — — à 4 %
120 — — 3 — — à 3 %

Nous expliquerons au chapitre des comptes courants qu'il peut arriver, à l'époque du règlement du compte, que l'on fasse figurer des sommes non encore échues au moment de ce règlement ; ces sommes alors figurent à l'encre rouge.

L'arrêté des comptes portant intérêt a lieu habituellement à la fin de chaque semestre, les 30 juin et 31 décembre.

LIVRE IV

DES COMPTES COURANTS D'INTÉRÊTS

CHAPITRE Ier

Définition.

On appelle compte courant un tableau représentant les valeurs réciproquement reçues et données entre deux négociants, à un intérêt convenu et calculé dans ce tableau.

Le but du compte courant est de faire connaître au correspondant ce qu'il doit au négociant ou ce qui lui est dû en capital et intérêts.

Le compte courant doit être disposé de manière qu'une série d'opérations successives faites avec la même personne, dont le nom est en tête du tableau, soient classées, pour les valeurs à elle livrées et dont elle est *débitrice*, dans la partie gauche ; et pour les valeurs reçues d'elle et dont elle est *créancière*, dans la partie droite, de telle sorte qu'en additionnant et en comparant ces deux parties, on puisse savoir si, en résultat, cette personne est débitrice ou créancière, et de quelle somme.

La partie gauche s'appelle *débit*, la partie droite, *crédit*, dénominations qui indiquent assez la destination de chacune d'elles.

Le débit est indiqué par le mot *doit*, le crédit par le mot *avoir*, placés en tête du tableau, le premier à gauche, le second à droite, séparés par le nom et le lieu du domicile du titulaire du compte.

Le *débit* et le *crédit* d'un compte courant comportent chacun une colonne pour la date des opérations ; une seconde pour la désignation de leur nature ; une troisième pour le montant des sommes dont chacune d'elles constitue le titulaire du compte ou *débiteur* ou *créancier*.

Régler un compte, c'est chercher si le titulaire est débiteur ou créancier du solde ; ce solde s'obtient en faisant la différence entre le total des sommes du *débit* et le total des sommes du *crédit*.

Le compte courant est donc une convention de crédit ; les dettes exigibles sont transformées en dettes à terme.

Les correspondants, avant de se lier d'affaires, doivent arrêter les bases sur lesquelles reposent leurs transactions, déterminer les époques auxquelles ils régleront leurs comptes d'intérêts, fixer le taux auquel ils calculeront l'intérêt des sommes desquelles ils seront réciproquement débiteurs et créanciers, et convenir enfin du prix de leurs commissions et de leurs provisions.

Les comptes courants d'intérêts représentent donc, non seulement les sommes reçues et livrées par le titulaire, mais encore les intérêts par lui dus pour les premières et ceux à lui dus pour les secondes.

Il y a donc lieu, avant de chercher le solde du compte, c'est-à-dire la différence entre le débit et le crédit, de calculer tout d'abord les intérêts des sommes du débit et ceux des sommes du crédit, d'en faire la différence, afin de l'ajouter au débit ou au crédit du titulaire selon qu'il en est *débiteur* ou *créancier*.

Le calcul des intérêts des comptes courants peut s'effectuer d'après diverses méthodes qui, bien que différentes dans leur marche, conduisent mathématiquement au même résultat.

1° Méthode directe ou progressive ;

2° Méthode indirecte ou rétrograde.

L'une et l'autre méthode ne sont qu'une application différente de la règle d'intérêt en usage dans le commerce.

CHAPITRE II

Méthode directe ou progressive.

Cette première méthode est ainsi nommée parce que, d'après elle, on calcule directement les intérêts cherchés, du jour de la valeur ou échéance de chaque somme à celui du règlement ; il est donc de toute impossibilité de calculer les intérêts de la marche progressive sans connaître l'époque de la clôture du compte.

On dresse les comptes courants sur des feuilles longues divisées en deux pages dont celle de gauche présente le *débit*, celle de droite le *crédit*.

Chacune de ces deux pages doit être divisée en six colonnes. On écrit en tête :

Doit un tel son compte courant et d'intérêts à 6 0/0 l'an, chez X***, arrêté au....., et on tire un trait au dessous.

Au débit comme au crédit.

La 1re colonne est destinée à recevoir l'année, le mois et la date ;

La 2e, le montant de la somme remise ;

La 3e énonce en quelle nature la remise a été faite ;

La 4e indique l'époque à partir de laquelle cette somme commence à porter intérêts ;

La 5ᵉ, le nombre de jours pendant lesquels la somme a porté intérêt;

La 6ᵉ contient les nombres, qui sont le produit de la somme multipliée par le nombre de jours.

Ces dispositions établies et bien comprises, on procède au règlement du compte :

On cherche, pour chaque somme du débit et du crédit, le nombre de jours de l'échéance indiquée dans la colonne spéciale des échéances jusqu'au jour du règlement du compte. Ce nombre de jours, placé dans la colonne suivante, est multiplié par la somme à laquelle il se rapporte, et les nombres représentatifs, produits de ces diverses multiplications, sont placés dans la dernière colonne à ce destinée.

Les nombres du *débit* représentant les intérêts dus par le titulaire du compte, comme les sommes qui les ont produits.

Les nombres du *crédit* représentant, au contraire, les intérêts à lui dus, comme les sommes qui les ont produits.

Pour trouver l'intérêt produit par chaque somme, il suffirait de faire sur chaque nombre en regard la réduction en francs en le divisant par le *diviseur* fixe, variant suivant le taux de l'intérêt.

Mais, pour arriver à un résultat plus prompt, nous additionnons ensemble tous les nombres du *débit* dont le total représente les intérêts dus par le titulaire ; nous additionnons tous les nombres du *crédit* dont le total représente les intérêts à lui dus ; nous faisons la différence de ces deux totaux, le résultat représente la différence des intérêts, et pour trouver le solde des intérêts que nous cherchons, il nous suffit d'opérer la réduction en francs sur cette différence des nombres.

Nous porterons cette différence des nombres dans la colonne des nombres, du côté le plus faible, afin de pouvoir balancer les deux colonnes par deux additions égales, et nous écrirons pour explication :

Balance des nombres.

La réduction en francs constitue le solde des intérêts que nous plaçons dans la colonne des sommes du *débit* ou du *crédit*, selon que le titulaire en est *débiteur* ou *créancier*.

Ces calculs terminés, on procède au règlement des colonnes de sommes que l'on balance, en portant la différence dans la colonne la plus faible.

On arrête ensuite, par un double trait, les quatre additions égales deux à deux, et on fait ressortir le solde à nouveau au *débit* ou au *crédit* du compte à la date du jour de clôture, suivant que le *titulaire* est débiteur ou créditeur de ce solde.

Cette somme fournira le premier article d'un compte nouveau, si toutefois elle n'est pas immédiatement retirée.

Régler un compte c'est donc opérer le payement réciproque en capital et intérêts de toutes les sommes qui y sont inscrites tant au *débit* qu'au *crédit*. Seulement, ce payement se fait par compensation, c'est-à-dire se résume par un solde à payer ou à recevoir par le titulaire, suivant que le règlement le constitue *débiteur* ou *créancier*.

DES NOMBRES ROUGES.

Il est à remarquer que, dans les comptes courants
à marche progressive tels que nous venons de les indiquer, toutes les échéances des sommes sont antérieures au jour du règlement et que, par conséquent,
le titulaire du compte est débiteur des intérêts des
sommes portées à son débit, comme il est créancier
des intérêts des sommes portées au crédit de son
compte.

Mais il arrive souvent qu'il se trouve dans un
compte des sommes dont la valeur ou échéance est
postérieure à l'époque de la clôture du compte ; ces
sommes n'en doivent pas moins être comprises dans
le règlement ; mais si la somme portée au débit est
payée par le titulaire au jour de la clôture, il est juste
qu'il lui soit tenu compte de cette anticipation de
payement en le créditant des intérêts de cette somme
du jour du règlement au jour de l'échéance.

Par contre, si le titulaire reçoit une somme portée
à son *crédit*, il devra, par la même raison, être *débité*
des intérêts du jour du règlement à l'échéance de
cette somme.

Les nombres représentatifs des intérêts de ces
sommes, du jour de l'échéance en rétrogradant jusqu'au jour du règlement, ne seront plus de la même
nature que les nombres des sommes qui suivent ou
précèdent dans la même colonne ; ainsi, le nombre
provenant d'une somme portée au *débit* exprime des

COMPTE COURANT D'INTÉRÊT

DOIT   *M. Samuel, de Paris, son compte courant d'intérêts*

18 Mars.	10	2.500	»	Marseille 30 juin.	30 juin.	184	460.000
»	»	3.000	»	Marseille 15 juillet.	15 juillet.	109	507.000
Juin.	20	5.000	»	Notre facture 3 mois.	27 sept.	102	510.000
Septembre.	15	4.600	»	Sur mandat 30 octobre.	30 oct.	62	285.200
»	»	2.400	»	Sur mandat 25 novembre.	25 nov.	36	86.400
Décembre.	31	2.500	»	Sur mandat à vue.	31 déc.	»	
		207	5	Solde d'intérêts			
		20.207	85				1.848.000
Décembre.	31	4.207	85	Débiteur pour solde.	31 décembre	»	»

COMPTE COURANT D'INTÉRÊT

DOIT   *M. David de Lyon, son compte courant d'intérêts*

18 janvier.	6	6.000	»	Notre remise sur Mâcon.	20 mars.	102	612.000
»	10	300	»	Payement en compte.	10 mars.	117	42.000
Février.	15	8.000	»	Notre facture.	15 mars.	46	368.000
Mars.	20	3.000	»	Notre retraite 6 avril.	6 avril.	85	255.000
Mai.	30	2.800	»	Notre facture à 1 mois.	30 juin.		
Juin.	25	3.200	»	Notre facture à 3 mois	25 sept.	87	278.400
			6	91	Nombre rouge du crédit.		» 45.000
					Solde des intérêts.		
		23.206	94				1.322.400
	30	3.206	94	Débiteur pour solde.			

A MARCHE PROGRESSIVE.

à 5 0/0 l'an, réglé au 31 décembre, chez M. Bernard de Lyon.   AVOIR

18 juin.	30	1.000	»	Solde ancien.	30 juin.	184	184.000
Décembre.	2	8.000	»	Sur Lyon 10 décembre.	10 déc.	21	165.000
»	»	7.000	»	Sur Lyon 31 décembre.	10 déc.		
»	31		»	Balance des nombres.			
»	31	4.207	85	Débiteur pour solde.			1.498.000
		20.207					1.848.000

AVEC NOMBRES ROUGES

à 5 0/0 l'an réglé au 30 juin, chez Raoul de Dijon.   AVOIR

18 janvier.	15	4.000	»	Notre remise sur Lyon.	31 mars.	91	364.000
Mars.	27	9.000	»	Notre remise sur Paris.	27 mai.	34	306.000
Avril.	10	4.000	»	Reçu de Michel pour son compte.	10 avril.	81	324.000
Mai.	25	3.000	»	Notre mandat sur Simon.	15 juillet.	15*	45.000
Juin.	30		»	Nombres rouges du débit.			278.400
				Balance des nombres.			54.000
		3.206	94	Débiteur pour solde.			
		23.206	94				1.322.400

* Nombres rouges.

intérêts dus au titulaire et ne peut être compris dans l'addition des nombres du *débit* représentant des intérêts dus par lui.

On inscrit ce nombre cependant, pour mémoire, dans la même colonne, mais en *encre rouge*, pour le transporter ensuite en *encre noire* dans la colonne des nombres du crédit avec cette mention : *nombre rouge du débit.*

On le comprend alors dans l'addition des nombres de cette colonne.

On procède de même, en sens inverse, pour les nombres provenant des sommes portées au crédit.

Quand on a, tant au *débit* qu'au *crédit*, plusieurs nombres rouges, on fait l'addition des uns et des autres, et au lieu de porter le total des nombres du *débit* au *crédit* et le total de ceux du crédit au débit, on porte seulement la différence en *encre noire* dans la colonne où les nombres rouges sont plus faibles, puisque cette différence représente des intérêts qui doivent être compris dans cette colonne, et on met cette mention :

Balance des nombres rouges.

Quand le calcul sur les nombres rouges est terminé, on procède à la balance des nombres, à sa réduction en francs et au solde des capitaux.

CHAPITRE III

Méthode indirecte ou rétrograde.

Cette méthode a, sur la méthode directe, des avantages si réels qu'elle lui est maintenant préférée.

Avec la méthode *directe* ou *progressive*, il faut, nécessairement, fixer l'époque de la clôture d'un compte avant de s'occuper du calcul des intérêts, puisqu'ils n'ont d'autre base que cette époque.

Or si, par une circonstance quelconque, on était dans l'obligation de changer l'époque de la clôture, tous les calculs faits précédemment deviendraient inutiles.

Cette méthode fournit les moyens de préparer ce long travail, insensiblement, de tenir les comptes toujours prêts et de les envoyer spontanément.

Ces avantages proviennent de ce qu'au lieu de prendre pour point de départ du calcul des intérêts la fin ou la clôture du compte qui est en réalité inconnue ou incertaine, on prend le commencement, c'est-à-dire la première échéance qui y figure.

Les intérêts produits par les sommes du jour de l'échéance de ces sommes à celui du règlement, au lieu d'être calculés directement comme dans la pré-

9

cédente méthode, ne sont trouvés qu'indirectement par voie de supposition, par une seconde opération mathématique.

Ainsi, au lieu de chercher les jours écoulés depuis chaque échéance jusqu'à la clôture du compte, il faut :

1° Chercher le nombre de jours écoulés depuis la première échéance jusqu'à l'époque où chaque somme commence à porter intérêt, placer les jours dans la colonne des jours, les multiplier par chaque capital correspondant et poser les produits dans la colonne des nombres ; faire le même travail au *débit* et au *crédit* ;

2° L'époque de la clôture étant fixée, il faut additionner les capitaux du *débit* et ceux du *crédit*, en faire la balance et écrire cette balance du côté le plus faible, mais dans la colonne des explications, comme simple indication ; multiplier cette balance par les jours écoulés depuis la première échéance jusqu'au jour de la clôture du compte ; placer ce produit dans la colonne des nombres sur la même ligne ; faire la balance des nombres et la placer dans leur colonne la plus faible ; la diviser par le diviseur fixe pour opérer la réduction en francs ; porter les intérêts dans la colonne des capitaux du même côté que la balance des nombres, et balancer les capitaux.

On obtient ainsi le solde à l'époque de la clôture du compte.

Quant au capital correspondant à la première échéance du compte, il ne donne jamais lieu à des nombres, car la règle générale prescrit de calculer le nombre de jours écoulés depuis la première échéance jusqu'à l'époque où chaque capital commence à porter intérêts. Or, dans ce cas, cette époque est précisément la première échéance ; il n'y a donc pas de jour d'intervalle et, par conséquent, de nombre possible. On place zéro dans la colonne des nombres.

On voit que cette méthode diffère sur beaucoup de points de la méthode *directe*; en voici la démonstration.

Raisonnement.

Considérant la première échéance d'un compte comme le commencement, et l'époque choisie pour l'arrêter comme la fin de ce compte, toute échéance qui figure au compte se trouve placée entre ces deux extrémités, et divise en deux parties l'intervalle compris entre le commencement et la fin, intervalle que nous appellerons : *durée du compte*.

Par exemple si, supposant un compte dont la première échéance est le 30 juin et la clôture le 31 décembre, nous prenons, pour point de départ du calcul des intérêts, le 30 juin, il est évident que toutes les sommes inscrites au compte sont à une époque postérieure au jour pris fictivement pour époque du règlement ; aussi les nombres représentatifs des intérêts que nous obtenons pour chaque somme, du jour de la valeur, en rétrogradant jusqu'au jour pris pour époque, sont des nombres de même nature que les *nombres rouges* ; autrement dit : tous les nombres du *débit* représentent des intérêts dus au *titulaire* et ceux du *crédit* des intérêts dus par lui, puisqu'il est censé, pour un instant, payer les sommes à son *débit* et recevoir celles à son *crédit* à une date antérieure à leur échéance respective.

Mais il n'y a pas lieu d'inscrire les nombres en *encre rouge*, puisque tous ceux placés dans la-même colonne sont de même nature.

Tous les nombres du *débit* représentent des intérêts *créditeurs* et tous les nombres du *crédit* des intérêts *débiteurs* ; seulement, il en résulte que la partie gauche du compte représente le *débit* du *titulaire* pour les *capitaux*, et son *crédit* pour les intérêts.

. En un mot, dans cette méthode, les colonnes d'intérêts sont en raison inverse de celles des capitaux.

Ces premiers calculs effectués, reconnaissons que le titulaire du compte qui paye en réalité, le 31 décembre, les sommes de son *débit* dont les intérêts ont été calculés comme s'il avait dû payer le 30 juin précédent, doit, pour arriver à l'expression de la vérité, être débité des intérêts de ces sommes pendant toute la période écoulée du 30 juin, jour où il a été censé payer, au 31 décembre, jour où il paye réellement.

Et, par contre, il doit être crédité des intérêts des sommes à son *crédit* pendant cette même période.

Nous devrions alors additionner tous les *capitaux* du *débit*, les multiplier par le nombre de jours écoulés pendant toute la période ; placer le nombre représentatif obtenu au *crédit* dans la colonne des nombres débiteurs ; additionner de même les capitaux du *crédit*, les multiplier par le nombre de jours de la même période, et placer le nombre représentatif obtenu dans la colonne des nombres *créditeurs*.

Mais, pour simplifier cette seconde opération, on fait la balance des capitaux que l'on multiplie par le nombre de jours de la période.

Le nombre, ainsi trouvé, représente la différence

des intérêts totaux obtenus par les capitaux du *débit* et du *crédit* pendant toute la période.

On la place dans la colonne des nombres, au *débit* si elle est en faveur du crédit ; au contraire, on la place au crédit, si elle est en faveur du débit, avec cette mention : *Balance des capitaux*.

Cette seconde opération terminée, on procède à la balance des nombres ; remarquons que, dans cette méthode, la colonne des intérêts étant en sens inverse de la colonne des capitaux, si la colonne des nombres du *débit* est la plus forte, la différence représente des intérêts dus au *titulaire* ; si, au contraire, la colonne des nombres du *crédit* est la plus forte, la différence exprime des intérêts dus par lui.

On place la différence dans la colonne la plus faible pour la balancer avec la plus forte, et la réduction en *francs*, c'est-à-dire l'*intérêt*, se trouve nécessairement placée en regard dans la colonne des capitaux, sur la même ligne que la balance des nombres.

On procède ensuite au règlement et on arrête le *compte*.

En résumé, on appelle *intérêts rétrogrades* les intérêts calculés du jour de l'échéance de chaque somme, en rétrogradant jusqu'au jour pris pour époque.

On appelle *intérêts totaux* les intérêts produits par chaque somme pendant toute la période écoulée du jour pris pour époque au jour du règlement.

Le titulaire *crédité* des intérêts rétrogrades des sommes à son *débit*, débité des *intérêts totaux* de ces mêmes sommes, reste naturellement *débiteur* des intérêts du jour de l'échéance de chaque somme au jour du règlement ; intérêts appelés *progressifs* et dus réellement par lui.

Au contraire, *débité* des intérêts rétrogrades des sommes à son *crédit*, *crédité* des intérêts totaux de ces mêmes sommes, le titulaire devient créancier des *intérêts progressifs* qui lui sont réellement dus.

De la classification par *débit* et *crédit* de ces intérêts rétrogrades et totaux et de leur balance résulte ce que nous cherchons : *la balance des intérêts progressifs.*

Cette balance est et doit être mathématiquement la même que celle obtenue par la méthode progressive ; mais elle est placée différemment par suite de l'antagonisme résultant des intérêts rétrogrades entre les colonnes des sommes et celles des nombres.

Le compte courant à marche rétrograde ne peut, en principe, avoir de nombres rouges ; puisqu'on prend toujours pour époque l'échéance la plus reculée que présente le compte, aucune autre somme ne peut être à une échéance antérieure.

Cependant il arrive qu'après avoir pris une époque et fait le calcul des nombres rétrogrades, on relève une erreur ayant pour résultat de comprendre dans le compte à régler une somme à une échéance antérieure.

Dans cette circonstance, au lieu de recommencer tous les calculs en prenant pour époque la date de cette somme, il suffit de chercher les intérêts progressifs de cette somme, du jour de son échéance à celui pris pour époque ; de placer ce total en regard et en *encre rouge* dans la colonne des nombres pour le transporter ensuite, à sa véritable place et en *encre noire*, dans la colonne des nombres opposés.

La méthode rétrograde est donc, généralement, préférée à la méthode progressive puisqu'elle permet de calculer les intérêts rétrogrades de chaque somme au fur et à mesure de son inscription, sans qu'il soit besoin de se préoccuper du jour de la clôture du compte, de manière qu'au jour du règlement il ne reste plus qu'à faire la balance des capitaux pour trouver la balance des intérêts totaux.

Dans la méthode progressive, au contraire, il faut nécessairement attendre le jour de clôture pour effectuer le calcul des nombres.

Compte courant d'intérêts à retour.

Cependant, si, dans la prévision qu'un compte sera réglé à une certaine époque, par exemple le 31 décembre, on effectue à l'avance les calculs à marche progressive, et que par suite d'une circonstance quelconque, il faille régler le compte le 31 octobre, faudra-t-il recommencer les calculs? Non. Il résulte des calculs faits à l'avance que les intérêts progressifs ont été comptés 61 jours de plus.

Le titulaire se trouve donc *débité* de 61 jours d'intérêts de trop sur les sommes à son *débit* et *crédité* de 61 jours de trop sur les sommes à son *crédit*.

Pour rétablir l'équilibre et ramener les intérêts au *31 octobre*, il suffira de faire la balance des capitaux, de la multiplier par 61 jours ; le nombre représentatif ainsi obtenu donnera la balance des intérêts dont le *titulaire* a été *débité* ou *crédité* en trop, suivant que

COMPTE COURANT A

DOIT   M. Samuel de Paris, son compte courant d'intérêts à

15 mars.	10	2.500	»	Notre traite sur Marseille.	30 juin.		ép.	....
Juin.	»	3.000	»	Notre traite sur Marseille.	15 juillet.	15		45.000
Septembre.	20	5.000	»	Notre facture à 3 mois.	20 sept.	84		410.000
»	15	4.620	»	Son mandat.	30 oct.	122		561.200
Décembre.	»	2.400	»	»	25 nov.	148		355.000
	»	2.500	85	Son mandat à vue.	31 déc.	184		460.000
		207	85	Solde des comptes et intérêts.				1.496.600
		20.207	85					3.328.000
Décembre.	31	4.207	85	Débiteur pour solde.				

COMPTE COURANT D'INTÉRÊTS

DOIT   M. Arnoul de Péras, son compte courant d'intérêts.

Juin.	30	3.000	»	Solde ancien.	30 juin.	184	552.000
Juillet.	5	8.000	»	Son mandat sur nous.	31 juillet.	151	1.724.000
»	20	6.000	»	»	20 oct.	72	432.000
»	»	4.000	»	»	31 oct.	61	244.000
Août.	15	5.000	»	»	15 déc.	16	80.000
»	20	3.000	»	Payé pour son compte son	20 août.	133	399.000
Septembre.	10	5.000	»	mandat sur nous.	10 déc.	21	105.000
Octobre.	31			Nombres rouges du crédit.			120.000
		208	88	Intérêts sur le solde des nombres.			
		170	»	Commission 4/4 0/0 sur 54.000.			
		11	»	Ports de lettres.			
		34.390	»				3.156.000
Octobre.	31	4.390	»	Débiteur pour solde.	31 oct.		

MARCHE RÉTROGRADE

5 0/0 l'an, réglé le 31 décembre, chez Bernard de Lyon.   **AVOIR.**

18 juin.	30	1.000	»	Solde ancien.	30 juin.	ép.	....
Décembre.	2	8.000	»	Sa remise sur Lyon.	10 déc.	163	1.301.000
»	»	7.000	»	»	31 déc.	184	1.288.000
»	31	4.207	»	Solde des capitaux 4.000.		184	736.000
Décembre.	31			Débiteur pour solde.			
		20.207	85				3.328.000

A RETOUR

RÉGLÉ   Le plus souvent dans le calcul des nombres on retranche deux derniers chiffres du produit de la multiplication et alors on divise par 72 seulement.

Juillet.	15	10.000	»	Notre compte de vente à 2 mois.	30 sept.	92	920.000
Août.	20	8.000	»	»	31 oct.	61	488.000
Septembre.	15	12.000	»	»	10 déc.	10	120.000
Octobre.	31			Retour d'intérêts solde du		61	244.000
				capital fr. 4.000.			1.501.000
				Solde des nombres.			
		4.390	»	Débiteur pour solde.			
		34.390	»				3.156.000
				Nombres rouges.			

la balance des capitaux est en faveur de son *débit* ou de son *crédit*.

On place ce nombre représentatif dans la colonne du crédit ou du débit selon que le titulaire est crédité ou débité en trop ; avec cette mention : *balance des capitaux, retour d'intérêts pendant 61 jours.*

Cette opération, d'une extrême simplicité, ramène à leur véritable date les intérêts calculés en prévision d'un règlement à une date postérieure.

Cette méthode dite : *à retour*, permet, de même que la méthode rétrograde, aux négociants qui sont dans l'habitude d'envoyer les *comptes courants* à des époques fixes et périodiques, d'en calculer les intérêts à l'avance, sauf, dans le cas où on leur demanderait le règlement à une époque antérieure à celle prévue, à ramener les *intérêts* à la date demandée.

CHAPITRE IV

Méthode hambourgeoise.

Il existe encore, pour calculer les intérêts des *comptes courants*, une autre méthode dite par *échelettes*, exclusivement employée dans les comptes civils.

Elle est une application stricte des règles de la compensation, et tend à une capitalisation d'intérêts, au jour le jour, contraire aux usages du commerce.

Cette méthode. dont nous nous bornerons à démontrer simplement le principe, consiste à calculer les intérêts d'une somme inscrite sur le compte jusqu'au jour où une nouvelle somme vient s'y ajouter ou s'en retrancher ; à faire le solde, soit en additionnant, soit en soustrayant ; à calculer les intérêts sur ce solde jusqu'à l'époque où une troisième somme vient, à son tour, s'y ajouter ou le diminuer ; et, ainsi de suite, à chaque mouvement du compte, on en opère le règlement.

COMPTE COURANT

PAR LA MÉTHODE HAMBOURGEOISE

Intérêts calculés par les parties aliquotes à 4 1/2 0/0.

Monsieur Thivel de Lyon, son compte courant chez Monsieur Rambaud. — Intérêts 4 1/2 0/0.

SIGNES.		CAPITAUX et SOLDES.		ÉCHÉANCES.		JOURS.	INTÉRÊTS.			
Débiteur.	Créancier.						DOIT.		AVOIR.	
»	»	7.936	55	Mars.	31	16	15	95		
		8.000	»	Avril.	16					
»	»	63	45	Mai.	22	36			»	30
		35.617	10							
	»	35.553	65	Mai.	30	8	35	55		
		25.143	55							
»	»	10.410	10	Mai.	1	1	1	30		
		15.804	35		31					
	»	5.394	25			30			20	25
»	»	9.246	10	Juillet.	25	15	17	30		
		12.817	90	»						
»		3.571	80	....		10			4	45
				Balance des intérêts.			70	10	25	»
									45	10
							70	10	70	10

Les comptes courants, reçus par un négociant, doivent être mis en liasse comme les lettres missives et conservés comme tous les autres documents commerciaux.

CHAPITRE V

Négociation des effets de commerce et échéance moyenne.

1° NÉGOCIATION DES EFFETS DE COMMERCE.

La négociation des effets de commerce est l'opération qui constitue le commerce de la *banque*.

En effet, prendre en négociation du papier sur une ville, c'est acheter des effets payables sur cette ville.

Donner, au contraire, en négociation du papier sur une ville, c'est *vendre* des effets payables sur cette ville.

Lorsqu'un négociant a besoin d'argent et qu'il possède des effets de commerce en portefeuille, soit *billets à ordre*, soit *lettres de change*, il s'adresse à un *banquier* qui, après avoir examiné et vérifié la solvabilité des signatures apposées sur les *effets*, consent à les escompter si ces signatures lui présentent des garanties suffisantes. Mais, dans le commerce du change, il se présente des effets payables sur les *villes* de France, et d'autres payables sur les *villes étrangères*. Les premières donnent lieu au *change intérieur*, les autres au *change extérieur*.

Le prix auquel on vend, dans un lieu, l'*argent* qui doit être reçu dans un autre lieu, est ce qu'on appelle le prix du change ou prix de la négociation.

Le prix du change se compose de deux éléments distincts :

1° La perte de changement de place ;

2° L'escompte.

La perte de changement de place est la bonification de tant pour cent sur la *valeur nominale* que les parties consentent pour la négociation des effets de commerce payables dans une autre ville que celle où se fait l'opération. Cette perte est, le plus souvent, à la charge du cédant, et varie suivant l'abondance ou la rareté, l'offre ou la demande du papier sur cette ville.

La perte de l'intérêt est l'escompte que le *cédant* est obligé d'accorder au cessionnaire.

Cet *escompte* représente l'intérêt à courir du jour de la négociation compris, au jour de l'*échéance* non compris ; il est calculé sur la valeur nominale.

Le taux peut être plus ou moins élevé et dépend aussi du plus ou moins d'abondance du numéraire.

Quand on négocie plusieurs billets à la fois pour en recevoir le produit en espèces, après en avoir déduit l'escompte ; ou quand on prend à l'escompte d'une même personne plusieurs effets pour lui en payer, escompte retenu, le produit net, on dresse ce qu'on appelle un *bordereau d'escompte* ou de *négociation*.

Pour calculer l'escompte, on opère de la même manière que pour calculer l'intérêt dans les *comptes courants* ; c'est-à-dire qu'on calcule l'intérêt en raison du *taux* du capital de chaque effet, et du temps qui lui reste à courir jusqu'à son échéance.

Seulement, dans le *bordereau*, la dernière colonne qui, dans les comptes courants, est destinée aux *nombres*, est remplacée par celle des escomptes. L'usage étant d'indiquer directement l'escompte pour chaque billet en particulier.

On peut faire la recherche de l'escompte par différentes méthodes : soit par les *nombres*, soit par la règle d'intérêt, soit aussi par la méthode des parties aliquotes.

Lyon, 28 juillet 1835.

BORDEREAU des effets remis en négociation à Monsieur Dumond, par Monsieur Laroche, à Lyon, valeur en ce jour.

SOMMES.	CHANGE.	VILLES.	ÉCHÉANCES.	JOURS.	ESCOMPTE.
1.000	»	Billet Leclerc à Lyon.	10 août.	13	2,16
1.000	»	Billet Samuel à Lyon.	25 août.	28	4,66
2.000	3/4	Acceptation Lang, de Dijon.	25 septre.	59	19,66
5.000	1/2	Id. Raoul, de Bordeaux.	20 octobre	84	70 »
		Changement de place 3/4 sur 2000 fr.			15 »
		Changement de place 1/2 sur 5000 fr.			25 »
		Agio..............			136,48
		NET A PAYER			8.863,52
9.000					9.000 »

Observations. — La 1ʳᵉ colonne de ce bordereau indique les sommes ; la 2ᵉ, le taux du changement de place ; la 3ᵉ, les effets ; la 4ᵉ, les échéances ; la 5ᵉ, les jours à courir de la date du bordereau à l'échéance ; la 6ᵉ, les escomptes calculés ici à 6 0/0. Les calculs terminés pour tous les effets, on fait l'addition des escomptes que l'on retranche de la valeur nominale. La différence est le net à payer par le banquier ou escompteur, et à recevoir par le négociateur.

2° ÉCHÉANCE MOYENNE.

Il arrive souvent, dans le commerce, que le débiteur d'une somme payable à une échéance donnée remet, pour se libérer de sa créance, une somme représentée par des valeurs en portefeuille de diverse importance, et exigibles à des termes différents.

Le créancier doit alors calculer, d'une façon rigoureuse, la différence que ce règlement peut faire aux conditions de crédit. Ce calcul s'opère à l'aide de la règle de l'échéance moyenne.

Cette échéance moyenne ou *commune* consiste à remplacer plusieurs effets de commerce, à échéances diverses, par un effet unique, à une échéance telle qu'il puisse y avoir compensation d'intérêts.

Exemple.

1ʳᵉ MÉTHODE. — Une personne a souscrit 4 billets : le 1ᵉʳ, de 600 fr., payable dans 30 jours ; le 2ᵉ, de 900

10

francs, payable dans 50 jours; le 3ᵉ, de 500 fr., payable dans 60 jours; le 4ᵉ, de 1.200 fr., payable dans 80 jours. — Si elle veut les remplacer par un billet unique de même valeur que les premiers billets, quelle échéance devra-t-elle lui donner? (Escompte 6 0/0.)

Réponse :

L'escompte du 1ᵉʳ billet à 6 %ₒ est de $\dfrac{600 \times 30}{6.000} = 3$ f.

L'escompte du 2ᵉ billet à 6 %ₒ est de $\dfrac{900 \times 50}{6.000} = 7,50$

L'escompte du 3ᵉ billet à 6 %ₒ est de $\dfrac{500 \times 60}{6.000} = 5$

L'escompte du 4ᵉ billet à 6 %ₒ est de $\dfrac{1.200 \times 80}{6.000} = 16$

$$\overline{ 31,50}$$

$$
\begin{array}{rcccl}
600^{\text{f}} & - & 3^{\text{f}} & = & 597^{\text{f}}\ \text{»} \\
900 & - & 7,50 & = & 892,50 \\
500 & - & 5\ \text{»} & = & 495\ \text{»} \\
1.200 & - & 16\ \text{»} & = & 1.184\ \text{»} \\
\hline
3.200 & - & 31,50 & = & 3.168,50
\end{array}
$$

Reste donc à trouver en quel temps 3.200 fr. rapportent 31 fr. 50.

D'après la règle d'intérêt le temps égale :

$$\frac{31,50 \times 36.000}{3.200 \times 6} = \frac{31,50 \times 6.000}{3.200} = 59 \text{ jours.}$$

Réponse.— Le billet unique sera à échéance dans 59 jours.

2ᵐᵉ MÉTHODE. — Soit le même problème : la personne qui a souscrit les billets doit jouir de :

600 francs en 30 jours, soit 600 × 30 = 18.000 en 1 jour.
900   —   50   —   900 × 50 = 45.000   —
500   —   60   —   500 × 60 = 30.000   —
1.200   —   80   —   1200 × 80 = 96.000   —

3.200 fr. doit donc donner les intérêts de 189.000 en 1 jour.

Quel temps faudra-t-il ?

Puisque 189.000 fr. mettent 1 jour pour rapporter leurs intérêts, 1 fr. mettra un temps 189.000 fois plus long, ou :

$$1 \times 189.000$$

et 3200 fr., un temps 3200 fois moins long, ou :

$$\frac{1 \times 189.000}{32.000} = 59 \text{ jours.}$$

D'où la règle : — Pour trouver l'échéance moyenne ou commune à divers effets : il faut multiplier chaque somme par le temps à courir, et diviser la somme des produits par le total des capitaux ; le quotient est l'échéance *cherchée*.

DEUXIÈME PARTIE

———

TENUE DES LIVRES

TENUE DES LIVRES

LIVRE V

SYSTÈME DES ÉCRITURES EN PARTIES SIMPLES

CHAPITRE Ier

Explication de ce système.

Nous avons reconnu que toute opération de commerce peut être scindée en deux opérations distinctes et séparées ;

Que chacune d'elles exige le concours de deux personnes :

L'une qui livre, l'autre qui reçoit :

une valeur quelconque, objet de cette opération.

Nous avons posé comme principe fondamental de tout système d'écritures :

Qui reçoit doit, est débiteur,

alors même qu'il reçoit une chose qui lui est due ;

Qui livre est créancier,

alors même qu'il livre une chose par lui due.

Enfin, nous avons vu que le commerçant est obligé,
par la loi, d'inscrire jour par jour, par ordre de dates,
sur son Journal, tous ses actes, sans exception, et,
comme nous, la loi entend par acte chaque mouvement d'une opération complète.

Ces principes rappelés, voyons comment les
applique le système des écritures à parties simples.

Ce système modifie notre principe fondamental,
en ce sens qu'il ne mentionne sur le Journal, dans
l'énonciation de chaque article, que l'une des parties
contractantes.

Il n'admet pas de contre-partie, ou, pour mieux
dire, il la sous-entend.

Ne faisant jamais mention du commerçant à qui
sont les livres sur lesquels on écrit, on établit :

> *Que celui à qui il livre est débiteur ;*
> *Que celui de qui il reçoit est créancier.*

Pour distinguer d'une manière saillante le débiteur du créancier, on écrit :

Pour le premier, *doit M. R****

Pour le second, *avoir M. R****

Dire ou écrire, *doit R****, c'est entendre que M.
R*** est débiteur ; c'est le débiter.

Dire ou écrire, *avoir de R****, c'est entendre que
M. R*** est créancier ; c'est le créditer.

Passer écriture sur le journal, c'est *débiter* ou *créditer* la personne dont le nom est écrit après le mot
doit et *avoir.*

Chaque article d'écritures ne représente donc qu'un
seul terme :

Un débiteur lorsqu'on livre;
Un créancier lorsqu'on reçoit.

Le nom de la contre-partie, qui n'est autre que le propriétaire des livres sur lesquels on écrit, reste toujours sous-entendu.

Donnons un exemple : nous, Mathieu, nous avons fait écritures sur nos livres du prêt de 1.000 fr. que nous avons fait à Janin, le 1er janvier 18..... Suivant notre principe fondamental, nous devrions dire et écrire :

Janin doit à Mathieu,

Pour prêt d'une somme de 1.000 fr., soit. 1.000ᶠ

Conformément à la modification introduite par notre système, nous écrirons :

———————— *1er janvier.* ————————

Doit Janin.
A lui prêté ce jour.................. 1.000ᶠ

Le 15 janvier, Janin nous rembourse; au lieu d'écrire à cette date :

Mathieu doit à Janin, nous disons :

———————— *15 janvier.* ————————

Avoir Janin.
Reçu de lui, en remboursement de notre prêt 1.000ᶠ

Telle est la règle d'après laquelle doivent être rédigés tous les articles sur le *Brouillard* et sur le *Journal*.

Le titre de chacun d'eux est donc toujours :

Doit M. X***, ou *avoir de M. X****, suivant qu'il énonce un *débiteur* ou un *créancier*.

Au dessous de ce titre viennent tous les détails de l'opération qui se résument en une seule somme dont *M. X**** est débiteur ou créancier.

Ces principes bien compris, il ne reste plus qu'à les appliquer, autrement dit à distinguer, dans une opération, *quel est le débiteur? quel est le créancier?*

. Il ne faudrait pas croire qu'un article est exclusivement motivé par la livraison réelle d'une valeur matérielle ou conventionnelle, il l'est aussi *par tout fait*, quel qu'il soit, qui constitue un individu notre *débiteur* ou notre *créancier* d'une somme quelconque.

Par suite de la même idée, nous devons *créditer* nos employés de l'importance de l'appointement que nous leur donnons en échange des services que nous recevons d'eux, par un article ainsi conçu :

——————— *31 décembre 18.....* ———————

Avoir de Pierre, notre commis,

Pour ses appointements de l'année 1.500ᶠ

S'il n'en était pas ainsi, Pierre qui aura été *débité* des sommes à lui comptées à *valoir* dans le courant de l'année, figurerait toujours comme débiteur de ces sommes qu'il ne doit pas en réalité.

Cette observation, que nous pourrions appuyer par de nombreux exemples, a pour but de constater que notre principe :

> *Qui reçoit doit,*
> *Qui livre est créancier,*

s'applique non seulement lorsque l'objet de la livraison est une valeur réelle, mais aussi quand il s'agit
d'une valeur immatérielle, d'un droit appréciable
et apprécié en argent, constituant l'auteur, *débiteur*
ou *créancier*, de cette appréciation pécuniaire.

Autre exemple. — Nous avons vendu à Samuel, de
Marseille, une partie de marchandises dont la facture
s'élève à 4.350 fr. portés à son débit le jour où nous
l'avisons de son expédition; mais, dans notre marché,
la marchandise étant livrable à Marseille, voyage à
nos périls et risques et périt en route; Samuel, ne la
recevant pas, ne la *doit* pas, c'est donc à tort qu'il en
a été débité sur nos livres, et le jour où nous sommes
avisés du sinistre, nous devons faire *article* en sens
inverse pour, suivant l'expression consacrée, le *contrepasser*, c'est-à-dire l'*annuler*.

Le 25 février, date de l'avis reçu, nous écrirons
sur nos livres :

—————————— *25 février.* ——————————

Avoir de Samuel, de Marseille.
Annulation de notre facture du 20 courant. livrable
à Marseille et péri en route................ 4.350ᶠ

Nous pouvons conclure des exemples donnés sur
l'application au système à *parties simples* de notre
principe fondamental, que, lors même que les articles
à passer concernent des *valeurs*, ils concernent aussi
une personne qui les *livre* ou les *reçoit*; on ne fait
mention de la *valeur* que comme indication, et la
personne seule est *débitée* ou *créditée*.

Une autre conclusion, c'est que le *Grand-Livre*, n'étant que la copie du Journal dans un autre ordre, par ordre de matières, d'individus, n'est, dans ce système, qu'un recueil de comptes ouverts aux personnes avec lesquelles on opère et que, dès lors, il ne suffit pas pour établir la situation du commerce dont il relate les *écritures*.

En effet, les reliquats de ces comptes ne constituent qu'une partie de son actif : *ses débiteurs ;*

Qu'une partie de son passif : *ses créanciers,* suivant qu'ils se soldent par une somme au *débit* ou au *crédit* de divers titulaires.

Parmi ces comptes, doivent nécessairement figurer ceux ouverts au chef ou aux chefs du commerce (suivant qu'il est exploité par un seul ou plusieurs en *société*), pour les sommes qu'ils versent dans leur commerce ou qu'ils en retirent, à quel titre que ce soit, et pour lesquelles ils sont considérés comme des tiers vis-à-vis de leur propre industrie.

Ces versements et ces retirements de fonds peuvent avoir des causes différentes, ainsi que nous le verrons plus tard en étudiant le système des *écritures à parties doubles* ; aussi il y a lieu souvent d'ouvrir au même intéressé différents comptes ayant chacun une désignation et une destination spéciale. Nous n'en signalerons qu'un seul, celui qui a pour but de faire figurer au *passif du commerce* et, par conséquent, au *crédit des intéressés* la mise de *fonds* qu'ils s'obligent à verser.

Ce compte intitulé : *fonds capital,* est collectif et personnel à tous les associés ; il est, dès le début des opérations et par le premier article du *Journal*, crédité en ces termes :

———————— *1er janvier 18..* ————————

Avoir de fonds capital.
Mise de fonds à fournir par :

M. X*** .... 20.000 ⌉
M. R*** .... 30.000 ⌡ 50.000 ʳ

Par contre, M. X*** et M. R*** seront, à la même date, débités chacun dans un compte spécial des sommes qu'ils se sont engagés à verser :

———————— *1er janvier.* ————————

Doit M. X*** :
Sa mise de fonds promise............. 20.000 ʳ
Doit M. R*** :
Sa mise de fonds promise............. 30.000 ʳ

Et au fur et à mesure des versements effectués, ils en seront *crédités* dans ce même compte ; le solde de ces comptes démontrera s'ils ont ou non exécuté leurs engagements.

A l'époque de la liquidation de la société, pour faire écriture du *retour* des mises de fonds, on fait article d'écritures en sens inverse, d'abord au *débit du compte de fonds capital*, qui se trouve ainsi balancé, puis au *crédit* du compte de fonds de chacun des associés, qui se trouve ainsi débité des retirements à valoir au fur et à mesure.

A l'inventaire, le règlement des *comptes* du *Grand-Livre* ne donne donc que le relevé des *débiteurs* et celui des *créanciers*.

Mais, outre les débiteurs, un commerce a d'autres valeurs en sa possession ; il a ou peut avoir des *espèces en caisse*, des *marchandises en magasin*, des *effets en portefeuille*, un *mobilier d'exploitation*, un *outillage*, des *immeubles* peut-être, des *actions* ou *obligations industrielles*.

Toutes ces valeurs font partie de son *actif ;* il devra en dresser un inventaire matériel estimatif et en ajouter le montant à celui des *débiteurs*.

Par contre, outre ses *comptes créanciers* au Grand-Livre, il a ou peut avoir des *engagements en circulation*, par acceptation, simples promesses, en billets à ordre, dont l'importance vient en augmentation de son *passif*. Il doit donc en dresser un état détaillé et en ajouter le montant à celui des créanciers ; ce n'est qu'après ces opérations terminées qu'il pourra établir son inventaire général.

Mais c'est là un des premiers et sérieux inconvénients de ce système ; les livres principaux, le *Journal* et le *Grand-Livre*, ne permettent pas de constater les existences réelles de ces valeurs, ni de contrôler l'inventaire qui doit en être dressé.

Pour cela, il faut nécessairement recourir à l'emploi des *livres auxiliaires* dont l'importance, dans ce cas, ressort d'elle-même.

DES LIVRES AUXILIAIRES EN PARTIES SIMPLES.

Les livres auxiliaires ont pour unique objet de constater *l'entrée et la sortie des valeurs* et, comme conséquence, les existences au jour de l'inventaire.

Un livre spécial doit être consacré à chacune d'elles; nous ne pouvons les examiner tous, et les principaux, le *livre de Caisse*, pour les espèces; le *livre d'Entrée et de Sortie*, pour les marchandises; le *livre de Numéros*, pour les *Effets à Recevoir;* le *livre des échéances*, pour les *Effets à Payer*, trouveront les explications qui les concernent quand nous étudierons le système des écritures à *Parties Doubles*.

Dans le système des écritures à parties simples, les livres auxiliaires ont une autre utilité que nous devons signaler.

Dans le commerce, il se fait souvent des échanges immédiats de valeurs, soit, par exemple, *encaissement* d'effets à recevoir, payement d'effets à payer, achats, ventes au comptant ou même échange de marchandises; ces échanges ont quelquefois lieu avec des personnes inconnues, et souvent, au moins, avec des gens avec lesquels on n'est pas en rapport d'affaires.

Rigoureusement et pour se conformer à la loi, il faudrait faire au Journal deux articles à chaque opération : un, pour *débiter* le tiers de la *valeur* qu'il reçoit, et un second pour le *créditer* de la *contre-valeur* qu'il livre; en procédant ainsi, on arriverait à une multiplicité d'écritures au moins inutiles, sinon quelquefois impossibles.

Les *livres auxiliaires*, en mentionnant l'*entrée de la valeur reçue et son origine*, et la *sortie* de celle livrée et sa destination, tendent au même résultat : mais alors, aux yeux de la loi, ils participent de l'importance qu'elle reconnaît au *Livre-Journal* dont ils sont, en quelque sorte, une partie intégrante, puisqu'ils mentionnent des opérations qui ne se trouvent pas sur ce dernier.

Il ne nous reste plus maintenant que quelques mots à dire sur les écritures auxquelles donne lieu l'établissement de l'inventaire.

DE L'INVENTAIRE A PARTIES SIMPLES.

Les écritures sont rapportées du *Brouillard* au *Journal* en ayant soin d'indiquer, au fur et à mesure du rapport de l'article dans la marge du *Brouillard*, le folio du *Journal* sur lequel a lieu le rapport; comme ces deux registres sont identiques, au détail près des opérations, si l'on a soin de les additionner l'un et l'autre en faisant suivre les additions jusqu'au moment de l'inventaire, à cette époque, la similitude de ces deux additions sera la preuve de l'exactitude du rapport. En marge du *Journal* et en regard de chaque article, on tire un *petit trait au dessus duquel* on mentionne le *folio du Grand-Livre* sur lequel il doit être rapporté quand il énonce un *débiteur*, et *au dessous de ce trait* quand il énonce un *créancier*, et au fur et à mesure du rapport au *Grand-Livre*, on pointe le folio indiqué; c'est ce qu'on appelle *pointage de rapport*.

Pour s'assurer du rapport exact des écritures, on procède à la *balance d'ordre* qui consiste à additionner ensemble les débits et les crédits de tous les comptes au *Grand-Livre*; le total de cette addition doit être semblable à l'addition du *Journal*, puisque chaque somme du *Journal* a été rapportée au débit ou au crédit de l'un des comptes au *Grand-Livre*, sinon il y a erreur, et pour trouver cette erreur, il y a lieu de faire le *pointage de vérification*, opération qui s'effectue en prenant chaque somme au Journal et en la pointant sur ce registre ainsi que sur le Grand-Livre, après s'être assuré qu'elle est exactement rapportée au débit ou au crédit du compte où elle doit aller.

La balance trouvée, on procède au règlement des comptes.

RÈGLEMENT DES COMPTES.

Après avoir fait écritures au Journal et au Grand-Livre des intérêts et commissions résultant des comptes courants d'intérêts pouvant exister avec un ou plusieurs titulaires, on cherche le solde dont chacun ressort, *débiteur* ou *créancier*.

La balance du compte constituant ce solde est placée dans la colonne la plus faible pour équilibrer les deux additions qui sont arrêtées ensuite par un double trait.

Ce même solde est reporté comme premier article *nouveau* dans la colonne qui était la plus forte dans l'ancien compte.

Mais comme en principe rigoureux aucune somme ne doit être reportée au *Grand-Livre* qui ne soit extraite d'un article du *Journal*, le règlement de chaque compte donne lieu à deux articles : 1° un pour débiter ou créditer le compte ancien de la balance qui doit en équilibrer les additions ; 2° un second article

11

pour créditer ou débiter le compte nouveau du solde qui en constitue le premier article.

: Remarquons que ces articles ne changent rien à l'état des choses puisqu'ils portent somme égale au débit et au crédit du compte ; ils n'ont pas d'autre but que de résumer la position réelle du titulaire au moment de l'arrêt de son compte.

Ainsi, supposons que le compte de M. X*** soit *débiteur* pour solde de 4.000 fr., nous dirons :

——————— 31 décembre. ———————

Avoir de M. X***, compte vieux.
Débiteur pour solde à nouveau.......... 4.000ᶠ

Cet article rapporté ainsi au crédit du vieux compte, balancé et arrêté par deux sommes égales entre elles, nous écrirons au *Journal* et rapporterons au *Grand-Livre* l'article suivant :

——————— 31 décembre. ———————

Doit M. X***, compte nouveau.
Débiteur pour solde ancien...,...... 4.000ᶠ

TABLEAU D'INVENTAIRE.

Tous les comptes ainsi réglés, nous disposons notre feuille d'inventaire après nous être assurés, par un contrôle matériel, de l'identité des existences avec l'énoncé des livres auxiliaires ; nous inscrivons alors à l'*actif* :

1° Le relevé du solde des comptes *débiteurs* ;
2° Le montant des espèces en caisse ;
3° Le montant de l'estimation des marchandises ;
4° Celui de l'estimation des effets à recevoir ;
5° La valeur estimative des meubles ;
6° La valeur estimative des immeubles s'il en existe.

On inscrira au passif :

1° Le relevé des créditeurs au Grand-Livre, et en première ligne le compte de *fonds capital*.

2° L'importance des engagements en circulation par acceptation, *mandats, billets à ordre* ou *simples promesses*, dont le relevé est dressé d'après le livre d'échéances.

La différence entre l'*actif* et le *passif* sera l'expression du bénéfice ou de la perte à l'inventaire ; bénéfice si l'*actif* est le plus fort ; *perte*, au contraire, si c'est le *passif*.

S'il y a bénéfice, son importance constitue une *dette* du commerce, au même titre que le fonds capital dont il est un accroissement, et il doit être également porté à son passif.

S'il y a *perte*, son importance constitue une *créance* du commerce contre le ou les chefs de ce commerce, puisqu'elle est une diminution du *fonds capital* dont ils continuent à figurer comme *créanciers* ; elle doit être portée à son *actif*.

De cette manière, cette différence entre l'*actif* et le *passif* se trouvant, comme dans le règlement de tout compte, placée dans la colonne la plus faible, les deux colonnes se balancent par deux additions égales que l'on arrête par un double trait, sur la même ligne.

INCONVÉNIENTS DU SYSTÈME EN PARTIES SIMPLES.

Le système des écritures à *parties simples* présente plusieurs inconvénients qui justifient l'abandon dans lequel il est tombé dans la pratique, surtout dans le haut commerce.

Le premier de ces inconvénients provient de ce que l'inventaire indique bien le montant du *bénéfice* ou de la perte résultant des opérations, mais nullement leur origine et leur cause ; et cependant il est important, pour le commerçant, de rechercher et de constater la source des bénéfices qu'il a réalisés aussi bien que des pertes qu'il a éprouvées, sans quoi les livres ne sont plus, pour lui, que le memento de ses débiteurs et de ses créanciers, et ne sont pas, ce qu'ils doivent être en outre, un enseignement pour l'avenir.

Ces deux inconvénients disparaissent dans le système des écritures à *parties doubles*, dans lequel chaque valeur sur laquelle on opère a un compte au *Grand-Livre* dont le règlement à l'inventaire constate non seulement les existences à ce jour, mais encore le bénéfice ou la perte résultant du mouvement de la valeur à laquelle il est ouvert.

LIVRE VI

SYSTÈME DES ÉCRITURES EN PARTIES DOUBLES

CHAPITRE· Ier

Définition de·ce système.

Ce système, d'accord avec notre principe fondamental :

Qui reçoit doit. — Qui livre est créancier,

impose l'obligation de désigner dans chaque article
du Livre-Journal les deux traitants de chaque opération, savoir : *le débiteur,* qui, recevant, *doit* à celui
qui livre, *créancier.*

Son titre dérive de l'obligation qui résulte du
principe même de rapporter deux fois sur le *Grand-
Livre* chaque article qui résulte du Journal, une fois
au débit du compte qui a reçu, une fois au crédit de
celui qui a livré, ce qui établit, en effet, double rapport ou *écriture double.*

Chaque article, comportant le rapport d'une somme
équivalente sur chacun de ces deux comptes, peut

être considéré comme la *balance* entre deux valeurs égales.

Le premier terme est le *débiteur*, le second est le *créancier*; on peut donc dire que l'un est la contre-partie de l'autre.

Sous l'énoncé de chaque article, on écrit les conditions et les détails de l'opération qui le motive. Ainsi, si nous Rambaud prêtons à Janin 1.000 fr., nous devrions dire et écrire sur notre Journal :

—————— *1ᵉʳ janvier.* ——————

Doit Janin à Rambaud et Cⁱᵉ

Pour prêt de 1.000 fr. en espèces....... 1.000 ᶦ

Comme nous sommes toujours l'une des deux parties contractantes dans chaque opération de notre commerce, nous devons nécessairement figurer comme *débiteur* ou *créancier* dans chacun des articles passés sur notre *Livre-Journal*.

Mais si le propriétaire des livres figurait, comme dans l'article ci-dessus, *par son propre nom*, dans l'intitulé de chaque article, nous retomberions tout à fait dans les mêmes inconvénients que présente le système à *parties simples*, puisque le compte qui lui serait ouvert au Grand-Livre présenterait seulement l'ensemble, mais en position inverse, de tous les autres comptes. Or ce compte est entièrement inutile et n'apprend rien de nouveau; peu importe qu'il soit sous-entendu ou exprimé sur le papier.

Aussi notre principe fondamental se combine-t-il avec un autre principe essentiel pour former seul toute la base du système; ce second principe est celui-ci :

Le commerçant à qui sont les livres, sur lesquels on écrit, y est représenté par des comptes appelés *comptes généraux* ouverts aux valeurs sur lesquelles on opère.

CHAPITRE II

Comptes généraux.

———

§ Ier. — Origine et objet des comptes généraux.

Le commerçant peut livrer et recevoir de l'argent, des marchandises, des effets à recevoir, des effets à payer, etc. Il peut bonifier ou se faire bonifier des sommes, à titre de service, louage, intérêts, commission, indemnité, etc., qui sont pertes ou bénéfices pour lui. Or il est évident que, si toutes ces sommes, toutes ces valeurs de diverses natures étaient portées sur un seul et même compte, elles y produiraient une telle confusion qu'il serait impossible de les distinguer et d'obtenir des éclaircissements sur le mouvement et le résultat de chacune d'elles ; ce qui est justement l'inconvénient du système des écritures à parties simples auquel on veut obvier.

Or ces valeurs de natures diverses peuvent se classer en cinq catégories principales, sauf à les subdiviser au besoin :

L'argent. — Les marchandises. — Les effets à recevoir. — Les effets à payer. — Les pertes et profits.

A chacune de ces catégories on ouvre un compte spécial sur le Grand-Livre qui n'est autre chose qu'un compte ouvert au commerçant, mais dans lequel sont portés seulement les articles ayant pour objet la valeur dont la dénomination est en tête.

Ces cinq comptes appelés *généraux* sont :

1° *Caisse*, pour l'argent ;

2° *Marchandises générales*, pour les marchandises ;

3° *Effets à recevoir* ou traites et remises, pour les effets à recevoir par lui ;

4° *Effets à payer*, pour les effets et engagements à payer par lui ;

5° *Pertes et profits*, pour les pertes et les bénéfices qu'il peut faire à quel titre que ce soit.

Il reste entendu que chaque fois que le commerçant sera *débiteur* ou *créancier* pour avoir *reçu* ou *livré* l'une de ces cinq valeurs, au lieu de figurer comme débiteur ou créditeur en son propre nom, il sera *débité* ou *crédité* sous le nom de la valeur qu'il aura reçue ou livrée. Le nom de cette valeur sera substitué au sien ; en un mot, au lieu de n'avoir qu'un seul compte au Grand-Livre, il en aura cinq ayant chacun une dénomination et une destination spéciales.

Exemple. — Au lieu d'écrire comme dans l'article précédent pour mentionner notre prêt de 1.000 fr. à Janin :

Janin doit à Rambaud,

puisqu'il sort de l'argent de notre caisse et que pour tous les mouvements d'espèces nous sommes représentés par le titre du compte qui nous est substitué, c'est-à-dire ici par caisse, nous écrirons :

——————— 1ᵉʳ *janvier:* ———————

Janin doit à caisse.

A lui prêté ce jour................... 1.000ᶠ

Autre exemple. — Nous achetons, payables comptant, de Dumont, 20 pièces de vin de Mâcon ; comme il entre de la marchandise dans nos magasins, nous en sommes *débiteurs*, et devant être représentés par le compte spécial aux marchandises, nous écrirons :

——————— 10 *janvier.* ———————

Marchandises générales à Dumont.

Sa facture à 20 pièces de vin de Mâcon à 100 fr. la pièce......................... 2.000ᶠ

Comme nous payons cette facture en espèces nous écrivons :

——————— 15 *janvier.* ———————

Dumont à caisse.

Acquit de sa facture du 10 courant...... 2.000ᶠ

On peut remarquer que nous avons, dans ces deux derniers articles, comme nous le ferons dans tous ceux qui suivent, éliminé le mot *doit* parce qu'il est évident que, le premier *terme* étant toujours le *débiteur* et le second le *créancier*, la répétition de ce mot intermédiaire est superflue; il est toujours sous-entendu.

Autre exemple. — Martin de Tarare nous achète
20 caisses de savon le 1er janvier, payables dans
trois mois ou comptant, escompte 2 0/0. Le 15 du
même mois, il nous donne un effet sur Paris en
payement, après avoir déduit l'escompte.

Par le premier mouvement de cette opération
nous livrons de la marchandise : nous en sommes
créanciers et représentés par le compte général ayant
titre *marchandises générales;* par le second mouvement nous recevons un effet qui entre dans notre
portefeuille : nous en sommes *débiteurs* et représentés par le compte général *effets à recevoir.* Nous
passons en conséquence les deux articles suivants :

———————— *1er janvier.* ————————

Martin de Tarare à marchandises générales.

Notre facture à 20 caisses savon, payable à trois
mois ou comptant, escompte 2 0/0, net 522 kil., à
169 fr. les 100 kil...................... 882 f 20 c

———————— *15 janvier.* ————————

Effets à recevoir à Martin de Tarare.

Nº 15, fr. 864,55, sur Paris, au 15 février, au
pair; en payement de notre facture du 1er courant,
864,55.

Reste à faire écriture de l'escompte 2 0/0 que Martin
nous retient pour anticipation de payement et dont
il doit être *crédité* par le débit du compte de *marchandises générales,* lequel a été crédité le 1er janvier
du montant brut de la facture; nous ferons à la date

du 15 janvier un deuxième article pour balancer cette opération.

———————— *15 janvier.* ————————

Marchandises générales à Martin de Tarare.

Escompte 2 0/0, sur 882,20, notre facture du 1er courant........................ 17ᶠ 65ᶜ

Autre exemple. — Nous remettons à M. Germain de Rouen l'effet de 864,55 que nous a remis Martin de Tarare; le compte général, *effets à recevoir*, qui en a été *débité* à l'entrée, doit en être *crédité* par le *débit* de Germain qui le reçoit.

———————— *16 janvier.* ————————

Germain de Rouen à effets à recevoir.

Nº 15, fr. 864,55, Paris, 15 février... 864ᶠ 55ᶜ

Autre exemple. — Nous recevons de Barrel, en ville, en dépôt fr. 6.000, contre notre promesse à six mois, en capital et intérêt à 5 0/0. Par un premier article nous *créditons* Barrel par le *débit* du compte de caisse des espèces que nous recevons de lui, et par un second article, nous le *débitons* par le *crédit* du compte des *effets à payer*, de la promesse signée de nous et que nous lui remettons.

———————— *18 janvier.* ————————

Caisse à Barrel, en ville.

Espèces reçues contre notre promesse à six mois, à 5 0/0 l'an........................ 6.000ᶠ

Barrel, en ville, à effets à payer.

Fr. 6.150, notre promesse à six mois, à 5 0/0 l'an, contre son dépôt...................... 6.800 ʳ

Autre exemple. — Duchand, notre créancier de fr. 3.000, nous avise que, pour se rembourser, il a fait une traite sur nous au 28 février, ordre Raymond, que nous acceptons. C'est un *effet à payer* pour nous : Duchand est débiteur, puisqu'il en reçoit le montant de son preneur; et le compte d'effets à payer en est créancier puisque nous l'acceptons; donc nous écrivons :

————— *20 février.* —————

Duchand à effets à payer.

Fr. 3.000, sa traite sur nous, ordre Raymond, fin février, acceptée...................... 3.000 ʳ

Autre et dernier exemple. — Nous avons à faire écriture de la perte d'une partie de marchandise vendue à Samuel, de Marseille, livrable dans cette dernière ville, à la date de la facture au *débit* de l'acheteur, et perdue en route sans recours, n'ayant pas été assurée par nous : Samuel ne doit pas le montant de cette facture, puisqu'il n'a pas reçu la marchandise; *donc, pour contrepasser l'article à son débit,* il y a lieu de le créditer par le *débit du compte de pertes et profits,* puisque c'est une perte que nous éprouvons et dont nous sommes *débiteurs* vis-à-vis de nous-mêmes.

——————— *25 janvier.* ———————

Pertes et profits à Samuel, de Marseille.

Contrepassement de l'article du 20 courant, à raison du sinistre de notre envoi........... 4.350 ᶠ

Le compte de pertes et profits est généralement intitulé dans la pratique : *profits et pertes;* c'est un tort, il serait plus logique de lui donner le titre que nous lui attribuons dans l'article ci-dessus; puisque les *pertes* constituant un débours ou une non rentrée forment le *débit du compte* et devraient être énoncées les premières, tandis que les profits constituant une créance du commerçant envers son commerce forment le *crédit* et devraient être énoncés les derniers; s'il en était ainsi, chaque terme de notre titre se trouverait en harmonie avec la partie du compte qui lui est affectée.

De ce qui vient d'être dit et des exemples qui précèdent, on peut conclure que les titres de ces cinq comptes généraux ne sont autre chose que des abréviations substituées aux véritables titres qui devraient être : *Rambaud et Cⁱᵉ, leur compte de caisse; Rambaud et Cⁱᵉ, leur compte de marchandises;* soit pour le mouvement des espèces, soit pour le mouvement des marchandises, etc.

Les cinq comptes généraux représentent donc le commerçant ou pour mieux dire le commerce dans ses rapports avec les tiers; il en résulte aussi que les mêmes comptes généraux représentent également les valeurs auxquelles ils sont ouverts.

Ce qui permet d'atteindre le but qu'on se propose, à savoir : de constater, par la comparaison du débit et du crédit de ces comptes, l'entrée et la sortie des existences à l'inventaire et les résultats en bénéfices ou en pertes de chacune de ces valeurs.

Nous n'avons parlé que de *cinq comptes généraux*, parce que ce sont ceux qui, dans le commerce, sont l'objet d'un mouvement continuel d'*entrée* et de *sortie;* mais le commerçant étant obligé, par la loi, de faire chaque année un *Inventaire* de ses effets mobiliers et immobiliers, il est nécessaire de dresser un état, c'est-à-dire d'ouvrir *un compte* pour les meubles qui garnissent les magasins, pour l'outillage, le matériel d'exploitation garnissant les ateliers, les fabriques.

Tous ces objets, qui ne sont ni espèces, ni marchandises, ni effets à recevoir, ni effets à payer, ont cependant une valeur active plus ou moins importante, susceptible de détérioration ou d'augmentation, même de réparation, donnant lieu à un mouvement qui doit faire l'objet d'un compte spécial généralement désigné dans le commerce *Meubles et Ustensiles*, et quelquefois aussi, dans l'industrie manufacturière, *Compte de Matériel, Outillage, machines,* suivant les circonstances.

Si un commerce possède un ou plusieurs immeubles, il y a lieu d'ouvrir un compte collectif pour tous, ou spécial pour chacun, suivant que le commerçant désire se rendre compte du rendement général de tous ou de chacun en particulier.

Il existe encore un compte qui doit être compris dans les comptes généraux à cause de son importance et qui même devrait être inscrit le premier sur le Grand-Livre, puisqu'il représente le *capital* engagé : C'est le *compte de Fonds Capital*.

Toute maison de commerce prend un nom qu'on appelle *Raison commerciale* ou *Raison sociale*, suivant que l'industrie est exercée par un seul commerçant ou par plusieurs en société.

Dans le premier cas, la raison commerciale n'est autre que la signature du propriétaire du commerce. Dans le second cas, la raison sociale se compose du nom de tous les associés ou de celui d'un seul suivi des mots et Cie pour indiquer qu'il y a d'autres associés dont le nom n'est pas mentionné.

Dans un cas comme dans l'autre, cette *Raison commerciale* ou *sociale* doit fixer le chiffre du capital qui sera consacré à l'exploitation de cette industrie, capital qui devra être fourni par le chef du commerce ou par chacun des associés.

Aussi, par le premier *article* au *Journal*, le commerçant seul ou chaque associé doit être constitué *débiteur*, dans son *compte personnel*, du *capital* qu'il s'est engagé à fournir, et le compte de *fonds capital* crédité de cette somme.

Exemple. — MM. R*** et L*** forment une société sous la raison sociale R*** et Cie, au capital de 100.000 francs, à fournir moitié par chacun ; nous écrirons sur le Journal :

——————————— 1er janvier. ———————

M. R***, son Cte de fonds à fonds capital.

Mise de fonds par lui promise......... 50.000^f

M. L***, Son Cte de fonds à fonds capital.

Mise de fonds par lui promise......... 50.000^f

Par ces deux articles, le compte de *Fonds Capital* représente le commerce et le constitue créancier vis-à-vis de lui-même du capital stipulé dans l'acte social, tandis que R***, L*** et Cie deviennent *débiteurs*, chacun dans un compte personnel intitulé son *compte de fonds*, des 50.000 fr. promis; sauf à être crédités dans ce même compte des versements effectués au fur et à mesure jusqu'à l'exécution complète des engagements.

Le *compte de Fonds Capital* restera créancier pendant toute la durée du commerce de l'importance du capital engagé, puisque les pertes et profits qui seuls pourraient le diminuer ou l'accroître font l'objet d'un compte particulier.

L'inspection des comptes de fonds personnels aux associés démontrera s'ils ont ou non effectué les versements des sommes promises par eux.

L'existence, mais surtout la véritable position du compte de fonds capital, n'est pas toujours comprise; et, le plus souvent, on se contente d'ouvrir au commerçant ou à chaque associé un compte courant ou un compte de fonds dans lequel on le crédite de ses apports pour remplir sa mise de fonds; mais cette manière de procéder ne change rien aux résultats.

de l'inventaire, et elle a l'inconvénient, dans une société, de ne pas reproduire sur les livres les engagements pris par chaque associé et d'obliger à recourir à l'acte social et aux comptes de fonds pour reconnaître quel est le capital promis, quel est celui réellement versé, tandis qu'au moyen du *compte de fonds capital crédité* par le *débit* du compte de fonds de chacun des associés, ce double inconvénient disparaît à la seule inspection des comptes de fonds.

Il doit en être de même, quoique cela soit moins rigoureux, moins nécessaire, pour le commerçant exerçant isolément. Pour lui, c'est presque un devoir et c'est toujours un avantage de fixer la somme du capital qu'il entend consacrer à son commerce et de séparer ainsi les opérations concernant sa vie civile de celles concernant sa vie commerciale.

§ II. — Subdivision des comptes généraux.

Les comptes généraux ou du moins quelques-uns d'entre eux sont susceptibles d'un plus ou moins grand nombre de subdivisions ou comptes subdivisionnaires qui tous représentent le commerce, comme le compte principal lui-même dont ils sont un fractionnement, et qui se justifient par l'utilité de reconnaître les résultats spéciaux et le mouvement d'une valeur rentrant par sa nature dans l'une de nos grandes catégories primitives.

Le Compte de Fonds Capital seul n'est pas susceptible de subdivisions.

Le Compte d'Immeubles peut se subdiviser au gré du commerçant en autant de comptes qu'il possède d'immeubles. Dans ce cas, chacun d'eux porte l'indication exacte de l'immeuble auquel il est affecté et présente à l'inventaire son rendement exclusif.

Il en est de même pour le compte de *Meubles et Ustensiles* ou *matériel* ou encore *outillage*, si le commerce possède plusieurs établissements et désire avoir pour chacun un compte représentant le mouvement et la valeur des objets mobiliers qu'il renferme.

Le Compte de Caisse n'est pas, dans la pratique, susceptible de subdivisions; toutefois il peut être utile et même nécessaire de se rendre un compte séparé de l'importance de certaines dépenses; telles sont, par exemple, *les menus frais* qui, ne se rattachant à aucune valeur spéciale, ne peuvent être portées au débit d'aucun compte général. Telles sont encore les dépenses nécessaires à certaines industries manufacturières, le payement des ouvriers, etc. En ce cas, au lieu d'ouvrir un compte au Grand-Livre intitulé *caisse menus frais* pour les uns, ou *caisse des ouvriers* pour les autres, on arrive au même but à l'aide de livres auxiliaires; on groupe ensemble les mêmes dépenses ayant la même nature, on n'en fait qu'un seul article d'écritures par une seule somme à la fin de chaque mois, par un article unique au crédit du compte général *Caisse*.

Le compte général *Marchandises Générales* est celui qui comporte le plus grand nombre de subdivisions. Le commerçant peut en établir un nombre illimité suivant la convenance qu'il trouve à connaître les résultats spéciaux de telle ou telle opération, ou ceux obtenus par ses opérations suivies sur telle ou telle nature de marchandises.

Nous pourrions avoir un compte de soies, de laines, de dentelles, etc., pour une spéculation isolée ou suivie et faite en dehors.

Nous pouvons aussi avoir les comptes suivants :

Marchandises en consignation chez B***, de...

Marchandises en consignation de B***, de...

Marchandises du compte à 1/2 avec M***, de...

Marchandises de compte à 1/3 avec M***, de..., et N***, de...

Marchandises en participation avec M***, de..., pour 1/4 ; nous pour 3/4.

En un mot, chaque opération en marchandises peut, au gré du commerçant, donner lieu à l'ouverture d'un compte spécial.

Outre ces comptes particuliers à telle ou telle opération, il peut être utile d'ouvrir un ou plusieurs comptes aux frais et débours que nécessite le mouvement des marchandises, les *comptes de voiture, comptes d'emballage, compte de courtage,* frais qui, dans quelques maisons, atteignent une certaine importance et dont on tient à se rendre compte.

Il en est de même des escomptes et des rabais que l'on bonifie à ses acheteurs et de ceux dont on bénéficie par ses vendeurs lors du règlement des factures ; ces frais constituent en réalité une diminution du prix de la marchandise.

Au lieu de porter les uns au débit, les autres au crédit de marchandises générales, on leur ouvre un compte particulier intitulé *Escomptes et Rabais.*

Le *compte d'Effets à Recevoir* peut présenter plusieurs subdivisions; elles sont surtout en usage dans les maisons de banque.

Ce sont les comptes intitulés :

Effets sur place, pour les effets payables dans la ville où l'on réside et passibles seulement d'une perte d'intérêt.

Effets bancables, ceux qui sont payables dans les villes où la banque a des établissements et qui réunissent les conditions voulues pour y être négociés.

Effets sur la province, pour les effets sur les villes de l'intérieur et soumis par conséquent à la perte d'intérêt et de changement de place.

Effets sur l'étranger, stipulés en monnaies étrangères et susceptibles de variations dans leur valeur réelle, suivant le cours du change.

Effets en souffrance, pour les effets impayés à l'échéance.

Ce compte est débité au jour du refus de payement, par le crédit du compte qui en avait été primitivement débité à l'entrée; il est à son tour crédité des rentrées effectuées sur les valeurs litigieuses.

Le Compte des effets à payer peut aussi se subdiviser :

Promesses sur dépôts.

Effets à payer pour les acceptations et billets à ordre.

Traites à paraître, pour les traites et mandats non acceptables ou que l'on ne veut pas accepter, mais qu'on est obligé de payer à l'échéance, sauf changement dans la position des tireurs, et que, pour cette raison, on doit passer à leur débit.

Le compte de Pertes et Profits donne lieu égale-

ment à plusieurs subdivisions. Chaque maison de
commerce adopte celles qui conviennent à son industrie.

Les deux subdivisions obligatoires sont celles des
comptes :

Compte de Frais Généraux ;
Compte de Pertes et Profits annuels.

FRAIS GÉNÉRAUX.

Il est dans le commerce des dépenses qui constituent une perte occasionnée par l'ensemble de
l'exploitation, tels sont : *loyer, appointements divers,
patente, chauffage, éclairage,* etc.; ces dépenses ne
grèvent aucun de nos comptes généraux spécialement, mais tous et au même titre, et il faut savoir
les restreindre, si l'on veut conserver les bénéfices
réalisés.

Pour équilibrer les dépenses, il est indispensable
de porter ces frais d'administration dans un compte
spécial qui en permet l'analyse et l'étude, et qui, à la
fin de l'exercice, se reverse dans le compte principal
dont il a été détaché.

PERTES ET PROFITS ANNUELS.

Toutes les pertes, tous les bénéfices résultant des
opérations portées au compte des pertes et profits, soit
au courant de l'année, soit au moment de l'inventaire,
se balancent et se résument à cette époque par une

seule somme que l'on transporte dans un compte spécial : *Pertes et Profits annuels*, lequel, placé au Grand-Livre sur la même page que le *compte de Fonds Capital*, indique la somme dont ce capital est à chaque inventaire augmenté ou diminué.

Outre ces deux comptes, nous pouvons encore avoir comme subdivision, de notre compte principal, savoir :

Un compte de voyages, pour les frais faits en route par les voyageurs de la maison.

Ce compte est un fractionnement du compte de frais généraux sur lequel la balance doit être transportée à chaque inventaire.

Un compte d'agios, pour les escomptes et agios résultant de la négociation des effets à recevoir.

Un compte d'intérêts représentant les intérêts qui nous sont alloués ou ceux que nous devons au règlement des comptes courants, ou bien encore ceux consentis par promesses à payer.

Un compte de commissions, pour les commissions que nous allouons à des tiers ou pour celles qui nous sont allouées et résultant d'exécution d'ordres soit en marchandises, soit en banque ou en bourse.

CHAPITRE III

Comptes personnels.

---

§ 1er. — Comptes personnels ouverts aux chefs de commerce.

Après avoir indiqué les comptes généraux et leurs subdivisions principales qui toutes représentent dans chaque article du Journal la raison de commerce débitrice ou créancière, nous devons dire quelques mots des comptes personnels ouverts aux individus qui sont par contre constitués débiteurs ou créanciers de cette même raison de commerce, de la comptabilité de laquelle il s'agit.

Au premier rang de ces comptes se placent ceux ouverts aux chefs de la maison.

Dans une industrie exploitée en Société, chaque associé peut avoir plusieurs comptes ouverts, savoir :

N. S. C***, *son compte de fonds.* Nous avons expliqué la destination du compte de fonds capital et son utilité pratique ; peu importe qu'il s'agisse d'un associé en nom collectif ou d'un associé commanditaire. Seulement, dans ce dernier cas, le titre du compte peut et doit mentionner cette qualité et s'exprimer ainsi :

N. S. C***, *son compte de fonds en commandite.*
N. S. D***, *son compte courant obligé.*

Il arrive quelquefois que l'un des associés, n'apportant pas à la gestion des affaires sociales une participation et des aptitudes équivalentes à celles de ses co-associés, compense cela par un apport de capitaux plus considérable et s'oblige à verser une somme déterminée en plus de sa mise de fonds, à titre de prêt obligé dont il reste créancier dans ce compte spécial pendant toute la durée de la Société sans pouvoir la retirer.

N. S. D***, *son compte courant libre.* Chaque associé doit pouvoir, en principe et après versement complet de sa mise de fonds, faire à la caisse sociale, à titre de prêt volontaire, des versements de fonds et partant des retirements de fonds; de là ce mot *libre* ajouté au titre du compte spécial dans lequel il est crédité de ses versements et débité ensuite de ses retirements. Mais comme cette faculté, presque toujours avantageuse au commerce, pourrait, dans son application, devenir onéreuse ou préjudiciable, l'acte de société fixe ordinairement les conditions soit de quotité, soit de délai dans lesquelles s'effectueront les versements ou les retirements.

N. S. M***, *son compte de voyages.* — Le compte de voyage est celui des chefs de commerce ou de l'employé chargé des voyages.

Souvent il arrive que la personne chargée de

faire les voyages l'est également de faire des encaisse-
ments, des payements, des négociations et aussi des
achats et des ventes au comptant. Le voyageur doit
à son retour en donner le compte détaillé ainsi que
la note exacte de ses frais de route.

Le compte de voyage sera alors *débité* des recettes
et *crédité* des dépenses et des payements effectués.
Le règlément de ce compte constituera le voyageur
débiteur ou créancier de la différence ou balance dont
il sera débité ou *crédité* dans son compte courant
libre.

N. S. D***, son compte de levées. — Chaque associé
consacrant son temps et son intelligence aux affaires
sociales doit être considéré comme un employé et
comme tel son travail doit être estimé et rétribué.

L'appointement qui est alloué à chacun s'appelle :
levées.

Le montant des levées n'est pas le même pour
tous; il est fixé pour chacun dans la proportion de sa
participation à la gestion du commerce.

Les levées se justifient par cette considération que
chaque associé peut ne pas avoir des ressources personnelles en dehors du commerce, qu'il ne peut
prendre à la caisse sociale les sommes employées à
ses dépenses.

Que les levées soient considérées comme les appointements ou comme un prélèvement anticipé sur les
bénéfices, on doit régler à l'avance ces prélèvements
de fonds et fixer dans l'acte de société le chiffre dont
chacun doit être crédité à l'Inventaire par le *débit de
frais généraux* dans un compte spécial, débité dans le
courant de l'année des prélèvements à valoir.

Pour le commerçant exerçant isolément, qui ne doit compte de ses actes à personne, tant qu'il est solvable, le *compte de fonds* et le *compte courant* se confondent; il n'y a pas alors de compte courant obligé; seul *le compte courant spécial* et le *compte de voyages* peuvent exister. Quant au compte de levées, s'il n'est pas indispensable comme dans une société, sa création est un acte de prudence. Il est toujours sage de fixer ses dépenses dans les limites de ses moyens.

§ II. — Comptes individuels ouverts aux tiers.

Après les comptes personnels ouverts au chef de commerce viennent ceux ouverts aux personnes avec lesquelles on opère. Rarement plusieurs comptes sont ouverts au même individu; il peut arriver pourtant que certaines opérations se fassent en exécution de nos ordres, d'autres en exécution de ses ordres; ces opérations peuvent devenir susceptibles d'intérêts, de frais, réglés non sur chaque opération, mais sur l'ensemble du compte et à des époques fixées. En ce cas, il y a lieu d'ouvrir un compte pour chacune des catégories de ces transactions; on peut écrire alors :

M***, *son compte* pour les opérations faites par nous de son ordre et pour son compte.

M***, *notre compte* pour celles faites par lui de notre ordre et pour notre compte. De plus, un correspondant peut nous prier de lui ouvrir un compte spécial pour telle ou telle opération, ou encore pour notre convenance personnelle; l'ouverture de ces divers comptes au même individu exige la plus grande attention.

Par contre, il arrive souvent qu'on ouvre un seul et même compte à plusieurs clients quand on ne fait pas avec eux des affaires suivies.

Ce compte s'intitule *Débiteurs et Créditeurs Divers.*

Quand on ouvre des comptes collectifs, il est nécessaire de faire suivre, dans chaque article du journal, le nom de l'individu des initiales de l'intitulé de ce compte *M*** D. D.,* ou *M*** C. D.,* suivant le cas.

Ces comptes collectifs ont l'avantage d'éviter l'ouverture au Grand-Livre d'une multitude de comptes qui ne donnent pas lieu à un mouvement important d'affaires.

Les maisons de banque, qui ont un grand nombre de clients auxquels elles ouvrent des *comptes courants d'intérêts,* ont *un registre spécial* sur lequel sont ouverts ces comptes, présentant au débit comme au crédit des colonnes pour le jour de la valeur, le nombre de jours à courir de la valeur au règlement et enfin les nombres représentatifs des intérêts. Ce registre est tenu continuellement à jour. Dès lors, il existe sur le Grand-Livre deux ou trois comptes collectifs : *Clients sur place, Clients du dehors, Clients à l'étranger.* Chaque maison a ses exigences et agit suivant les convenances et l'organisation de sa comptabilité.

Un seul compte collectif est indispensable dans tout commerce ou dans toute industrie. C'est celui intitulé *Débiteurs Douteux* ou *Débiteurs Faillis.*

Un correspondant solvable au jour où il est notre débiteur peut devenir insolvable avant qu'il ait réglé : si nous ne pouvons rentrer intégralement dans notre créance, le montant de la perte ne peut être déterminé qu'à la fin de la liquidation amiable ou judiciaire.

Dès lors, le nom du débiteur considéré jusque là comme solvable ne peut plus figurer sur nos livres *comme bon*, il se transportera dans un compte spécial et collectif ayant le titre que nous venons d'indiquer, lequel débité par le crédit du compte personnel qui se trouve ainsi clos et arrêté de la valeur nominale due par chacun de nos débiteurs insolvables, et crédité des sommes que nous en recevons ou espérons en recevoir, accuse forcément la perte à subir par nous pour ces mauvaises créances.

Par les explications qui précèdent, nous avons passé en revue la nature et l'objet de tous ou presque tous les comptes qui peuvent être ouverts sur le Grand-Livre et dont les titres sont nécessairement ceux des articles à passer sur le Livre-Journal et préalablement sur le Brouillard.

Nous devons maintenant expliquer la corrélation qui lie le Journal au Grand-Livre et à l'Inventaire, autrement dit, expliquer le mécanisme de la tenue des livres à parties doubles dont nous venons d'exposer les principes.

CHAPITRE IV

Les livres employés dans la partie double.

—

§ Iᵉʳ. — Du Livre-Journal.

Nous avons déjà parlé du Livre-Journal, de son objet, et dit comment il doit être tenu ; nous avons donné des exemples *d'articles* passés sur ce registre : ils doivent suffire pour faire comprendre le mode de leur rédaction.

Toute l'intelligence du teneur de livres est donc de savoir distinguer dans une opération le compte *débiteur* du compte *créancier*; de *débiter* ou de *créditer* tel ou tel compte par le *crédit* ou le *débit* de tel ou tel autre compte toutes les fois qu'il surgit un fait donnant lieu à un article.

Dans les exemples que nous avons donnés nous pouvons remarquer deux choses. La première, c'est que dans chaque article *un Compte Personnel* se trouve toujours la contre-partie d'un *Compte Général*, et réciproquement. La seconde, c'est que chaque article n'énonce jamais qu'un seul *débiteur* et qu'un seul *créancier*.

Mais la pratique a apporté une double modification à notre principe au moyen des *articles réductifs* et des *articles collectifs*.

Articles réductifs. — Les articles réductifs ont pour objet de réduire, en un seul, deux articles, sans rien changer pourtant à la situation des personnes et des choses, tout en éliminant deux termes sur quatre, évitant ainsi une multiplicité *d'écritures* et de comptes inutiles.

Exemple. — Nous achetons de M. Raoul, que nous payons comptant et en espèces en prenant livraison, une partie de marchandises dont la facture s'élève à.................................... 3.500ᶠ

Cette opération nécessiterait les deux articles suivants :

———————— *1ᵉʳ janvier.* ————————

Marchandises Générales à Raoul.

Sa facture payable comptant........... 3.500ᶠ

Raoul à Caisse.

Acquitté sa facture de ce jour......... 3.500ᶠ

Mais M. Raoul se trouvant *débiteur* et créancier au même instant, on peut l'éliminer dans les deux articles sans rien changer au résultat de l'opération qui a pour but de faire *entrer*, dans les magasins, de la marchandise et de faire sortir, de la caisse, des espèces pour une valeur égale ; il restera donc le *compte débiteur* au premier article, et le *compte créancier* au

second, lesquels formeront à eux deux un article ainsi
conçu :

———————— 1er *janvier*. ————————

Marchandises Générales à Caisse.

Acheté et payé comptant à Raoul....... 3.500^t

Cet article est, comme les deux précédents, l'expression de la vérité, mais il présente l'avantage de dis-
penser d'ouvrir sur le Grand-Livre un compte à
M. Raoul, chose inutile en fait.

Autre exemple. — Le 1er janvier, nous prenons en
négociation contre espèces de M. Audras, banquier,
fr. 6.000, à 90 jours, à 5 0/0 l'an, sur Lyon ; effet
que nous gardons jusqu'à l'époque de l'échéance, et
que nous encaissons à ce moment.

Au lieu de faire quatre articles nécessaires dans
cette opération, deux au 1er janvier, jour de la prise
de l'effet, et deux au 1er avril, jour de son échéance
et de son encaissement, nous écrirons, le 1er janvier,
ce qui, en éliminant M. Audras, nous dispense de lui
ouvrir un compte au Grand-Livre :

———————— 1er *janvier*. ————————

Effets à recevoir à Caisse.

N° 15, 6.000 fr., Lyon au 1er avril. Pris en négociation d'Audras à 5 0/0, perte, 75 fr....... 5.925^t

Et au 1er avril :

———————— 1er *avril*. ————————

Caisse à Effets à Recevoir.

N° 15, 6.000 fr., Lyon, 1er avril encaissé.. 6.000

Le raisonnement de cet article est le même que celui donné pour l'exemple précédent.

La perte de fr. 75 qui, dans cet article, est un bénéfice pour le commerçant ne donne pas lieu ici à un article d'écritures, il résulte seulement de cette opération que l'effet n° 15, entré en portefeuille pour 5.925 fr., est ressorti pour fr. 6.000.

Le règlement du compte des effets à recevoir au jour de l'inventaire nous tiendra compte du bénéfice ou de la perte résultant du mouvement du portefeuille.

Autre exemple. — Nous prenons en dépôt de Balme, en ville, fr. 10.000 contre notre promesse à 6 mois, capital et intérêts 5 0/0 l'an.

Au jour du dépôt, nous écrirons, sans ouvrir un compte à Balme, par un article réductif :

—————— *1er janvier.* ——————

Caisse à Effets à payer.

Fr. 10.250, notre promesse, ordre Balme, à 6 mois, à 5 0/0, contre dépôt de fr............ 10.000ᶠ

Au jour de l'échéance, alors que nous rembourserons la somme, nous écrirons :

—————— *1er juillet.* ——————

Effets à payer à Caisse.

Fr. 10.250, notre promesse, ordre Balme, échue ce jour.............................. 10.250ᶠ

L'intérêt de 250 fr., qui est une perte pour le commerçant, sera compris dans le règlement du compte

13

général Effets à Payer; il ressort pour nous que notre promesse livrée et souscrite par nous, pour une somme de 10.000 fr., est par nous retirée au jour de l'échéance pour une somme de.........10.250ᶠ.

Autre et dernier exemple. — Nous avons pour habitude de payer nos employés à chaque fin de mois; pour éviter d'ouvrir à chacun un compte au Grand-Livre, nous écrirons :

———————— *31 janvier.* ————————

Frais généraux à Caisse.

Payement des employés :

M. J***.........................100 ⎫
M. R***.........................200 ⎬ 300

L'avantage de ces articles est de simplifier les écritures sans rien changer à leurs résultats; ils permettent de constater les changements immédiats de valeurs ou de marchandises sans tenir compte des tiers avec lesquels ont lieu les échanges.

Dans les exemples que nous avons donnés, les débiteurs et les créanciers sont l'un et l'autre un compte général; mais il peut se rencontrer des articles où les deux termes sont des comptes personnels; ainsi, par exemple : M. Joseph, de Marseille, nous donne avis que, d'après notre ordre, il a payé, pour notre compte, à M. Benjamin, de Marseille, la somme de 10.000 fr.

Nous écrirons :

———————— *10 janvier.* ————————

Benjamin, de Marseille, à Joseph, de Marseille.

Pour 10.000 fr. que le premier a payés au second pour notre compte.....................10.000ᶠ

Notre position n'est pas changée, elle ne l'est que relativement à M. Benjamin et à M. Joseph. La somme de fr. 10.000, au lieu de figurer au *débit* de Joseph, figure au débit de Benjamin.

Aucune valeur n'étant ni entrée ni sortie de nos magasins, il n'y a lieu de débiter ou de créditer aucun des comptes généraux, à moins de supposer fictivement l'entrée et la sortie immédiate de la valeur remise par Joseph à Benjamin, pour notre compte et par notre ordre.

ARTICLES COLLECTIFS.

Ces articles, qui présentent plusieurs *débiteurs* pour un seul *créancier*, *plusieurs créanciers* pour *un seul débiteur*, ou encore *plusieurs débiteurs* pour *plusieurs créanciers*, ont pour but de simplifier aussi les écritures au Grand-Livre, en diminuant le nombre des sommes à y inscrire tant au débit qu'au crédit des comptes, toujours sans rien changer au résultat final.

Un seul débiteur pour plusieurs créanciers.

Il faut, pour ces articles, que les sommes partielles des comptes créanciers présentent un total exactement semblable à celui du compte débiteur.

Exemple. — Nous devons à M. Henry, de Lyon, sa facture fr. 5.000 payable comptant, escompte 2 0/0. Nous le réglons immédiatement, en lui retenant l'escompte, en lui donnant un effet de fr. 3.000 sur Paris, au 15 février; notre billet à son ordre de fr. 1.000 au 10 février et le solde en espèces.

Au lieu de faire quatre articles, un pour débiter

Henry par le crédit d'effets à recevoir, pour l'effet que nous lui remettons ; un pour le débiter par le crédit d'effets à payer pour le billet que nous lui sous-crivons ; un pour le débiter par le crédit de marchan-dises générales pour l'escompte que nous lui retenons ; un pour le débiter par le crédit de caisse pour le solde que nous lui comptons en espèces, nous ne fe-rons qu'un seul article :

———————— 1er février. ————————

Henry, en ville, aux suivants :

Règlement de sa facture du 30 janvier...... 5.000^f

————————A Marchandises générales.

Escompte 2 % sur sa facture......   100

————————A Effets à recevoir.

N° 10. 3,000 fr. Paris, 15 janvier. 3.000

————————A Effets à payer.

1,000 fr. notre billet à son ordre.. 1.000

————————A Caisse.

Espèces pour solde.............   900

} 5.000

Un seul créancier contre plusieurs débiteurs.

Dans ces articles les sommes partielles des comptes *débiteurs* doivent former un total semblable à celui du compte *créancier.*

Exemple.— Le même jour, 15 février nous payons en espèces à Georges, en ville, le montant de sa facture du 10 courant............   665

A Paul, versement en compte cou-rant ce jour................ 1.280

Notre acceptation ordre Julien, échue ce jour.............. 5.000

} 6.945

Au lieu de faire trois articles dans chacun desquels la caisse sera créditée par le débit de chacun des comptes qui ont reçu, nous n'en ferons qu'un seul ainsi conçu : -

───────────── *15 février.* ─────────────

Les Suivants à Caisse.

Payements de ce jour :

───────────Georges en ville.
Solde de sa facture du 10 courant..   665
───────────Paul en ville.
Versement en compte courant valeur
  ce jour.................... 1.280 } 6.945
───────────Effets à payer.
Traite ordre Julien, échue ce jour. 5.000

Les deux exemples que nous venons de donner se comprennent à la simple vue. Reconnaissons cependant qu'au moyen de ces articles *collectifs*, nous pouvons ne faire, chaque jour, que deux articles, un au *débit*, un au *crédit* de nos comptes généraux, pour toutes les opérations auxquelles ces comptes auront donné lieu dans la journée. Ces articles seront formulés ainsi :

1° *Marchandises Générales aux Suivants,*
    pour les achats de marchandises ;

2° *Les Suivants à Marchandises Générales,*
    pour les ventes ;

3° *Caisse aux Suivants,*
    pour les encaissements ;

4° *Les Suivants à Caisse,*
pour les payements ;

5° *Effets à Recevoir aux Suivants,*
pour les effets reçus ;

6° *Les Suivants à Effets à Recevoir,*
pour les Effets livrés.

Au dessous de ces titres vient le détail des comptes contre-partie avec la somme pour laquelle chacun contribue pour former la somme totale dont le compte général est débiteur ou créancier.

Ces articles collectifs simplifient considérablement la tenue des Comptes Généraux, puisque l'entrée et la sortie d'une valeur y est exprimée, par un seul chiffre, chaque jour ; et même nous verrons qu'au moyen des livres auxiliaires, au lieu de faire un article par jour, on peut quelquefois, dans la pratique, n'en faire qu'un seul par mois pour certains comptes, soit au débit, soit au crédit, Marchandises Générales, Caisses, Effets à Recevoir, etc.

Plusieurs débiteurs pour plusieurs créanciers.

Ici le total des sommes partielles des *comptes débiteurs* doit être égal à celui des sommes partielles des *comptes créanciers.*

Exemple. — Joseph, notre voyageur, à son retour d'une tournée, nous présente son compte de voyage, portant au débit ses recettes, au crédit ses dépenses, et se balançant par une somme qui lui est due ou qu'il doit pour solde. Nous passerons articles, ainsi :

——————— *31 janvier.* ———————

Les Suivants aux Suivants.

Règlement du compte de voyage de Joseph :

———————Robert, de Valence.

A lui compté le 20 courant.............. 1.800

———————Effets à recevoir.

N° 25, 2.200, sur Lyon, 15 février....... 2.200

———————Brun, de Tournon.

A lui compté, le 29 courant............. 1.000

———————Caisse.

Solde versé au retour.................. 2.250
                                       ———————
                                        6.250

———————A Touret, de Vienne.

Reçu notre facture du 1er janvier.. 1.800

———————A Samuel, de Romans.

Reçu notre facture du 3 janvier.... 1.150

———————A Jules, de Valence.

Reçu pour solde de compte 2.600   6.250

———————A Louis, de Nîmes.

Facture du 4 janvier............ 1.400

———————A Pierre, de Cette.

A valoir sur nos factures........ 300

La rédaction de cet article, comme tous ceux de même nature, manque certainement de clarté, et il est bon d'en user le moins possible ; mais il dispense d'ouvrir un compte de voyage à *Joseph.* Ce compte, débité des sommes partielles qu'il a reçues et crédité des sommes partielles qu'il a fournies, se trouverait ainsi immédiatement balancé par lui-même, ce qui permet de l'éliminer en faisant au Journal un seul article collectif.

Nous devons, avant de clore nos explications sur les divers articles à passer au Journal, dire quelques mots de ceux qu'on appelle : *articles de virement* et *articles de redressement*.

ARTICLES DE VIREMENT OU TRANSPORT D'UN COMPTE A UN AUTRE.

Ces articles, qui ne changent rien à notre situation générale, ont pour but simplement de transporter une somme d'un compte où elle figurait, sur un autre compte où elle doit figurer dans l'avenir par suite d'une circonstance quelconque.

Exemple. — Raoul, de Paris, me doit une somme de 5.000 fr.; il m'écrit que cette somme me sera payée par Xavier, de Lyon, avec lequel je suis en compte, et qu'il me prie de le débiter de cette somme qu'il est chargé de me payer; j'écrirai au Journal :

—————————— *15 janvier.* ——————————

Xavier, de Lyon, à Raoul, de Paris.

Pour autant à payer par le premier d'ordre et pour le compte du dernier.................... 5.000ᶠ

La position n'a pas changé pour moi, seulement Xavier devient mon *débiteur* aux lieu et place de Raoul, ce que j'accepte.

C'est par un article semblable que se fait, au compte des débiteurs douteux ou faillis, le transport des comptes personnels litigieux dont ils deviennent débiteurs.

C'est encore par *articles de virement* que se règleront, au moment de l'inventaire, certains comptes du Grand-Livre. *Frais Généraux* par le *compte de Pertes et Profits* en transportant au débit de ce dernier l'importance du débit du premier dont il est un fractionnement.

ARTICLES DE REDRESSEMENT.

Quels que soient les soins apportés soit dans les calculs, soit dans la rédaction des articles au Journal, on peut commettre des erreurs qu'il faut ensuite rectifier ; l'erreur commise ne peut être corrigée par une rature, la loi s'y oppose formellement, mais on y supplée par un article rectificatif spécial. S'il s'est glissé une erreur dans une facture, un compte d'achat, un compte de vente reçu ou envoyé après avoir fait écriture de la somme telle qu'elle est accusée par le document erroné, l'erreur reconnue doit être rectifiée par un article à la date du jour où elle est reconnue.

Il en sera de même si, dans un article au Journal, on inscrit une somme plus faible ou plus forte que celle portée sur le Brouillard ; si cette erreur n'est pas relevée au moment même du rapport, mais seulement après les additions du Journal et son rapport au Grand-Livre, elle doit être l'objet d'un *article de redressement*.

Dans l'un et l'autre de ces deux cas, l'article de rectification est un article *additionnel* conçu dans les

mêmes termes que l'article erroné ou un article de
contrepassement en sens inverse de l'importance de
l'erreur, suivant qu'elle a été commise en moins ou en
plus.

Si je porte au débit d'un compte ce qui doit être à
son crédit, pour rétablir l'équilibre, je serai obligé de
faire un article de contrepassement d'une somme
double de celle de mon erreur : ainsi j'ai porté au
débit de Pierre une somme de 4.000 fr. qu'il m'a
comptée et dont j'aurais dû le *créditer*; *Pierre* figure,
sur mes livres, *débiteur* de cette somme au lieu d'y
figurer comme *créancier*; pour ramener son compte à
l'expression de la vérité, j'écrirai :

———————— *30 juin.* ————————

Caisse à Pierre.

Pour redressement de l'article du 15 mai, Journal folio 10, en sens invers, de 4.000 fr. reporté ici
pour.................................... 8.000ᶠ

Par cet article, Pierre crédité de 8.000 fr., débiteur, par mon article erroné de 4.000 fr.; ressort
bien *créancier* de 4.000 fr. que je lui dois.

Nous supposons, dans cet exemple, que l'erreur a
été commise également sur les deux comptes contre-
partie l'un de l'autre; mais il peut se faire qu'elle
n'existe que d'un côté, ce qui se produit quelquefois
dans les comptes collectifs; ainsi, au lieu d'écrire :

———————— *le........* ————————

Les Suivants à Caisse.

Henry à lui payé...............   8.640 ⎫
Martin à lui payé..............   3.000 ⎬11.640

Je fais une erreur d'addition, et au lieu de ressortir au *crédit de caisse* dans la dernière colonne 11.640 fr., je porte 16.140 fr. Si je ne découvre l'erreur que plus tard, après le rapport de l'article au *Grand-Livre*, je suis obligé de faire un article ainsi conçu à *parties simples* :

Doit Caisse.

Pour erreur en trop à l'addition de l'article du Journal folio... fr. 11.640 et non 16.140.

Différence........................ 4.500 ᶠ

Cet article de redressement est à *parties simples* parce qu'il ne peut être rapporté à aucun des comptes *Pierre* et *Martin*, qui n'ont été débités que de la somme qu'ils devaient.

Si on a porté une somme au *débit* ou au *crédit* d'un compte autre que celui où il devait être porté, l'article de redressement sera en même temps un article de virement du compte qui aura été débité, à tort, au compte qui aurait dû l'être tout d'abord.

Quant aux erreurs qui ne se produisent que sur le Grand-Livre, on peut à la rigueur, pour le conformer au Journal, raturer et corriger les sommes erronées ; la loi ne faisant aucune obligation de ce Livre, elle n'a pas à s'occuper de sa rédaction.

Il nous est impossible de pousser plus loin l'examen des articles qui peuvent se présenter au Journal, nous croyons avoir indiqué les principes de tous ceux, ou du moins de presque tous ceux que peuvent occasionner les écritures d'un commerce ; la pratique seule apprendra à les bien appliquer.

Quant à la tenue matérielle de ce registre, nous renvoyons au modèle que nous donnons page 205, d'une feuille extraite d'un Journal à *parties doubles* ; nous ferons seulement remarquer, sur ce modèle, de quelle manière sont indiqués, en marge, les folios du *Grand-Livre* sur lesquels sont rapportés les articles.

Le folio du compte *débiteur* est placé au dessus, et celui du compte créancier au dessous d'un *trait* tiré en regard de l'article. Dans les articles collectifs, les folios des comptes partiels sont placés en regard de leur énonciation, qu'ils soient débiteurs ou créanciers ; celui du compte principal conservant toujours sa place au dessus ou au dessous du *trait*.

MODÈLE DU JOURNAL GÉNÉRAL

6				——————— 8 janvier ———————			28.650	»
15				Caisse à Effets à recevoir.				
	25	4.000	»	Sur Lyon échu ce jour encaissé......			4.000	»
				——————— 15 janvier ———————				
.25				Gros, en ville, aux suivants.				
				Règlement de sa facture du 10 janvier.				
.15				A Effets à recevoir.				
	26	3.000	»	Sur Marseille, 25 février au pair......	3.000	»		
.10				A Marchandises générales.				
				Escompte 4 % sur sa facture.........	235	20	5.880	»
. 6				A Caisse.				
				Espèces comptées pour solde	2.644	80		
.10				——————— 31 décembre ———————				
				Les suivants à Marchandises géné^les..				
				Arrêt du livre de vente, folio 17.				
.26				Julien, de Tararé.				
				Facture du 5 courant..............	3.625	»		
.28				Martin, de Vienne.				
		1.864	»	Facture du 5 courant..............				
		2.133	»	Facture du 12 courant	7.576	»		
		3.579	»	Facture du 25 courant............			16.470	»
.29				Germain, de Toulouse.				
		1.423	»	Facture du 6 courant.............	3.110	»		
		1.087	»	Facture du 30 courant............				
.31				Romain père et fils, Marseille.				
				Facture du 15 courant.............	2.159	»		
				Arrêt au 31 janvier.			55.000	»

§ II. — Grand-Livre.

Le Grand-Livre est, nous l'avons dit, un recueil des comptes qui ont été *débités* et *crédités* par les articles passés au Journal. Ces divers articles, rapportés au Grand-Livre, constituent par leur règlement le tableau général de l'inventaire.

Comme chaque article du Journal énonce. à la fois, le *débiteur* et le *créancier* qui se trouvent toujours dans toute opération, il en résulte que chaque somme, devant être portée au compte de chacun d'eux, est rapportée deux fois au Grand-Livre, une fois au débit du compte débiteur, une fois au crédit du compte créancier, et par chaque somme nous entendons chaque somme partielle.

Ce travail de rapport exige une grande attention. Il faut donc, au fur et à mesure du rapport d'un article du *Journal général* ou d'un Journal spécial au *Grand-Livre*, avoir soin d'indiquer, par un point placé au Journal, le folio indiqué en marge du compte sur lequel a lieu le rapport.

Ce pointage de rapport est une garantie d'exactitude qui permet de reconnaître et surtout d'éviter les erreurs.

Il ne doit donc y avoir sur le Grand-Livre aucune somme qui ne soit sur le Journal.

Le Grand-Livre est la reproduction exacte du Journal dans un autre ordre.

Le Journal présente les opérations telles qu'elles se sont produites par ordre de dates.

Le Grand-Livre les reproduit par ordre de *comptes* personnels ou généraux.

Suivant que la comptabilité est organisée avec le concours des livres auxiliaires ou sans leur emploi, le *Grand-Livre* se présente d'une manière bien différente.

Au premier cas, d'un côté les *livres d'ordre* qui rendent raison de l'entrée et de la sortie matérielle des valeurs; de l'autre, les livres de rapport sur lesquels sont passées, groupées ensemble toutes les écritures relatives à une même valeur, à laquelle chacun d'eux est spécialement affecté, renferment la majeure partie des opérations détaillées une à une au Grand-Livre sur le compte général. Ces derniers sont bien toujours l'expression fidèle de toutes les écritures, mais une expression résumée par mois pour celles passées sur les livres auxiliaires. En outre, pour peu qu'on donne quelque extension au compte des *débiteurs* divers et des *créditeurs* divers, sauf à avoir un livre spécial ou un compte ouvert à chacun, on peut ainsi en constater à chaque instant la situation.

Le Grand-Livre, sans rien perdre de son importance, peut être réduit à des proportions assez restreintes; ce qui rend le travail matériel à l'inventaire plus facile et surtout plus prompt, soit en diminuant le nombre des comptes, soit en évitant sur ceux ouverts le détail des sommes qui constituent leur mouvement général.

Ainsi, dans une *comptabilité* bien organisée, les livres *auxiliaires* doivent être tenus avec la plus rigoureuse exactitude, car ils acquièrent toute l'importance que la loi reconnaît au Journal.

Le Journal présente les opérations telles qu'elles se sont produites par ordre *de dates*.

Dans le deuxième cas, celui d'une *comptabilité* établie sans livres auxiliaires de rapport, il faut nécessairement que le *Journal* et partant le *Grand-Livre* reproduisent, une à une, toutes les opérations au fur et à mesure qu'elles ont lieu, ce qui entraîne, pour ces deux registres, un développement matériel considérable.

De plus, il peut n'exister aucun livre auxiliaire d'ordre ; dans ce cas exceptionnel, il est indispensable que les *comptes généraux* les remplacent et permettent de contrôler les existences à l'inventaire.

Dans cette hypothèse, la colonne d'explications, disposée au Grand-Livre après celle destinée à l'explication du compte contre-partie, acquiert une utilité sérieuse qui disparaît complètement dans notre premier cas, à tel point que bien des teneurs de livres la suppriment.

Dans cette colonne d'explications, doit être placée l'indication précise de la valeur qui fait l'objet de l'article.

S'il s'agit du *compte Marchandises générales*, elle doit renfermer l'énonciation, au débit, de chaque partie de marchandises achetée et entrée ; au crédit, de chaque partie vendue et sortie, et cette énonciation doit être telle, qu'il devienne facile de constater par l'examen des deux colonnes ce qui reste invendu.

S'agit-il du compte d'*Effets à recevoir* et du compte d'*Effets à payer*, cette même colonne devra se décomposer et présenter des petites colonnes pour les numéros d'entrée et de sortie de chaque effet, une colonne de sommes pour la valeur nominale, et une autre pour la perte à la négociation, absolument comme le livre des négociations, et en vue des mêmes résultats à constater.

Le compte d'Effets à payer n'ayant pas de livres auxiliaires de rapport dans aucune comptabilité, on devra toujours donner cette disposition à la colonne d'explications.

Le compte de Caisse ne comporte aucune modification particulière, non plus que le compte de pertes et profits et celui de frais généraux.

Quant aux comptes Débiteurs et créditeurs divers, nous avons vu, en les expliquant, par quel moyen bien simple on pouvait distinguer chaque créancier et reconnaître la situation de chacun d'eux.

Tels sont les deux modes extrêmes de l'application du système des écritures à parties doubles ; c'est à chacun de combiner, à son choix, l'adoption de tel ou tel livre auxiliaire, suivant les nécessités de son industrie.

Disons, en terminant, que les livres d'ordre sont d'un usage général : le livre de caisse ; le livre de rencontre ; le livre de numéros d'effets et le livre d'échéances surtout.

L'exemple qui suit, formulaire d'un Grand-Livre, donne la manière de transporter les articles du Journal au Grand-Livre.

14

DOIVENT   MARCHANDISES

18				F°	F°	
Juillet.	1	A Dumond, achat de 10 balles coton		4.000	»
»	10	A caisse, achat d'une balle coton.		1.000	»
»	15	A effets à payer, »		1.000	»
»	16	A divers, achat de sucre et café.		3.860	»
»	26	A effets à payer, de 4 pièces de toile		945	»
				10.805	»
Août.	5	A Salavy, achat de 6 caisses d'indigo		15.540	»

DOIT   CAISSE

18				F°	F°	
Juillet.	20	A m^ses génér^les, reçu en espèces.		1.100	»
Août.	1	A Julien, »		4.400	»
»	5	A m^ses génér^les, »		5.698	»
»	6	A divers, »		5.965	»
»	11	A m^ses génér^les, »		2.880	»
»	22	A Philibert, »		6.216	»
»	31	A effets à recevoir, »		1.370	»
				27.629	»

GÉNÉRALES AVOIR

18			Fo	Fo	
Juillet.	17	Par Julien, vente de 10 b. de laine.		4.400	»
»	20	Par caisse, 1 »		1.100	»
»	21	Par effets à recevoir, 1 »		1.200	»
»	25	Par divers, de sucre et farine.		5.965	»
»	28	Par divers, de 4 pièces de toile		1\370	»
				14.035	»
Août.	10	Par caisse, vente de 3 caisses indigo		9.065	»
»	16	Par divers, » 3 »		9.065	»

CAISSE AVOIR

18			Fo	Fo	
Juillet.	10	Par mᵃˢ générˡᵉˢ, payé en espèces.		1.000	»
Août.	10	Par divers, »		7.860	»
»	19	Par André, »		2.581	»
»	28	Par Germain, »		15.540	»
				26.981	»

DOIVENT   EFFETS A RECEVOIR

18			Sortie.	Entrée.		Pertes de négociations.	Fo	Fo		
Juillet.	5	A divers.	1	1	4.000	Sur Lyon 10 juillet.			10.000	»
»	»	»	3	2	6.000	Sur Lyon 15 juillet.				
»	10	A Pierre.	2	3	6.000	Lyon 15 juillet.				
»	27	A divers.	6	4	3.000	Paris 31 août.				
»	»	»	8	5	4.000	Paris 4 Septembre.			7.000	»

DOIVENT   EFFETS A PAYER

18			Entrée.	Sortie.			Fo	Fo		
Septre.	5	A caisse.	1	2	945	Payé mon billet ordre Piers.			945	»
»	10	A caisse.	2	3	2.914	»			2.914	»
»	26	A caisse.	3	4	2.914	»			2.914	»
»	30	A caisse.	4	10	4.500	»			4.500	»
									11.273	»

DOIVENT   PERTES ET PROFITS

18			Fo	Fo		
»	6	A Morel, escompte retenu par lui.			191	40
»	30	A effets à recevoir, perte à la négociation.			134	30
»	»	A caisse, présent fait à ma sœur.			1.000	»
»	»	A caisse, trimestre de ma rente viagère.			500	»
»	»	A caisse, billet de banque perdu.			100	»

EFFETS A RECEVOIR *AVOIR*

18			Sortie.	Entrée.			Négociations.	F°	F°		
Juillet.	10	Par caisse.	1	1	4.000	Lyon 10 juillet.				4.000	»
»	10	Par Henry.	2	3	6.000	Lyon 15 juillet.	30			5.970	»
»	15	Par caisse.	3	2	6.000	Lyon 15 juillet.				6.000	»
»	25	Par Simon.	4	8	2.600	A vue.				2·600	»

EFFETS A PAYER *AVOIR*

18			Sortie.	Entrée.				F°	F°		
Juillet.	15	Par m⁣ᵍᵉⁿᵉʳˡᵉˢ génér^les.	1	5	1.000	M. billet ordre Pierre 19 nov.				1.000	»
»	26	Par m^ces génér^les.	2	1	945	»	5 sept.			945	»
Août.	7	Par Henry.	3	2	2.914	»	Henry 10 sept.			2.914	»
»	»	»	4	3	2.914	»	26 sept.			2.914	»
»	10	»	5	»	6.000	»	16 oct.			6.000	»
»	»	Par Blanc.	6	5	4.500	»	30 sept.			4.500	»

PERTES ET PROFITS *AVOIR*

18					F°	F°		
Sept^re.	30	Par effets à recevoir, escompte gagné sur un billet.					7	50
»	30	Par caisse, commission 2 0/0 sur un achat.					3.600	»
»	»	Par caisse , héritage.					10.000	»
»	»	Par effets à recevoir, intérêts.					202	65

§ III. — Des livres auxiliaires. [1]

Nous n'avons jusqu'ici parlé que du Brouillard et du Journal, devant mentionner toutes les opérations d'un commerce. Le plus souvent, dans la pratique, le Brouillard et quelquefois le Journal se subdivisent d'après le même principe qui a déterminé la distinction des comptes généraux en cinq grandes divisions. Autrement dit, chaque valeur sur laquelle on opère peut avoir un Brouillard et même un Journal spécial comme elle a un compte spécial au Grand-Livre, auquel cas, tous les livres particuliers qu'on appelle *Livres auxiliaires* viennent se fondre, comme nous le verrons, soit en détail, soit en bloc, chaque jour ou chaque fin de mois, au Journal principal qu'on appelle alors *Journal général*.

Les livres auxiliaires, ainsi nommés parce qu'ils aident à la tenue des livres exigés par la loi, peuvent se diviser et adopter la division des comptes généraux en cinq catégories :

Ceux affectés aux marchandises ;
Ceux affectés aux espèces en caisse ;
Ceux affectés aux effets à recevoir ;
Ceux affectés aux effets à payer ;
Ceux affectés aux pertes et profits.

---

1. Enseignement théorique de M. S. Rolland.

A un autre point de vue, nous les diviserons seulement en deux classes :

1° Les livres d'ordre ;

2° Les livres de rapport.

LIVRES D'ORDRE.

Les livres d'ordre sont ceux qui n'ont pour objet que de constater l'entrée et la sortie, et par conséquent les existences effectives de la valeur à laquelle ils sont consacrés, abstraction faite de son appréciation en argent. Ils servent de contrôle à l'inventaire descriptif et estimatif qui doit en être fait chaque fin d'année, au moment de l'inventaire général du commerce.

LIVRES DE RAPPORT.

Les livres de rapport sont ceux sur lesquels le compte de la valeur à laquelle ils sont affectés est débité ou crédité de la somme pour laquelle elle entre ou elle sort, par le crédit ou le débit d'un autre compte personnel ou général qui la livre ou la reçoit. Les livres de rapport sont ainsi nommés parce qu'ils sont la base des écritures, en ce qui concerne les valeurs, et viennent se rapporter au Journal général, puis au Grand-Livre, et quelquefois même directement au Grand-Livre.

Sur chacun de nos comptes généraux, nous examinerons les livres d'ordre et les livres de rapport les plus en usage dans le commerce, car chaque industrie, chaque exploitation a ses exigences spéciales qu'il nous est impossible de passer en revue.

De plus, à chaque livre de rapport que nous indiquerons, nous expliquerons, avec son utilité, comment il doit se rapporter au Journal général.

LIVRES AUXILIAIRES AFFECTÉS AU COMPTE DE MARCHANDISES GÉNÉRALES.

Livres d'ordre.
{
Livre d'entrée et de sortie des marchandises, ou livre de rencontre.
Livre de consignations.
Livre de façons.
Livre de commissions.
}

Livres de rapport.
{
Livres d'achats.
Livres de ventes.
}

Le premier et le principal livre d'ordre affecté au compte de marchandises générales, c'est le livre *d'entrée et de sortie*, appelé aussi livre de rencontre, livre de numéros.

Comme son nom l'indique, il mentionne l'entrée et la sortie matérielle des marchandises, soit qu'elles appartiennent au commerçant, soit qu'il ne les détienne que comme dépositaire ou consignataire. Il doit même en principe mentionner aussi l'entrée et la sortie des marchandises que le commerçant peut avoir à sa disposition dans d'autres magasins que le sien, chez des entrepositaires ou des consignataires.

Quant aux dispositions que comporte ce registre, elles varient suivant le commerce qui l'établit, et la nature des marchandises sur lesquelles il opère, nous ne pouvons que donner l'idée première de sa tenue.

Le livre de rencontre est toujours divisé en deux parties, la partie gauche réservée à l'entrée, la partie droite à la sortie.

Chaque fois qu'une partie de marchandises entre en magasin, il convient de lui donner un numéro d'ordre que l'on écrit sur l'enveloppe même.

Elle est inscrite sur le registre à l'entrée, sous ce numéro au dessous duquel on reproduit le numéro et la marque d'origine.

La mention de l'entrée doit indiquer la date de l'entrée, le nom de celui de qui on reçoit la marchandise, si elle est pour le compte du commerçant ou pour le compte d'autrui, en dépôt, en consignation ou en compte en participation avec un tiers ; tous les détails en numéros, poids brut et net, tare, métrage, contenance, etc., de chaque colis ou pièce ; le prix d'achat et le folio du registre sur lequel est inscrite la facture, et, dans tous les cas, le prix auquel on veut vendre, ceci pour l'employé chargé de la vente.

Cette inscription occupe sur la partie gauche une place qui varie, suivant les détails qu'elle exige ; un espace équivalent est réservé en blanc et en regard à la partie droite pour la sortie.

Quand cette sortie s'effectue, quelle qu'en soit la cause, on inscrit, dans l'espace réservé, la date et le nom de celui à qui la marchandise est vendue, livrée ou expédiée en consignation, ou remise pour être mise en œuvre quand il s'agit de matières premières ;

en un mot, sa destination ; on ajoute, comme à l'entrée, tous les détails relatifs à la désignation de la marchandise, surtout si cette sortie s'effectue par fractions ; s'il s'agit d'une vente, on fera bien d'indiquer le prix fait et le folio du registre sur lequel elle est écriturée.

Quand toute une partie entrée est sortie ou vendue, on raye par un trait en diagonale les deux cases de droite et de gauche pour indiquer qu'elle est réalisée. Si elle n'est que consignée, on attend d'avoir reçu le compte de vente ; si elle est mise en œuvre, on attend la rentrée des produits, et, à l'inscription de ces derniers à l'entrée, on rappelle le numéro d'ordre de la case de la matière première dont ils sont la transformation, et réciproquement.

Les maisons qui font des consignations d'une manière suivie sont dans l'usage d'avoir un livre spécial d'entrée et de sortie pour chacune de leurs consignations.

On mentionne à la partie gauche les détails de l'entrée de la marchandise chez le consignataire, et à la partie droite, les détails de la marchandise vendue lors de la réception du compte de vente ; c'est ce qu'on appelle le *livre de consignations*.

Les maisons qui donnent des matières premières à mettre en œuvre à des tiers sont dans l'usage d'avoir pour chacun un livre spécial sur lequel on porte, à gauche, avec les conditions de la main d'œuvre, les détails de la matière première remise, et, à droite, la réception et les détails des produits manufacturés rendus par eux ; c'est le *livre de façons*.

A l'aide de ces trois registres, dont les deux derniers

ne sont qu'une forme du premier, on comprend combien il devient facile de dresser un état complet des marchandises qui doivent rester soit en magasin, soit chez autrui, et contrôler cet état par l'inspection des existences réelles, que par les états d'existences que doivent remettre les consignataires, chaque mois, chaque trimestre, semestre ou année.

L'utilité de ces livres d'ordre ressort d'elle-même ; nous n'insisterons pas davantage.

Un autre registre non moins utile est indispensable aux maisons de commission et de fabrique qui reçoivent des ordres à exécuter ; c'est *le livre de commission*.

Ce registre est disposé en principe comme le livre de rencontre, sauf les dispositions de détail qui varient suivant les convenances de chacun.

A la partie gauche, on transcrit la commission dans ses moindres détails ; à droite, dans l'espace réservé en regard, on inscrit l'exécution partielle ou totale qui en est faite, on ajoute l'indication du folio sur lequel est écriturée la facture remise à l'appui.

L'ordre entièrement exécuté, les deux cases sont bâtonnées.

LIVRES DE RAPPORT.

Livre d'achats. — *Livre de ventes.*

Ces deux livres, chacun dans sa spécialité, ont le même objet.

Au livre d'achats sont portés tous les articles qui constituent le compte de marchandises générales débiteur, par le crédit d'un compte personnel, celui du vendeur.

Au livre de ventes sont portés tous les articles qui constituent le compte général créancier, par le débit d'un compte personnel ou par celui d'un compte spécial de marchandises.

Ces deux registres sont disposés comme le Brouillard et le Journal dont ils sont une partie détachée. Les articles y sont passés de la même manière et les factures qui en font l'objet y sont transcrites textuellement.

Par conséquent, au livre d'achats tous les articles sont intitulés :

Marchandises générales à M***.

Au livre de ventes :

M*** à marchandises générales.

Dans la pratique on supprime les mots marchandises générales qui restent sous-entendus et dont le titre seul du registre rend l'énonciation inutile.

On peut considérer les livres d'achats et de ventes simplement comme deux Brouillards spéciaux et, dans ce cas, on les rapporte chaque fin de mois seulement au Journal par un article collectif, pour chacun intitulé :

Les suivants à marchandises générales

pour le livre de ventes, et :

Marchandises générales aux suivants

pour le livre d'achats, mais sans détail, indiquant uniquement, au dessus du titre de chaque compte personnel, la date et l'importance de la facture ou des factures du mois dont il est débiteur ou créancier.

Il en résulte que l'importance des achats est portée au Journal, par une seule somme, chaque mois, au débit du compte marchandises générales, et celles des ventes au crédit; et aussi que le même individu est débité par une seule somme de toutes les factures à lui faites pendant le mois et créditées de toutes celles par lui remises.

On peut aussi considérer les livres d'achats et de ventes comme deux Journaux spéciaux destinés à être rapportés directement au Grand-Livre; dans ce cas, leur tenue doit être aussi régulière, aussi correcte que celle du Journal et nécessite un Brouillard d'achats et un Brouillard de ventes dont ils sont la mise au net moins détaillée.

Mais comme il est obligatoire pour la balance de faire figurer toutes les opérations ou au moins leur importance au Journal général, il faut, à chaque fin de mois, faire sur ce dernier registre deux articles intitulés, pour le Journal d'achats :

Marchandises générales à divers.

Arrêt du livre d'achats du mois à fo, 52 à fr.

Et pour le livre de ventes :

Divers à marchandises générales.

Arrêt du livre de ventes fin de..., fo, 38 à fr.

Ces deux articles sont rapportés au Grand-Livre, d'après le Journal, au débit ou au crédit du compte marchandises générales et directement aux comptes personnels, d'après les Journaux spéciaux.

LIVRES AUXILIAIRES AFFECTÉS AU COMPTE DE CAISSE.

Livres d'ordre et de rapport.	⎰ Livre de caisse. ⎱ Caisse menus frais. Caisse d'ouvriers.
Livre d'ordre seulement.	⎰ Carnet de bordereaux de ⎱ caisse.

Quelle que soit l'importance d'une maison de commerce et son mode de comptabilité, le mouvement des espèces doit toujours être l'objet d'une grande attention.

Il importe au commerçant de pouvoir, à chaque instant, reconnaître et contrôler l'existence et les ressources dont il dispose; constater si elles sont insuffisantes, et, si elles excèdent les besoins du commerce, ne pas les laisser improductives. Ce but est atteint par l'établissement d'un registre spécial appelé *livre de caisse*, qui est, à lui seul, aux espèces, ce que le livre rencontre et les livres d'achats et de ventes sont aux marchandises.

Il est disposé par débit et crédit comme un compte général personnel.

Au débit, l'entrée; au crédit, la sortie des espèces.

On doit le régler au moins une fois par mois et

vérifier si les espèces qu'il accuse devoir rester pour solde s'y trouvent effectivement.

Dans les maisons qui ont un mouvement de fonds considérable, il est bon que le caissier fasse ce règle-ment tous les soirs, une fois la caisse fermée au public; c'est le seul moyen d'éviter les erreurs ou du moins d'en faciliter la recherche en les circons-crivant.

Il est d'usage dans toutes les maisons d'avoir un Brouillard de caisse tenu au fur et à mesure des recettes et des payements, et retranscrit au net sur le livre de caisse, obligation qui, dans les maisons de banque, a amené celle de tenir en double au moins le Brouillard de caisse, un pour les jours pairs, un pour les jours impairs; de manière à laisser toujours un de ces doubles entre les mains du caissier qui en a besoin à tout instant de la journée.

Le livre de caisse n'est qu'un livre d'ordre dans le système des écritures en parties simples et aussi dans celui à parties doubles. Appliqué sans le secours des livres auxiliaires de rapport, il est disposé, tenu et réglé comme un compte courant ordinaire.

S'il est établi comme livre de rapport, il est disposé et tenu comme les livres d'achats et de ventes, avec cette différence qu'un seul registre est consacré aux articles par lesquels le compte de caisse est débiteur et à ceux pour lesquels il est créancier.

Seulement, pour établir la distinction, les premiers sont portés à la page gauche, les seconds à la page droite, comme dans un compte courant.

Le premier article du débit est nécessairement le solde du précédent règlement dont le compte de caisse est débiteur à nouveau vis-à-vis de lui-même, et le dernier article du crédit, le solde du règlement que l'on opère et dont il est créancier de lui-même, puisqu'il le réserve à nouveau, de telle sorte qu'à chaque règlement, comme dans les comptes courants, les additions au débit et au crédit doivent être semblables.

Si le livre de caisse n'est considéré que comme Brouillard spécial, il se rapporte au Journal chaque jour ou chaque mois par deux articles collectifs :

Caisse aux suivants,

pour le débit, et l'autre :

Les suivants à caisse,

pour le crédit.

Si le livre de caisse n'est considéré que comme Brouillard spécial, il verse chaque fin de mois son importance au Journal général, par deux articles, l'un pour le débit :

Caisse à divers.

Addition du débit du f° 65. 25.645,50 ⎫
A déduire, solde ancien, f° 62. 5.223,40 ⎭ 20.415,10
Et pour le crédit :

Divers à caisse.

Addition du crédit du f° 65. 24.520,15 ⎫
A déduire solde à nouveau » 1.120,10 ⎭ 23.300,05

Comme au Journal et au Grand-Livre, on ne fait jamais mention du règlement mensuel arrêté sur le

livre de caisse. Le compte de caisse est débité, sur ces
deux registres, des sommes qu'il a réellement reçues,
et crédité de celles qu'il a réellement payées.

Cette explication suffit pour rendre clair le texte de
nos deux articles.

Ces deux articles rapportés du Journal-Général au
compte général, sur le Grand-Livre, on rapporte du
Journal spécial directement aux comptes partiels con-
treparties.

LIVRE DE MENUS FRAIS.

Le plus souvent, pour éviter sur le livre de caisse
des articles d'une valeur insignifiante qu'entraîne
l'administration d'une maison de commerce, un
employé est chargé par le caissier d'établir, chaque
jour, l'emploi des sommes nécessaires aux menus
frais, d'en former chaque mois le compte pour faire
face, contre reçus, aux dépenses indiquées.

A la fin du mois, l'employé chargé de ce service,
auquel est consacré un carnet spécial, intitulé petite
Caisse, en fait le règlement, et réserve à la caisse
principale le solde qui peut lui rester, lequel avec les
dépenses portées au crédit balancent les sommes portées au débit et dont les reçus sont alors annulés.

Ce règlement reconnu exact, le caissier ne fait
alors qu'un seul article :

*Au crédit de la caisse par le débit de frais géné-
raux* pour le montant de tous ces menus frais du
mois.

15

LIVRE DE CAISSE DES OUVRIERS.

On procède pour le payement des ouvriers comme pour celui des menus frais ; ces payements sont confiés à un employé dont les rapports avec le caissier principal sont réglés de la même manière, et ce dernier ne fait qu'un seul article de fin de mois au crédit de sa caisse par le débit du compte : *marchandises générales*, ou du compte d'*exploitation* s'il en existe un pour l'importance des sommes payées aux ouvriers et détaillées au crédit de la caisse des ouvriers.

Les livres de *caisse menus frais* et *caisse des ouvriers* ne sont donc, en réalité, que des subdivisions tenues et réglées comme un compte courant par débit et crédit.

CARNET DE BORDEREAU D'ARRÊT DE CAISSE.

Ce registre. employé presque exclusivement dans les maisons de banque, est destiné à reproduire le tableau détaillé de la composition en billets de banque, monnaies d'or, d'argent, de billon et bons de caisse, dressé à chaque règlement du solde dont l'existence accusée est reconnue conforme dans la caisse.

LIVRES AUXILIAIRES AFFECTÉS AUX COMPTES DES EFFETS A RECEVOIR.

Livre d'ordre : *Livre de numéros d'effets.*
Livre de rapport : *Livre de négociations.*

Chaque effet, entrant dans le portefeuille, prend un numéro d'ordre ordinairement inscrit sur le titre avec le timbre humide de la maison et sous lequel il est consigné sur un registre spécial appelé :

Livre de numéros d'effets.

Dans la pratique, on mentionne seulement le numéro d'ordre, la date de l'entrée, le nom de celui qui a créé le titre, celui à l'ordre de qui il est créé, le nom du cédant, la somme, le lieu et la date du payement. Toutes ces énonciations, placées à la suite les unes des autres, dans des colonnes disposées et intitulées *ad hoc*, se complètent, à la sortie, de la date de l'encaissement ou de la négociation, suivie, dans ce dernier cas, du nom du cessionnaire.

Ce registre permet ainsi de suivre la trace d'un effet égaré et de remonter à son origine pour en faire réclamer un duplicata, s'il y a lieu, et aussi de constater l'entrée et la sortie matérielles du portefeuille.

Livre de négociations.

Ce livre, disposé le plus généralement par débit et crédit comme le livre de caisse, est au compte des effets à recevoir ce que ce dernier est au compte de caisse, ce que les livres d'achats et de ventes sont au compte de marchandises générales sans la moindre différence au fond, mais seulement avec une double modification dans ses dispositions.

En premier lieu, en avant de la petite colonne qui précède la colonne des sommes à gauche, colonne représentant la valeur nominale de chaque effet, se trouve, au *débit* comme au *crédit*, une autre petite colonne semblable pour y inscrire un autre numéro d'*ordre*, celui que l'on donne à chaque effet à sa sortie, de telle sorte que l'énonciation de la valeur nominale est précédée du numéro d'*entrée*, précédé lui-même du numéro de *sortie*.

Lorsque chaque effet sorti est inscrit au crédit, il prend son numéro de sortie qui est alors reproduit au *débit;* or, on peut tirer de là la conséquence que chaque effet au *débit*, qui n'a pas ce dernier numéro d'ordre, doit nécessairement, sauf erreur ou omission, exister dans le portefeuille.

En second lieu, en avant de la colonne des sommes, est disposée une autre colonne de sommes aussi extérieure pour y inscrire la perte à la négociation des effets qui font l'objet de chaque *article*. Le total de l'addition de cette colonne, réuni au total de l'addition de la colonne finale, doit reproduire mathématiquement le total de la colonne à gauche, celle des valeurs nominales.

Cette double modification permet à la fois un contrôle journalier du mouvement du portefeuille et des résultats de ses mouvements.

Cependant cette double constatation n'est complète qu'à la condition de rapporter, mais pour mémoire seulement, au *débit* les effets entrés par le crédit de la caisse, et au crédit ceux sortis par son *débit*, lesquels sont écriturés sur ce dernier registre.

Dans les maisons de banque où le mouvement du portefeuille est très considérable, on peut et on doit avoir autant de livres de négociations qu'on a au Grand-Livre de comptes subdivisionnaires du compte

principal *effets à recevoir*. On peut avoir un compte
spécial pour la *négociation* à l'entrée, un livre spécial
pour la négociation à la sortie, comme on a un livre
d'achats, un livre de ventes dans le commerce de marchandises ; on peut avoir aussi, comme pour le livre
de caisse, des registres en double exemplaire, un
pour les jours pairs, un pour les jours impairs, pour
en rendre plus faciles et plus prompts la mise au net
et le rapport au Journal ou au Grand-Livre, suivant
qu'on les considère comme Brouillards ou comme
Journaux spéciaux.

Tous ces détails sont de pure exécution et ne
changent rien à l'application des principes.

Par contre, il est des maisons de fabrique surtout
qui n'ont point de comptes d'effets à recevoir et
partant point de livre de négociations ; elles consi-
dèrent tous les effets qu'elles reçoivent ou donnent en
payement comme des espèces et alors débitent la
caisse des uns et la créditent des autres.

Dans ce cas, le contrôle du portefeuille se fait au
moyen du livre de numéros d'effets et, à chaque règlement de caisse, il faut alors comprendre dans ce solde
à porter au crédit pour balance le relevé des effets
existants dans le portefeuille au même titre que les
billets de banque et les espèces qui se trouvent en
caisse.

Comme les effets et les espèces ne sont ainsi considérés que comme une seule et même valeur n'ayant
qu'un seul compte au Grand-Livre, il en résulte que
tous les règlements de factures se trouvent portés
nécessairement et exclusivement sur le livre de caisse,
au *débit* pour celles qui nous sont payées, au *crédit*

pour celles que nous payons, puisque nous ne pouvons donner ou recevoir en payement que des espèces ou des effets.

Ce point constaté entraîne une modification notable, non dans le tracé des colonnes du Journal, mais dans leur destination.

Nous pouvons disposer sur le livre de caisse trois colonnes, tant au débit qu'au crédit : une pour la valeur nominale des factures réglées, colonne extérieure ordinairement placée à gauche comme la colonne débit au Journal à doubles colonnes; une seconde colonne pour les escomptes et les rabais retenus, et une troisième pour la valeur nette reçue ou payée en espèces ou en effets; les deux dernières colonnes également extérieures, mais placées à droite, représentent, par leur importance réunie, l'importance de la première.

La colonne de gauche est rapportée soit au Journal, soit au Grand-Livre, en détail, aux comptes qui ont payé ou reçu, et en bloc au compte de caisse. La colonne de l'extrême droite n'est plus qu'une colonne d'ordre, autrement dit, au lieu de porter au compte personnel de qui nous recevons ou à qui nous payons, les sommes nettes reçues ou payées, ce qui nous obligerait à faire un article à chacun, pour les escomptes et rabais dont il est *débiteur* ou créancier par le règlement, nous y portons la somme nominale de la facture, ce qui les balance immédiatement sans qu'il soit besoin de faire écritures de ces mêmes escomptes, que la caisse est, par contre, censée recevoir ou payer et dont elle se trouve, par ce fait, débitée et créditée en trop.

Pour établir l'équilibre, nous additionnons les colonnes d'escomptes et, par un article de contrepassement au débit et au crédit du compte d'escomptes et rabais, nous portons le total de celle du débit au crédit de la caisse, et le total de celle du *crédit* au *débit*, comme si ces escomptes étaient dus ou par la caisse ou à elle-même.

De cette manière, les additions des colonnes de gauche expriment, comme celles de droite, des sommes réelles entrées et sorties, et de plus le compte des escomptes et rabais se trouvera *débité* par un seul article à la fin de chaque mois de tous les escomptes que nous avons accordés, et *crédité* de ceux qui nous auront été bonifiés.

Nous ferons observer que, dans les maisons de commerce où les effets sont passés par caisse, les mutations d'espèces contre effets et, réciproquement, les négociations, en un mot, ne donnent lieu qu'à un *article* au *débit* ou au *crédit* de la caisse par le *crédit* ou le *débit* de pertes et profits pour la perte à la négociation dont nous bénéficions à l'*entrée*, et que nous perdons à la *sortie*.

Nous donnons ici un modèle de *livre de caisse* à colonnes d'escompte dont les dispositions sont identiquement les mêmes que celles du livre de négociations, sauf les colonnes de numéros d'effets spéciales à ce dernier registre.

MODÈLE D'UN

A COLONNES

DOIT   CAISSE DE JANVIER   (à colonnes d'escompte).

18.624	45		Report............	3.280	35	15.348	75
			20 janvier 18				
35	3.245	»	A Dumond et Cie.............				
			Facture 15 nov. es. 11 0/0 et rab.	374	45	2.870	55
			31 janvier 18	3.654	95		
13	1.768	30	A escomptes et rabais..........				
			Transport des esc. du crédit...	1.768	30		
23.037	75			5.423	25	18.214	30

LIVRE DE CAISSE

D'ESCOMPTES

CAISSE DE JANVIER 18   AVOIR

12.225	»		25 janvier 18			845	50	11.379	50
			Par Derieux frères.............				
51	7.382	50	Facture 25 décembre esc. 12 0/0.	922	80	6.459	70
			31 décembre 18				
13	3.654	95	Par escomptes et rabais........				
			Transport des esc. du débit....	3.654	95		
	1.375	10	Par compte nouveau............			375	10
24.037	55			5.423	25	18.214	30

LIVRES AUXILIAIRES AFFECTÉS AU COMPTE EFFETS
A PAYER.

Ce compte ne comporte qu'un seul livre auxiliaire : le livre d'échéances.

Exclusivement livre d'ordre, destiné à rappeler au commerçant ce qu'il a à payer chaque jour, il est divisé comme un répertoire, mais seulement en 12 parties, une pour chaque mois de l'année contenant une page pour chaque mois et jour, semaine, dizaine ou quinzaine du mois, selon l'importance de la circulation de la maison qui l'établit.

Chaque fois qu'une traite est avisée, un billet ou une promesse souscrit, après en avoir fait écritures au Journal, au débit du compte général effets à payer par le débit du compte qui a reçu cet engagement, on a soin de l'inscrire au livre d'échéances, au mois et au jour où il doit être payé. Cette inscription doit mentionner la date de l'émission de l'effet, le nom de celui qui en a été débité au Journal, et la somme à payer ; s'il s'agit d'une traite, il convient d'y ajouter le nom de celui à l'ordre de qui elle a été tirée, et quand elle a été acceptée, la mention de cette acceptation au moyen de la lettre A placée en marge et en regard de l'inscription du titre. De cette manière, le commerçant a, chaque jour, devant les yeux, le chiffre des engagements à jour fixe, auxquels il doit satisfaire exactement sous peine de porter atteinte à son crédit.

Au fur et à mesure du payement d'un effet, on barre son énonciation sur le registre, et on indique le folio sur lequel le payement est consigné.

Dans les maisons de marchandises, il est convenable d'ajouter à ce livre, à la date de leur échéance, les factures à payer. On peut aussi avoir un livre d'échéances pour les factures à recouvrer, afin de ne pas omettre de réclamer le payement au jour de l'échéance.

L'usage n'a pas admis, pour le compte d'effets à payer, de livres de rapport, comme pour les comptes marchandises générales, caisse, effets à recevoir, et, avec raison, car tous les effets, au moment du payement, c'est-à-dire à leur entrée, sont mentionnés au livre de caisse ; un registre spécial n'eût été nécessaire que pour les articles au crédit du compte général, constatant la mise en circulation des engagements.

COMPTES DE PERTES ET PROFITS.

Ce compte n'admet aucun livre auxiliaire ; toutes les pertes, tous les profits ont une cause qui les rattache directement à un compte général dans lequel ils se fondent pour n'apparaître qu'à la fin de l'année pour son règlement, ou bien ils ont une cause accidentelle qui motive alors un article au Journal.

Seuls, les frais généraux ont une cause permanente ; il en est quelques-uns, comme, par exemple, les ports, les affranchissements de lettres, les télégrammes, etc. ; ces frais doivent être portés à charge des comptes

des correspondants qui les ont occasionnés ; mais on
comprend qu'il serait par trop minutieux de faire un
article pour chacune de ces menues dépenses, au moment où elles se font ; aussi a-t-on un carnet sur
lequel on ouvre un compte, une note spéciale, à
chaque correspondant ; et tous les six mois ou tous
les ans, à l'époque de la remise des comptes courants,
on débite chacun par le crédit de frais généraux du
montant des menus frais à sa charge.

Ce carnet est en usage, presque exclusivement, dans
les maisons de banque, dans les comptoirs de marchandises ; les menus frais sont, le plus ordinairement, supportés par le commerçant, sinon ajoutés à
la facture ou au compte d'achats, ou déduits du
compte de ventes.

En dehors des livres auxiliaires que nous venons
d'examiner et qui ont une affectation spéciale à l'un
de nos cinq comptes généraux, nous n'en signalerons
que deux que nous connaissons déjà :

Le livre des comptes courants ;

Le livre de façons.

LIVRE DES COMPTES COURANTS.

En expliquant la théorie des comptes courants d'intérêts, nous avons dit que le livre qui les renferme
est celui sur lequel sont disposés et calculés ces
comptes, tels qu'ils doivent être envoyés, c'est-à-dire
conformes aux modèles que nous avons donnés.

Ce registre doit être tenu d'après la correspondance

et autres documents échangés et mis au courant tous les jours. De cette manière, il constitue un contrôle des écritures avec lesquelles il doit être pointé à l'époque de la remise des comptes, et permet de constater, à chaque instant, la situation exacte d'un correspondant, ce qui est toujours difficile avec le Grand-Livre et impossible quand les écritures sont rapportées à l'aide d'articles collectifs.

LIVRE D'OUVRIERS OU DE FAÇONS.

Ce livre est en usage dans les maisons de fabrique, surtout quand les ouvriers sont payés par fractions ou à compte, sauf à régler définitivement plus tard.

Ce registre a une double destination : une partie est consacrée au compte de matières, disposé comme nous l'avons vu ; l'ouvrier y est débité de la matière première qu'il reçoit, et crédité des produits qu'il rend. Une autre partie est consacrée au compte d'argent.

L'ouvrier y est crédité du montant des façons à lui dues par les produits qu'il rend, et débité des sommes à valoir qu'il a reçues ou recevra.

Chaque ouvrier, chef d'atelier, ayant aussi son livre ordinairement tenu en double exemplaire, un pour lui, un restant au magasin, un compte dès lors devient inutile au Grand-Livre.

CHAPITRE V

Balance d'ordre.

L'époque de l'Inventaire étant arrivée, il faut régler et payer tous les comptes de nos fournisseurs, ouvriers ou autres, tels que : loyer, impositions, appointements divers, en un mot, tous les frais à charge de l'exercice, en faire écriture au crédit de la *caisse* par le *débit* des comptes auxquels incombent ces dépenses, suivant leur nature : meubles et ustensiles, frais généraux, etc. Le débit de ce dernier sera chargé de l'importance des appointements et des levées par le crédit des comptes de chaque personne y ayant droit. Ces écritures ne peuvent figurer sur nos livres qu'à ce moment, puisque ce n'est, en réalité, qu'à la fin de l'exercice que ces sommes sont exigibles.

Il faut aussi procéder à la vérification des comptes d'intérêts, reçus à ce jour, et calculer ceux que nous avons à remettre à nos correspondants, même les comptes personnels des chefs de commerce; passer écriture des intérêts et des droits de commission que comportent ces comptes, ainsi que des intérêts des apports ou mises de fonds en créditant les comptes de chaque associé.

En un mot, faire à ce moment toutes les écritures qui ne peuvent être faites avant cette époque afin qu'étant rapportées du *Journal* au *Grand-Livre*, ces deux registres soient l'expression exacte de toutes les opérations faites pendant l'année.

Ces écritures étant inscrites d'abord au *Journal*, ensuite au *Grand-Livre*, on procède à la vérification de leur exactitude au moyen de la *balance d'ordre*.

Chaque somme inscrite au *Journal* étant rapportée deux fois au *Grand-Livre*, une fois au débit d'un compte, une fois au crédit du compte *contre-partie*, il résulte de ce fait que l'addition totale de la colonne du Journal et celles des *débits* et des *crédits* des comptes du *Grand-Livre* doivent être égales entre elles, puisqu'elles sont exclusivement composées des mêmes sommes.

Cette égalité dans les additions est la preuve de l'exactitude de la balance entre les valeurs actives et les valeurs passives. Mais il ne faut pas la prendre comme une preuve absolue; car il est certaines erreurs que la balance d'ordre ne peut pas nous faire connaître.

Exemple. — Si nous portons une somme au *débit* ou au *crédit* d'un compte autre que celui sur lequel l'article devait être passé, il en résultera une erreur qui ne se découvrira qu'au moment du règlement de ces comptes, car l'article ainsi passé ne changera en rien l'ensemble des opérations et n'apportera aucune modification aux additions du *Grand-Livre*.

La *balance d'ordre* sera alors exacte quant aux

sommes, mais ne prouvera pas l'exactitude des écritures.

La *balance d'ordre* ou balance de vérification est un tableau sous forme d'inventaire et comportant un certain nombre de colonnes dont il est bon et utile d'indiquer l'emploi.

Une 1re colonne pour indiquer les folios des comptes au Grand-Livre.

Une 2e colonne pour la désignation des comptes.

Plus deux colonnes de sommes, l'une pour les additions des débits; l'autre pour les additions des crédits des comptes dont les noms sont indiqués dans la deuxième colonne. On fait alors l'addition des sommes de chacune de ces colonnes et si ces additions ne sont pas absolument conformes à celles du *Journal*, c'est que nécessairement une erreur ou même plusieurs erreurs se sont glissées dans nos écritures; il y a lieu alors d'en faire la recherche en s'aidant pour cela du *pointage* de *vérification*. Cette opération consiste à examiner si chaque article du Journal a été exactement rapporté et inscrit au *Grand-Livre*; si l'exactitude est reconnue, on place un point à côté de l'article vérifié, en marge du Journal et du Grand-Livre.

Cette vérification doit nécessairement nous amener à découvrir les erreurs qui auraient pu se glisser dans nos écritures. L'erreur reconnue donne lieu à une rectification qui se fait au moyen d'un article de *redressement* dont il a été parlé plus haut.

La *balance d'ordre* est de la plus grande utilité, car, le Grand-Livre étant pour ainsi dire la base de notre inventaire, il est de toute nécessité que son exactitude soit absolue et qu'aucun des faits du commerce, c'est-à-dire qu'aucun article du *Journal* ne soit oublié.

Cette balance est donc à proprement parler le préliminaire de nos opérations à l'époque de l'inventaire.

BALANCE D'ORDRE

Au 31 mars 18 .

Folios	COMPTES.	DÉBITEURS.		CRÉDITEURS.	
2	Pertes et profits	23	65	59	55
3	Frais généraux	895	50	»	»
4	Dépenses pers^{lles} c^{te} de levées.	520	»	»	»
10	Caisse....................	12.019	55	8.646	70
12	Effets à recevoir.	18.815	60	6.215	60
15	Marchandises générales.......	15.874	»	28.555	»
17	Effets à payer	7.200	»	11.808	40
25	Dumond.....................	6.191	95	7.500	»
28	Morel	3.000	»	4.000	»
29	Lorme	11.834	»	11.834	»
35	Charles....................	18.800	»	18.500	»
40	Blanc....................	9.760	60	7.815	60
		104.934	85	104.934	85

Addition du Journal. 104.934 fr. 85.

CHAPITRE VI

Inventaire général.

---

§ Ier. — Règlement des comptes au Grand-Livre.

On entend par inventaire l'état détaillé de l'*actif* et du *passif* du commerce.

L'obligation de faire un inventaire chaque année a été imposée au commerçant dans plusieurs cas : 1° pour l'obliger à connaître la situation exacte de ses affaires et lui indiquer la mesure des opérations qu'il peut entreprendre ; 2° l'inventaire doit être fait aussi lorsque le commerçant, se trouvant dans l'impossibilité de remplir ses engagements, est obligé de cesser ses payements ; l'inventaire, qui alors est désigné sous le nom de *bilan*, a pour but de prouver aux créanciers que le commerçant a agi avec bonne foi et que l'infortune est la seule cause du mauvais état de ses affaires ; 3° en cas de mort d'un des associés, ou encore en cas de dissolution de société, l'inventaire doit être dressé.

Ce tableau doit être divisé en deux parties :

1° La partie gauche ou *actif;*

2° La partie droite ou *passif.*

L'*actif* se compose des valeurs mobilières et immobilières que le commerçant possède et aussi de l'importance de ses comptes *débiteurs.*

Le *passif* comprend l'importance du *fonds capital*, les comptes créanciers et les engagements que le commerçant peut avoir en circulation.

Mais comme les *valeurs*, les *débiteurs*, les *créanciers*, les engagements divers sont tous représentés par un compte au Grand-Livre, indiquant au débit ce que chacun a reçu, et au crédit ce qu'il a livré, il devient nécessaire de régler ces comptes tout d'abord, car le relevé du reliquat, dont chacun d'eux ressortira *débiteur* ou *créancier*, constituera l'inventaire qu'on aura à établir.

Le compte de *Pertes et profits* étant débité des pertes que le commerce aura subies dans l'année, et crédité des bénéfices réalisés, il sera chargé au moment de l'inventaire de toutes les pertes et de tous les bénéfices résultant du règlement des comptes généraux ouverts aux valeurs sur lesquelles on opère. Il en résulte que le règlement du compte de pertes et profits indique, par le solde qu'il donne, le bénéfice ou la perte provenant de l'ensemble des opérations.

Ce solde forme la balance exacte entre les soldes des comptes débiteurs et ceux des comptes créanciers; la différence entre l'*actif* et le *passif* étant l'expression du bénéfice ou de la perte dont le compte de fonds capital peut être augmenté ou diminué selon la circonstance.

L'inventaire n'est donc pas autre chose qu'un état sur lequel sont inscrits tous les *soldes débiteurs* d'un côté, et les *soldes créanciers* de l'autre côté, soldes dont les totaux sont égaux.

Mais, pour arriver à bien comprendre le mécanisme du règlement des comptes, il faut se baser sur ce principe : que faire son inventaire, c'est réaliser, d'une part, tout son *actif* et régler tout son *passif*, ou, encore, établir une différence entre l'exercice qui finit et celui qui va lui succéder, et dont il prend, par conséquent, toutes les charges, c'est-à-dire qu'il se réserve de réaliser l'*actif* et aussi d'acquitter le *passif*. De là on peut dire que chaque compte que l'on règle devient *ancien* par rapport à celui qui lui succède et qu'on désignera sous le titre de *compte nouveau*.

Le *compte nouveau* deviendra, dans chaque règlement, débiteur ou créancier à la place du *compte ancien* auquel il succède.

Ces transports de soldes devant être exprimés non seulement sur le Grand-Livre, mais aussi au Journal, chaque règlement donnera lieu à un article de *virement* du premier compte au second, de telle sorte que cet article, rapporté au Grand-Livre *compte ancien*, constituera la balance et la clôture du compte; inscrit, au contraire, au Grand-Livre *compte nouveau*, il sera l'expression du premier article de ce compte.

Les mots : *Solde de compte, Balance de compte*, se représenteront assez souvent dans ce chapitre pour qu'il devienne nécessaire de dire quelques mots sur leur différence.

On entend par *Balance* l'*excédent* qui existe entre le débit et le crédit d'un compte. Cet excédent est, pour plusieurs comptes, l'expression du bénéfice ou de la perte résultant du règlement de ces comptes et donnant lieu à un article de *Pertes et profits*.

On appelle solde d'un compte le reliquat que le compte ancien cède au compte nouveau, soit à recevoir, soit à payer ; c'est cette somme qui donne lieu à l'article de virement du premier compte au second.

Dans les comptes généraux, représentant les valeurs sur lesquelles on opère, le solde du compte est le prix estimatif des existences que le compte ancien aura à céder au compte nouveau. La *balance* ou différence entre le débit et le crédit représente le bénéfice ou la perte, résultat définitif des opérations de l'année et donnant lieu à un article de transport au compte de pertes et profits.

Après avoir suffisamment compris le mécanisme de ces règlements, il nous reste à en faire l'application aux comptes, tant généraux que personnels, dont nous avons constaté l'existence.

Nous règlerons, en premier lieu, les comptes personnels ouverts soit aux différentes personnes avec lesquelles on est en relations d'affaires, soit aussi aux chefs de commerce. Nous nous occuperons ensuite des comptes généraux dont nous ferons en même temps une analyse plus complète.

1° RÈGLEMENT DES COMPTES PERSONNELS.

On appelle comptes personnels les comptes ouverts aux différents correspondants avec lesquels on est en relations d'affaires. Ces comptes se règlent tous de la même manière et présentent, d'une part, au *débit*, les sommes que le titulaire doit, et, au *crédit*, celles qu'il a données et dont il est *créancier*; à l'inventaire, après avoir passé écriture des intérêts, frais et commissions dont le titulaire peut être débiteur ou créancier, on fait la différence entre le débit et le crédit, et cette différence constitue naturellement le solde à reporter à nouveau.

Si ce solde est en faveur du débit, il représente une valeur *active* que le *compte nouveau* recevra du *compte ancien*; il y aura lieu d'écrire au Journal :

M. X..., compte nouveau, à M. X..., compte ancien, solde débiteur à ce jour.

On rapporte cet article au Grand-Livre, au crédit de *compte ancien* pour clore l'exercice; ce compte se trouve ainsi réglé.

On porte ce même article au débit de *compte nouveau* qui devient *débiteur* de la valeur à lui cédée par le *compte ancien*.

Si, au contraire, la balance se trouve en faveur du crédit, l'article au Journal sera passé en sens inverse, puisque cette balance constituera un solde dû à l'ancien compte et que le *nouveau* se charge de lui payer pour devenir, à son tour, créancier à sa place.

L'ancien compte devient *débiteur* puisqu'il reçoit, et le nouveau, *créancier*, puisqu'il livre; nous écrirons au Journal :

M. X..., compte ancien, à M. X..., compte nouveau, solde créditeur à ce jour d'inventaire.

Rapportant l'article au Grand-Livre, le *compte*

ancien se trouve réglé et arrêté ; le *compte nouveau* crédité aux lieu et place du *compte ancien*.

Dans les comptes personnels, le solde et la balance sont une même chose, nous l'avons vu ; mais il n'en sera pas de même pour tous les comptes que nous aurons à expliquer.

On dit qu'un compte se balance par lui-même lorsqu'à l'époque de l'inventaire le *débit* et le *crédit* sont semblables ; il ne reste plus alors qu'à clore le compte en réglant les deux additions et tirant un double trait sous chacune d'elles.

2° COMPTES COLLECTIFS, DÉBITEURS ET CRÉDITEURS DIVERS.

Le compte des débiteurs et créditeurs divers est celui sur lequel on inscrit ceux de nos clients avec lesquels nous n'avons pas des relations suivies, mais seulement accidentelles. Quand on ouvre un compte représentant ainsi et des *débiteurs* et des *créanciers*, il faut, à chaque article du *Journal* et du *Grand-Livre*, faire suivre le nom de la personne des lettres : DD, si c'est un débiteur, et C D, si c'est un *créancier*. Pour régler ce compte, au jour de l'inventaire, on doit dresser un état des *débiteurs* qui sont encore débiteurs ; on additionne les sommes portées à leur *débit* et celles portées à leur *crédit* ; on en fait la balance qui donne lieu à l'article au Journal :

Débiteurs D^{rs}, compte nouveau à compte ancien, solde débiteur à ce jour d'inventaire.

On dresse aussi un état détaillé des *créanciers* qui restent encore *créanciers* ; on additionne les sommes portées à leur *crédit* et celles portées à leur *débit*, et la balance constitue un solde *créancier* que l'on passe au Journal par un article ainsi conçu :

C^{es} D^{rs}, compte ancien, à C^{es} D^{rs}, compte nouveau, solde créancier à ce jour d'inventaire.

Sur le Journal et sur le Grand-Livre, on reproduit le détail des noms et des sommes des *débiteurs* et celui des *créanciers* à nouveau par solde ancien.

Dans certaines maisons de commerce, les maisons de banque, par exemple, où quelquefois un seul compte existe pour tous les clients, on se contente de faire la balance du compte pour la reporter à nouveau ; mais alors, on contrôle le chiffre par le relevé des sommes en solde d'après le livre des comptes courants sur lequel chacun des débiteurs ou des créanciers peut et doit avoir un compte spécial.

3° DÉBITEURS DOUTEUX OU FAILLIS.

Le compte des débiteurs douteux ou faillis est celui sur lequel on place les débiteurs personnels qui, dans le courant de l'année, ont cessé leurs payements, ceux aussi dont la solvabilité nous semble douteuse. On porte donc au débit de ce compte, par un article de virement, le reliquat du compte individuel de ces débiteurs ; on le crédite des sommes qu'on a pu recevoir de leur liquidation amiable ou judiciaire.

On dispose le compte comme celui des débiteurs divers, et, comme dans ce dernier, la colonne des explications au Grand-Livre doit indiquer l'énonciation du nom de chaque *débiteur* et la somme par lui due doit être précédée d'un numéro qui se reproduit, au crédit, à chaque dividende reçu, ce qui permet d'établir le compte de ce que chacun reste devoir.

Au moment de l'inventaire, en réglant les comptes individuels, il faut examiner, vérifier chaque compte, et pour peu que la solvabilité d'un *débiteur* ne présente pas des garanties suffisantes, la prudence exige le transport du solde sur le compte des *débiteurs faillis* parce que nous ne devons pas faire figurer à notre *actif* des sommes qui peut-être ne seront pas réalisables.

Les comptes personnels de ces débiteurs sont balancés et réglés par un article de virement, et portés au compte des *débiteurs douteux* qui devient alors *débiteur* en leurs lieu et place.

Au moment du règlement du compte des *débiteurs douteux et faillis*, on fait l'estimation des *créances*, c'est-à-dire qu'on évalue ce que chaque débiteur, qui y figure, est présumé devoir payer sur le montant des sommes qu'il *doit*.

Cette évaluation est portée au Journal par un article : *compte nouveau à compte ancien*, et présente la valeur réelle des créances, valeur qui, seule, doit figurer au compte nouveau.

Cet article étant rapporté au Grand-Livre compte *ancien*, il en résulte que le crédit du compte présente toutes les sommes que l'on a reçues et celles qu'on espère recevoir des débiteurs. La balance du compte est alors l'expression de la perte à supporter sur la rentrée de ces créances et fait l'objet d'un article d'écritures :

Pertes et profits à débiteurs douteux et faillis.
Perte résultant du règlement.

Cet article rapporté au *Grand-Livre*, au crédit du compte, le balance et, après avoir arrêté les additions par un double trait, on rapporte au compte nouveau l'article de solde avec le détail des débiteurs et la somme que chacun d'eux est supposé devoir payer.

La balance est portée naturellement au compte de *Pertes et profits*.

Dans ce compte, on le voit, le solde et la balance sont deux choses différentes. La *balance* constitue le bénéfice ou la perte résultant du règlement. La première année, il est évident, le compte ne peut donner qu'une perte ; mais les années suivantes il peut arriver que l'on reçoive des *débiteurs* des sommes supérieures à celles qu'on avait espéré retirer d'eux. Or, si cet excédent dépasse la perte présumée, la *balance* du compte donnera un bénéfice.

Dans certaines maisons qui n'ont pas, pour les *débiteurs douteux*, un compte spécial, on opère de la même manière, mais sur chaque compte personnel débiteur que l'on juge douteux, et alors chaque compte donne lieu à un article de balance en *perte* à porter au compte de *Pertes et profits*, ou même en *bénéfice* si, comme nous le disions plus haut, un débiteur présumé devoir payer une certaine somme, donnait plus, sinon la totalité de sa créance.

§ II. — Règlement des comptes personnels des chefs de commerce.

1° COMPTES DE FONDS.

Ces comptes, ouverts à chacun des titulaires faisant partie d'une association commerciale, sont débités par le crédit du compte de fonds capital de l'importance de l'engagement pris par le titulaire du compte, ils sont crédités au fur et à mesure des versements effectués.

Au moment de l'inventaire, on procède au règlement de ces comptes comme à ceux des comptes courants d'intérêts ; s'il y a solde, il est transporté sur le compte courant libre du titulaire, de manière que ces comptes se soldent par eux-mêmes et disparaissent pour ne se rouvrir qu'au moment de la liquidation du commerce.

Les associés sont, à chaque inventaire, crédités collectivement de leur mise de fonds dans le compte de fonds capital, et l'intérêt est porté au crédit de chaque titulaire dans la proportion de sa mise et aussi dans la proportion du droit que lui confère l'acte de société, par le débit du compte de *Pertes et profits.*

Si, au moment du règlement de son compte, un des associés reste débiteur d'un solde, il doit compléter sa mise de fonds.

2° COMPTE COURANT OBLIGÉ.

Ce compte ne présente pas de débit, il se règle comme les comptes courants d'intérêts.

Si le crédit dépasse la somme promise par le titulaire, la différence donne lieu à un article de virement à son compte courant libre ; le compte courant obligé de chaque titulaire ne devant subir aucune modification et restant créancier de la somme fixée par l'acte de société, les intérêts sur ce compte doivent être portés au crédit du compte courant libre.

Si les versements ne sont pas complètement faits, le titulaire doit être mis en demeure de compléter l'importance des engagements pris par lui.

3° COMPTE DE LEVÉES.

Le compte de levées, nous l'avons déjà dit, représente les sommes que le titulaire prélève pour ses dépense personnelles ; sommes qui lui sont attribuées par l'acte de société. Au moment de l'inventaire, il faut, avant de procéder au règlement, constituer un crédit par le débit de frais généraux de l'importance des levées du titulaire.

La balance du compte, indiquant la somme que le titulaire aura prise en plus ou en moins de ses levées, devra être transportée, par un article de virement, au compte courant libre.

De cette manière, le compte de levées se soldera
par lui-même et disparaîtra au moment de l'inventaire.

4° COMPTE DE VOYAGE.

On débite le compte de voyage des sommes que
le voyageur a reçues pour le compte de sa maison
ainsi que celles qui lui ont été accordées pour subvenir à ses frais de route. Il est crédité au contraire,
de celles qu'il a versées à son retour, de celles qu'il
a payées pour la maison et enfin de ses frais de
route.

Au moment de l'inventaire, si le compte ne se
solde pas par lui-même, la différence constitue la
somme due au titulaire ou celle, au contraire, dont
il est redevable envers le commerce; mais comme
ce compte doit disparaître à la fin de chaque exercice,
il y aura lieu de passer un article de virement au
crédit ou au débit du compte libre du titulaire.

5° COMPTE COURANT LIBRE.

Le compte courant libre ne peut être constitué que
le jour où le compte courant obligé et le compte de
fonds sont complétés par les versement successifs des
sommes représentant l'importance des engagements.

Les sommes librement versées alors ou déposées
sont inscrites au *crédit* du compte; celles, au contraire, retirées du commerce sont portées au *débit*.

Ce compte sera encore *crédité*, au moment de l'inventaire, des intérêts de la mise de fonds, ainsi que de ceux du compte obligé. Le solde résultant du règlement des *comptes de levées* sera porté au *débit* ou au *crédit* de ce compte, selon la circonstance.

C'est ce qui explique pourquoi le *compte courant libre* doit être réglé le dernier au moment de l'inventaire.

La balance de ce compte constitue le *titulaire débiteur* ou *créancier* du commerce ; mais nous devons faire remarquer que, si cette *balance* est au *débit*, le titulaire devra payer tout de suite, car cette dette contractée est, en quelque sorte, le retrait d'une partie de la mise de fonds.

Le règlement, au jour de l'inventaire, donne lieu à l'article au Journal :

Compte nouveau à compte ancien ou
Compte ancien à compte nouveau,

selon que le solde est débiteur ou créancier.

§ III. — Règlement des comptes généraux. Caisse.

Le compte de *Caisse* ouvert au mouvement des espèces présente, au *débit*, les sommes qui entrent ; au *crédit*, celles qui sortent. La différence entre le débit et le crédit indique naturellement les *espèces* restant en caisse au moment de l'*inventaire*, c'est-à-dire au moment du règlement.

Ce compte ne présente ni bénéfice ni perte, les sommes entrant et sortant pour la même valeur. Cependant, en cas de perte matérielle ou de vol, on doit passer écriture au *débit* de *Pertes et profits*, mais cela au moment même de la constatation.

Ce compte peut se solder par lui-même, mais si, au moment de l'inventaire, il présente un solde, ce solde ne peut être qu'en faveur du *débit*, car il ne peut sortir de la caisse plus d'espèces qu'il n'en est entré. On le règlera donc comme un *compte* personnel débiteur par un article au Journal :

Compte nouveau à compte ancien,

Solde des espèces en caisse à ce jour.

L'article ainsi passé sera d'abord rapporté au crédit du compte ancien sur le Grand-Livre. Le compte alors sera balancé, puis arrêté par deux *traits* au dessous des deux additions semblables. Ensuite au *débit* du compte nouveau qui prendra les lieu et place du compte ancien pour le solde restant en caisse.

MARCHANDISES GÉNÉRALES.

Pour éviter la confusion qui pourrait exister au moment du règlement des comptes à l'inventaire, il est d'usage de classer les opérations auxquelles donne lieu le mouvement des *marchandises* en diverses catégories ; c'est ainsi que nous aurons un *compte de marchandises générales* pour les achats et les ventes de marchandises pour notre propre compte; *marchandises en consignation* d'un tiers chez nous, pour les marchandises déposées pour être vendues pour le compte d'un tiers; marchandises en *consignation chez un tiers*, pour celles déposées par nous chez un tiers pour être vendues pour notre compte, et enfin *marchandises en participation* avec une ou plusieurs personnes.

Marchandises générales. — Ce compte, affecté exclusivement aux marchandises que le commerçant vend et achète pour son propre compte, est *débité* dans le courant de l'année du prix d'achat des marchandises reçues de nos vendeurs par le *crédit* de ces derniers; il est *débité* en outre des frais accessoires, tels que lettres de voiture, courtage, main d'œuvre, tous frais concourant à la formation du prix de revient, soit par l'augmentation du prix d'achat, soit en diminuant le prix de vente. Le compte sera *crédité* des *marchandises* vendues par le *débit* de nos acheteurs.

On débitera encore le compte des *escomptes* retenus par nos acheteurs et on le créditera de ceux accordés par nos vendeurs au moment du règlement des factures.

Le *débit* du compte représentant les marchandises achetées, plus les frais, et le *crédit*, les marchandises vendues, la différence entre le *débit* et le *crédit* devra nécessairement exprimer le bénéfice réalisé sur les ventes ou la perte résultant des opérations. Bénéfice, si le *crédit* est le plus fort; perte, au contraire, si le *débit* est supérieur au *crédit*.

Mais il est rare qu'au moment de l'inventaire toutes les marchandises achetées soient vendues; il devient donc impossible d'apprécier le bénéfice réalisé sur les opérations de vente. Il faut donc, pour arriver à ce résultat, au jour de l'*inventaire général*, dresser un *état* estimatif des marchandises restant en magasin, les calculer au cours du jour et en opérer la vente fictive au *compte nouveau* par un article au Journal :

Compte nouveau à Compte ancien.

Valeur des marchandises en magasin à ce jour.

Cet article, rapporté au crédit du compte sur le *Grand-Livre*, mettra en parfait rapport le *débit* et le *crédit* du compte, puisque toutes les marchandises achetées seront alors vendues ou réellement ou fictivement.

Cette opération faite, on pourra apprécier le bénéfice ou la perte résultant des opérations. La balance donnera lieu à l'article au Journal :

Marchandises générales à Pertes et profits.

Bénéfice sur les marchandises, ou, au contraire :

Pertes et profits à Marchandises générales.

Pertes sur nos marchandises.

L'article inscrit au débit ou au crédit du Grand-Livre, on arrêtera le compte par un double *trait* et on portera le solde, c'est-à-dire la *valeur* des marchandises en magasin, au débit du compte *nouveau* prenant les lieu et place du compte *ancien*. On porte au compte de *Pertes et profits* la balance exprimant le bénéfice ou la perte résultant du règlement.

Les comptes spéciaux, ouverts à certaines opérations de marchandises ou à différentes natures de marchan-

17

dises, se règlent de la même manière que *le compte
général* dont nous venons de parler, seulement la
balance du compte exprimant le bénéfice ou la perte
peut indifféremment être portée directement au
compte de Pertes et profits ou au compte de Marchandises générales pour se fondre avec la balance de
ce dernier dans un seul article de Pertes et Profits.

ESCOMPTES ET RABAIS.

Si nous ouvrons un compte spécial pour les
escomptes, rabais ou bonifications que nous accordons
à nos acheteurs et pour ceux qui nous sont accordés
par nos vendeurs, nous aurons à débiter ce compte
des escomptes accordés à nos acheteurs par le crédit
de ces derniers, et à le créditer au contraire des
escomptes qui nous sont alloués par le débit de nos
vendeurs. Au moment de l'inventaire, la balance de
ce compte exprimera un bénéfice ou une perte que
nous transporterons ou directement au compte de
Pertes et profits par un article au Journal :

Escomptes et rabais à Pertes et profits,

s'il y a bénéfice ;

Pertes et profits à Escomptes et rabais,

s'il y a perte ;

Ou bien encore au compte principal de Marchandises générales, par cet article :

Escomptes et rabais à Marchandises générales ou
Marchandises générales à Escomptes et rabais,

suivant que le règlement accusera un bénéfice ou une perte provenant de la différence entre les escomptes accordés et les escomptes dont nous aurons été bonifiés.

Cette balance ainsi transportée au *débit* ou au *crédit* du compte de *Marchandises générales* viendra accroître les bénéfices ou les pertes de ce dernier, dont les escomptes et rabais ne sont en réalité qu'une subdivision.

Avant de nous occuper du règlement des différents comptes subdivisionnaires du compte principal de Marchandises générales, il est bon de donner quelques explications sur ce que l'on entend par *prix de revient*, et quels sont les éléments qui concourent à sa formation.

DU PRIX DE REVIENT.

Quel que soit le commerce que l'on entreprenne ou que l'on poursuive, il est indispensable, pour l'organisation de la comptabilité et la préparation à l'inventaire, de connaître fort exactement le prix de revient de la marchandise.

Or le prix de *revient* d'un produit n'est autre que le prix exact auquel il peut être vendu sans qu'il résulte de cette vente ni perte ni profit.

Pour arriver sûrement à connaître le prix de *revient*, il faut :

1° Faire l'évaluation de chaque produit entrant dans la fabrication de la marchandise vendue;

2° Calculer les prix de transport et autres frais spéciaux à la marchandise, tels que droits d'octroi, douane, etc.;

3° Faire le relevé des sommes employées à la rémunération des divers salaires des ouvriers employés à la fabrication;

4° Les frais généraux, location, impôt et menues dépenses;

5° Enfin la somme d'amortissement affectée au compte de Meubles et ustensiles, outillage, matériel ou autres comptes du même genre.

Ce n'est donc qu'au moment du règlement définitif des comptes que l'on peut exactement connaître le prix de *revient* qui doit servir de base au prix de vente, lequel s'obtient en ajoutant un tant pour cent calculé sur le prix de *revient*.

COMPTE DE MARCHANDISES GÉNÉRALES POUR NOTRE COMPTE CHEZ UN TIERS.

Si nous expédions des marchandises en consignation à des tiers chargés de vendre pour notre compte, nous pouvons ouvrir un *compte spécial* en particulier pour la consignation faite à une même personne ou collectif pour toutes celles que nous pouvons faire à différentes maisons; mais il est mieux toutefois d'en ouvrir un à chacune.

Dans un cas comme dans l'autre, le compte spécial de *Consignation* doit être *débité* par le *crédit* du compte *principal Marchandises générales* du prix

d'achat de la marchandise expédiée ; il est aussi débité
des frais nécessités par l'expédition, ainsi que ceux
faits par le consignataire à la réception de la marchandise, suivant la note qu'il peut nous remettre à
ce moment, à moins qu'il préfère attendre la première
vente faite par lui pour comprendre ces frais dans un
seul compte de *Vente et net produit.*

Quand la marchandise est vendue, nous en recevons le compte de vente. Si notre consignataire est
ducroire, nous le *débitons* par le *crédit* du compte de
Consignation comme si nous lui vendions directement
cette marchandise.

Si, au contraire, il n'est pas *ducroire*, nous créditons le compte de *Consignation* du montant des factures dont nous débitons un compte collectif intitulé :
Débiteurs divers chez M***, et nous créditons notre
consignataire de son compte de frais par le débit du
compte *Consignation.*

Au moment des rentrées, nous débitons notre consignataire de la note détaillée que nous recevons et
nous *créditons* nos débiteurs chez lui ; nous les créditons aussi des escomptes et rabais retenus par le débit
du compte spécial *Escomptes et rabais.*

Au moment de l'inventaire, nous réclamons la note
détaillée des marchandises invendues que nous pouvons contrôler au moyen de la note de nos expéditions
et du relevé des ventes faites à ce jour. Nous réglons
le compte de *Consignation* comme le compte *principal
Marchandises générales*, d'abord par un article de
solde à nouveau pour les existences, puis par un
article à *Pertes et profits* pour la différence entre le
débit et le *crédit.*

MARCHANDISES EN CONSIGNATION CHEZ NOUS POUR COMPTE D'AUTRUI.

Si nous recevons des marchandises à vendre pour le compte d'un tiers, à la réception des marchandises, nous en inscrivons l'entrée au livre Rencontre et nous prenons note des frais faits par nous, pour en débiter immédiatement notre commettant, soit pour les réserver, soit pour les comprendre dans notre premier compte de vente.

Si nous sommes *ducroire*, nous créditons : *Marchandises générales* ou *le compte spécial* que nous pouvons ouvrir à ces opérations du montant des factures que nous faisons par le débit de nos acheteurs, et nous le débitons par le crédit de nos commettants du montant des comptes de Vente et net produit que nous leur remettons.

Le compte spécial est en outre débité des escomptes et des rabais par nous bonifiés lors du règlement des factures. A l'inventaire, comme cette marchandise ne nous appartient pas, nous n'avons aucun article de solde à nouveau à passer pour les existences invendues, nous n'avons qu'à faire un article de balance :

A *Profits et pertes* pour la différence entre le débit et le crédit, balance toujours en bénéfice, représentant l'importance de nos commissions et de nos déboursés, qui, passés par caisse, n'ont pas été portés au *débit du compte spécial*.

Si à l'époque de l'inventaire nous avons omis de remettre notre compte de vente pour une vente faite et passée au crédit du compte spécial, il y aura lieu nécessairement à faire un article de solde au *débit du compte ancien*, par le crédit du compte nouveau, pour le montant du compte de vente à remettre dont nous sommes débiteurs et qui doit, par conséquent, figurer à notre passif.

Si nous ne sommes pas ducroire, les acheteurs ne nous appartiennent pas, mais comme c'est à nous qu'ils doivent payer, nous les débitons sur nos livres par le crédit d'un compte spécial :

*Marchandises pour compte de M*** de O****,*

nous remettons compte de vente à ce dernier sans qu'il y ait lieu à faire aucune écriture sur nos livres, puisque nous ne devons que lorsque nous avons reçu le règlement des débiteurs.

Au fur et à mesure des rentrées, nous remettons le compte à notre commettant et nous l'en créditons par le débit du compte spécial qui est aussi débité des escomptes bonifiés.

Quant à notre compte de frais, qui est dressé à part et qui accompagne chaque compte de vente, nous en débitons notre commettant directement par le crédit de Marchandises générales.

A l'inventaire, après avoir remis compte de rentrées effectuées par nous jusqu'à ce jour, notre compte spécial, qui est plus un compte personnel qu'un compte général, nous donne par sa balance un solde *créditeur à nouveau*, qui doit être nécessairement égal au relevé des soldes débiteurs à nouveau des comptes restant débiteurs chez nous pour compte d'autrui, de telle sorte que ces débiteurs qui ne nous

Enseignement théorique de M. J. Rolland.

concernent pas, figurant à notre actif par leurs
comptes individuels et à notre passif par notre compte
spécial, se contrebalancent, s'annulent sur nos livres,
et, par le fait, ne figurent pas à notre inventaire, si
ce n'est pour mémoire.

COMPTES DE MARCHANDISES EN PARTICIPATION.

Nous avons dit que l'on peut faire des opérations
sur marchandises en participation, avec une ou plusieurs personnes, pour des parts égales ou inégales,
suivant les conventions faites avec ces personnes, il
convient alors d'ouvrir un compte spécial à chacune
de ces opérations, en lui donnant un titre particulier,
de manière à distinguer tout ce que l'on peut faire
avec des maisons différentes, tels que :

Marchandises de compte à 1/2 avec B*** de N***.
Marchandises compte à 1/3 avec M*** et O*** de P**.
Marchandises en participation avec M*** de N***,
pour 3/4 et nous 1/4.

En un mot, chaque titre doit indiquer nos co-par-
ticipants et la part de chacun dans l'opération, peu
importe qu'il s'agisse d'une opération isolée ou d'une
série d'opérations suivies sur une même marchandise
ou sur marchandises de diverses natures.

Nous avons à examiner à quelles écritures donnent
lieu ces opérations et de quelle manière se règlent les
comptes spéciaux dont elles motivent l'ouverture. Nous
prendrons pour thème de nos explications l'existence
d'un compte à *1/2 M*** et Cie de N****, et ce que

nous dirons de ce compte s'appliquera à tous ceux de même nature, quels que soient le nombre des intéressés et l'intérêt de chacun dans l'opération, les principes sont toujours les mêmes.

Il existe deux manières d'établir ces comptes spéciaux : la première consiste à ouvrir le compte à 1/2 comme un compte général spécial, subdivisionnaire du compte principal *Marchandises générales*, lequel ne doit jamais présenter que notre part, notre 1/2 des opérations communes. Supposons en premier lieu que notre co-participant M*** et Cⁱᵉ achète et vende ou fasse acheter et vendre en son nom la marchandise objet de notre spéculation; il nous remettra compte d'achat, puis compte de vente, l'un et l'autre à leur date. Nous le créditons de la 1/2 que nous lui devons pour le premier, par le débit de *Compte à 1/2 avec* M^{***} *et* Cie, et nous le débitons de la 1/2 qu'il nous doit pour le second par le crédit de notre compte spécial. Si nous supposons, au contraire, que nous soyons acheteurs, ou nous débitons le compte spécial par un article de virement au crédit de *Marchandises générales* du montant de la marchandise achetée par nous et mise ensuite en participation, puis nous adressons notre compte d'achat et frais à M*** et Cⁱᵉ en le débitant par le crédit du compte spécial de la 1/2 qu'il nous doit pour cet achat; ou bien, ce qui est peut-être plus logique, nous créditons *Marchandises générales* par le débit du compte spécial pour notre 1/2, et par le débit de M*** et Cⁱᵉ pour sa 1/2 du montant du compte d'achat et frais que nous lui remettons, ce qui implique un article collectif.

Quand nous avons vendu, ou nous créditons le

compte spécial du montant des factures par le débit
de nos acheteurs, sauf ensuite à le débiter de la 1/2
du compte de ventes que nous devons à M***, par le
crédit de ce dernier, ou bien nous portons nos factures
au crédit de Marchandises générales que nous débitons ensuite par un article collectif du compte de
vente remis par le crédit du compte spécial :

Pour notre 1/2 et M*** et Cie pour sa 1/2.

Si nous achetons et expédions ensuite la marchandise à M*** et Cie pour la vendre, ou si lui achète et
nous expédie pour la revendre, le principe est toujours
le même, notre compte spécial n'est jamais débité
que de la 1/2 nous concernant dans les achats et frais
nécessaires, et crédités de la part nous revenant dans
les ventes nettes de frais, en passant les écritures
comme nous venons de l'indiquer, suivant que nous
sommes acheteurs ou vendeurs.

A l'inventaire, nous dressons l'état descriptif et estimatif des existences, et la 1/2 de cette estimation nous
appartenant fait l'objet de notre article de solde à nouveau ; cet article passé au *crédit du compte à 1/2 avec
M*** et Cie, compte ancien*, il ne nous reste plus qu'à
faire la balance à Profits et pertes pour équilibrer le
compte. L'article de solde, rapporté au débit du compte
nouveau M***, fait figurer à notre actif l'importance de
notre 1/2 des marchandises invendues. Remarquons
seulement que si nous avons porté les achats faits par
nous, les ventes opérées par nous, les uns au débit, les
autres au crédit de Marchandises générales, pour ne
débiter et créditer le compte spécial que de la 1/2 nous
concernant dans les comptes d'achat et de vente opérés

par notre entremise, sauf ensuite à le créditer de
la 1/2 des comptes d'achat et à le débiter des comptes
de vente que nous remettons à M*** et Cie, par le débit
et le crédit de ce dernier, l'importance de nos commissions figurera à la balance du compte spécial,
laquelle nous donnera l'expression complète du résultat pour nous des opérations qui y sont comprises.

Dans les opérations de cette nature, il est ordinairement convenu entre les intéressés que chacun sera
ducroire de ses ventes et deviendra, par conséquent,
débiteur de la 1/2 des comptes de vente qu'il remet,
comme s'il était lui-même acheteur.

Cependant le contraire peut arriver ; dans ce cas, si
nous sommes *vendeur*, le compte spécial sera crédité
du montant intégral des factures par le débit d'un
compte particulier ouvert aux acheteurs du compte
à 1/2 et sera débité par le crédit de M*** et Cie, de
la 1/2 des comptes de rentrées que nous lui remettons, mais alors, à l'inventaire, outre l'article du solde
à nouveau :

*Marchandises générales, compte à 1/2 avec M****
et Cie, Compte nouveau à Compte ancien, nous aurons
un deuxième article de solde intitulé :

*Marchandises générales, compte à 1/2 avec M****
et Cie, Compte ancien à Compte nouveau, la 1/2 de
M*** et Cie dans les rentrées à effectuer, car la 1/2 de
ces débiteurs ne nous concernant pas ne peut figurer
à notre actif que pour mémoire et doit figurer aussi
à notre passif au crédit de compte à 1/2 à nouveau,
qui sera débité de cette 1/2 quand elle rentrera. Si
M*** et Cie est vendeur, nous aurons un compte de
débiteurs de compte à 1/2, chez M*** et Cie, que

nous débitons des ventes dont il nous avise, par le crédit du compte spécial, et que nous créditons de la 1/2 des comptes de rentrées que nous recevons de M*** et Cie, par le débit de ce dernier.

Etabli d'après cette première méthode, notre compte spécial *Marchandises compte à 1/2 avec M*** et Cie* ne représente jamais que notre part dans la participation, mais alors son existence implique l'ouverture d'un compte courant d'intérêt à M*** et Cie, lequel est débité de la 1/2 des comptes d'achat que nous recevons de lui ainsi que de la 1/2 des comptes de vente que nous lui remettons avec le compte spécial pour contrepartie; dans tous les articles, le compte personnel est en outre débité et crédité des remises en *espèces* ou en effets de commerce que nous nous faisons réciproquement pour nous régler de ces opérations.

Le compte de marchandises en participation peut s'établir aussi d'après une autre méthode qui n'admet pas le partage immédiat des opérations au fur et à mesure qu'elles se produisent; mais seulement un partage des résultats définitifs soit au moment du règlement, soit au moment de l'inventaire.

Le compte spécial que nous avons alors sur nos livres est moins un compte général qu'un compte *personnel* représentant la personne avec laquelle nous formons une société en participation.

Supposons toujours notre *compte à 1/2 avec M*** et Cie* et admettons que nous soyons chargés de vendre et d'acheter pour le compte social; nous ouvrirons au Grand-Livre un compte intitulé de même que le précédent *Marchandises compte à 1/2 avec M*** et Cie*, compte personnel, comme serait celui ouvert à un

commettant qui nous chargerait de vendre et d'acheter
pour son compte et qui désirerait avoir sur nos livres
un compte particulier.

Ce compte sera *débité* de tous nos comptes d'achat
et frais, et si nous sommes ducroire, il sera *crédité*
de tous nos comptes de vente et net produit comme
pour la marchandise vendue ou achetée pour le
compte d'autrui.

A l'inventaire nous calculons les intérêts de ce
compte spécial, car la participation doit les intérêts de
nos comptes d'achat et de frais comme nous lui
devons ceux de nos comptes de vente.

Après en avoir fait écriture au débit ou au crédit
du compte, suivant le cas, nous faisons l'article de
solde à compte nouveau pour les marchandises invendues et l'article placé au crédit du compte ancien ; il
en résulte que toute la marchandise achetée est vendue, par nous, réellement ou fictivement ; il ne reste
plus alors qu'à faire la balance du compte, pour en
connaître les résultats en bénéfice ou en perte.

La balance trouvée fait l'objet d'un partage entre
les intéressés que concerne le compte spécial ; nous
portons cette balance au débit ou au crédit du compte
spécial pour en équilibrer les totaux par un article
collectif, au crédit ou au débit de notre compte de
Pertes et profits pour la 1/2 nous revenant dans les
bénéfices ou les pertes, et au *crédit* ou au *débit* de
M*** et Cie, pour la 1/2 lui revenant.

Le solde rapporté au débit du compte nouveau doit
figurer à notre *actif* en totalité ; en effet, si la moitié
seule nous appartient en réalité, la moitié appartenant
à M*** et Cie nous est due par lui, puisqu'il n'en a

pas été débité sur son compte courant sur lequel sont portées seulement les remises que nous avons pu nous faire réciproquement. Le solde à nouveau représentera une *valeur active* à nous due en réalité.

Si nous ne sommes pas ducroire, nous ouvrons un compte aux débiteurs de la participation, débité du montant des factures par le crédit du compte spécial et crédité des rentrées par le débit des valeurs dont les comptes sont inscrits au Grand-Livre.

Mais comme nous devons des intérêts sur les rentrées effectuées, nous devons ouvrir, sur le livre des comptes courants d'intérêts, un compte à la participation, débité des comptes d'achats et frais, et crédité des rentrées que nous envoyons, nous calculons alors les intérêts dont nous faisons la balance que nous portons à notre compte spécial, au Grand-Livre, avant de procéder à son règlement et à la division des résultats.

A l'inventaire, nous échangeons les extraits des *comptes spéciaux de participation* avec nos coparticipants, et après avoir vérifié et reconnu leur exactitude, nous débitons ou créditons M*** et Cie, dans son compte personnel, des sommes qu'il doit à la société ou qui lui sont dues par elle, et nous en créditons ou débitons le compte spécial.

De cette manière, le compte spécial est *débiteur* pour les achats, et *créditeur* pour les ventes, d'où il résulte un bénéfice ou une perte que nous portons au compte de *Pertes et profits* pour la part nous revenant, et au compte personnel de M*** et Cie pour la part lui revenant.

Nous pouvons dire, en terminant, que les comptes

en participation simplifient les écritures, puisqu'ils
ne nécessitent aucun article pour les achats et les
ventes qui n'émanent pas de nous.

Terminons ces explications sur les comptes de
marchandises par une dernière opération.

Bien qu'une maison fasse des opérations de diverses
natures, il peut se faire qu'elle n'ait à son Grand-
Livre qu'un compte principal *Marchandises générales*
sans aucun compte spécial pour chaque nature d'opérations. Dans ce cas, le compte général, débité et crédité de tous les articles relatifs aux marchandises sans
distinction, présentera à son règlement les résultats
collectifs de toutes les opérations sur cette nature de
valeur; le commerçant devra, en ce cas, pour se
rendre un compte exact, avoir un livre particulier sur
lequel il établira un compte spécial à chaque opération,
de manière à connaître le rendement de chacune
d'elles.

Dans les maisons où la comptabilité est organisée
avec des comptes spéciaux, pour chaque nature d'opération, et aussi à l'aide de livres auxiliaires d'achat
et de vente, on doit porter sur ces deux registres tous
les achats et toutes les ventes que l'on fait; quel que
soit le compte spécial, les uns et les autres concernant
le compte principal Marchandises générales sera, pour
les deux articles collectifs de fin de mois, débité et
crédité de tous les achats et de toutes les ventes; alors
il y a lieu de faire, au Journal général, deux articles
collectifs de virement :

*L'un, au crédit de Marchandises générales par le
débit des comptes spéciaux; l'autre, au débit de Marchandises générales par le crédit des comptes spéciaux,*

le premier pour les achats, le second pour les ventes.
Si l'on ne procédait pas ainsi, il faudrait, ou avoir un
livre d'achat et un livre de vente pour chaque compte
spécial, ce qui compliquerait la comptabilité, ou passer sur le Journal général et en détail les achats et
les ventes concernant les opérations détachées du
compte principal *Marchandises générales*, ce qui
amoindrirait l'utilité des livres auxiliaires.

COMPTE D'EFFETS A RECEVOIR.

Le compte des *Effets à recevoir* représente au débit
les effets entrés à leur valeur nominale, et au crédit
les effets sortis à leur valeur réelle, soit par encaissement, soit par négociation, soit aussi par endossement.

Pour régler ce compte, au jour de l'inventaire, il
faut d'abord faire la recherche des effets encore en
portefeuille, et s'aider pour cela des numéros d'entrée
et de sortie, puis faire l'évaluation de ces effets
comme si on les négociait, et pour cela calculer l'intérêt et le changement de place pour ceux sur l'intérieur, et au cours du change pour ceux payables
sur l'étranger.

Passer écriture pour le montant du bordereau de
négociation, qui donnera un solde débiteur que le
compte ancien cèdera au compte nouveau.

L'article au Journal sera ainsi passé :

Compte nouveau à Compte ancien,

valeur des effets en portefeuille, au jour de l'inventaire.

Cet article rapporté au crédit du compte sur le Grand-Livre, on procèdera à la balance, qui présentera un bénéfice, si le crédit est plus fort, une perte, au contraire, si c'est le débit.

Il y aura donc à passer l'article suivant au Journal :

Effets à recevoir à Pertes et profits,

dans le premier cas, ou

Pertes et profits à Effets à recevoir,

selon la circonstance.

Si nous avons disposé des colonnes d'escompte sur le Grand-Livre, leur balance servira nécessairement à contrôler les balances finales, puisque la colonne du débit indiquera les escomptes retenus par nous à l'entrée des effets, et la colonne du crédit, les escomptes par nous cédés, c'est-à-dire la perte, au jour de la négociation ou sortie de l'effet.

Si nous avons des comptes établis pour les diverses natures d'effets de commerce, le règlement de chacun d'eux se fera de la même manière que celui du compte général, dont nous venons de parler.

Les effets étant, en quelque sorte, considérés comme marchandises, pour les individus faisant le commerce de la banque, il en résulte qu'on peut avoir à faire des opérations sur les effets comme sur les marchandises, et par conséquent ouvrir des comptes pour les diverses opérations sur les valeurs : les acheter pour les revendre.

18

Soit effets pour son compte,

Effets pour compte d'autrui,

Effets pour les affaires en participation.

Dans ce cas, le règlement de ces comptes ne présente aucune difficulté ; ils se règlent comme ceux affectés aux diverses opérations de marchandises indiquées plus haut.

Enfin, outre les valeurs conventionnelles dites de *circulation*, et appelées aussi effets de commerce, il existe encore les valeurs de placement, tels que les titres de rente sur l'Etat ou encore les titres des sociétés commerciales en commandite ou anonymes, les actions, les obligations ; ces valeurs peuvent aussi faire l'objet d'opérations ; en ce cas, on ouvre des comptes spéciaux pour chaque nature d'opérations et les mêmes principes exposés plus haut président au règlement de ces comptes.

COMPTE DES EFFETS A PAYER.

Ce compte se règle comme le compte des effets à recevoir, mais en sens inverse.

Le compte des effets à payer est crédité de tous les effets souscrits ou acceptés par nous, et dont nous aurons à payer le montant au jour de l'échéance.

Il est débité, au contraire, par le crédit de la caisse, de tous les effets acquittés au jour de l'échéance.

Pour régler ce compte, au moment de l'inventaire, il faut faire la recherche des effets en circulation, s'aidant pour cela des numéros de sortie et de rentrée.

Après avoir fait le relevé des effets que le compte
nouveau sera chargé de payer aux lieu et place du
compte ancien, on les évalue au moyen d'une échéance
commune, à la somme pour laquelle on les paierait
si on les retirait par anticipation.

Le bordereau de l'échéance commune donnera lieu
à un article de solde au Journal :

Compte ancien à Compte nouveau.

Valeur des effets en circulation à ce jour d'inventaire.

L'article rapporté au Grand-Livre, au débit du
compte ancien, nous présente alors tous les effets
sortis comme étant rentrés ou réellement ou fictivement.

Nous faisons la balance pour laquelle nous passons
l'article suivant :

Pertes et profits à Effets à payer.

Perte sur les effets.

Mais, avant de clore ce chapitre, donnons quelques
explications sur la perte que peuvent produire les
effets.

Les effets à payer sont toujours remboursés, à leur
échéance, à leur valeur nominale ; ils peuvent être
remis, par nous, pour une valeur inférieure lorsque
le tireur a ajouté, à la somme qui lui était due, les
frais de négociation de la traite qu'il a tirée, soit
encore, lorsque nous souscrivons un billet du montant d'une somme reçue, plus les intérêts de cette
somme jusqu'à l'échéance.

Dans ces deux cas, nous faisons écriture et nous

créditons le compte général *Effets* par le débit du
compte personnel qui reçoit, du montant de la somme
qui lui est due, de telle sorte que les frais de négociation ou les intérêts, au lieu d'être passés au débit
de *Pertes et profits*, à chaque opération, sont passés
en bloc, au moment de l'inventaire, par un seul
article formant la balance du compte des *Effets à
payer*.

Cette balance exprime donc, presque toujours, une
perte, à moins que l'importance des escomptes sur les
effets en circulation à l'inventaire n'en change la
position.

Le compte ancien une fois équilibré et arrêté par le
rapport de l'article de balance, on rapporte l'article
du solde au *crédit du compte nouveau*, lequel figure
ainsi à notre passif comme le solde d'un compte créditeur.

MEUBLES ET USTENSILES.

Le compte de *Meubles et ustensiles*, affecté à l'importance des meubles meublant nos magasins et nos
comptoirs, représente au débit les acquisitions de
meubles et les réparations faites dans le courant de
l'année; le plus souvent, ce compte ne comporte pas
de crédit, sauf le cas assez rare, du reste, de revente
d'un objet mobilier quelconque.

Au moment de l'inventaire on peut régler le compte
en procédant de trois manières : soit par estimation,
soit par dépréciation, soit enfin par amortissement.

1° *Par estimation.*— On fait l'estimation approximative de la valeur des meubles au moment de l'inventaire, et cette estimation fait l'objet d'un article au Journal :

Compte nouveau à Compte ancien,

Valeur des meubles au jour de l'inventaire.

L'article rapporté au Grand-Livre au crédit de Compte ancien, on fait la balance qui constitue naturellement une perte dont on débite le compte de *Pertes et profits* par un article : *Pertes et profits à Meubles et ustensiles,* perte sur la valeur des meubles à ce jour.

2° *Par dépréciation.* — Le plus souvent, dans la pratique, on procède au règlement de ce compte par dépréciation ; dans ce cas, on fait subir à l'importance du débit du compte une réduction de tant pour cent exprimant la dépréciation présumée et annuelle des meubles. Cette réduction fait l'objet d'un article au débit de *Pertes et profits.* Après le rapport de l'article au crédit du compte de *Meubles et ustensiles,* la balance présente l'importance de la valeur des meubles à porter au compte nouveau par article.

Compte nouveau à Compte ancien,

Valeur des existences à ce jour.

3° *Par amortissement.* — Si nous procédons au règlement du compte de *Meubles et ustensiles* par amortissement, nous estimons les meubles à leur valeur d'achat et nous les cédons au compte nouveau par un article au Journal :

Compte nouveau à compte ancien,

Valeur des existences à ce jour.

Mais nous calculerons, d'autre part, un tant pour
cent sur cette valeur, et, ouvrant un compte intitulé
Amortissement, nous passerons un article au Journal :

Pertes et profits à Compte d'amortissement,

Amortissement sur la valeur des meubles.

De cette manière, nos meubles n'auront à subir
aucune modification et figureront à l'*actif* de notre
inventaire pour leur valeur d'achat, et, par contre,
notre compte d'amortissement figurera au passif de
ce même inventaire pour la somme d'amortissement
calculée sur la valeur des meubles.

On le voit, le compte de *Meubles et ustensiles*
étant chaque année augmenté par de nouveaux achats
ne présentera qu'un *actif* incertain, il est donc de
toute utilité de calculer un tant pour cent de perte
ou amortissement pour ramener le compte à sa
situation exacte.

Le compte d'*Amortissement* ne se règlera qu'à
l'époque de la liquidation, et la valeur réelle de nos
meubles à ce moment sera le résultat de la balance
entre le débit des *Meubles et ustensiles* et le crédit
du compte d'*Amortissement*.

COMPTE D'IMMEUBLES.

Le compte d'*Immeubles* est débité de la valeur des
immeubles auxquels il est ouvert, soit valeur estimative à l'inventaire précédent, soit aussi à la valeur
d'acquisition postérieure. Il sera encore débité de

toutes les dépenses de réparation, d'entretien, d'amélioration, d'imposition, frais d'administration, auxquels ils peuvent donner lieu.

Il est crédité, au contraire, des ventes qu'on a pu faire des immeubles ou seulement d'une partie des loyers et revenus perçus, ainsi que de ceux arriérés dont on débite le retardataire.

A l'inventaire, on fait l'estimation des immeubles, abstraction faite des sommes qu'on a pu y dépenser, et cette estimation fait l'objet d'un article de solde au débit du Compte nouveau par le crédit du Compte ancien, comme si ce dernier en opérait la vente au premier. Après le rapport de l'article au Compte ancien, il ne reste plus qu'à faire la balance par le compte de *Pertes et profits*.

Il arrive quelquefois qu'un correspondant, un chef de la maison même, peut avoir sur les livres un compte personnel spécial à une opération ou à une série d'opérations faites par lui pour son compte exclusif sur marchandises, effets de commerce, fonds publics, valeurs industrielles ou sur des immeubles; dans ce cas, les comptes ouverts à ces valeurs sont des comptes généraux, mais personnels; ils se règlent d'après les principes que nous venons d'exprimer avec cette différence que la balance en bénéfice ou en perte, résultant de chacun d'eux, ne saurait être portée à notre compte de *Pertes et profits*, puisque ces comptes nous sont étrangers, mais doit être portée, au contraire, au compte principal de ceux pour qui ces comptes particuliers ont été établis.

COMPTE DE PERTES ET PROFITS ET SES SUBDIVISIONS.

Nous avons dit plus haut quelles étaient les subdivisions du compte de *Pertes et profits;* il est bon de dire un mot sur le règlement de chacun d'eux.

COMPTE DE VOYAGE.

Ce compte est débité des frais de route des voyageurs, il ne peut rien avoir au crédit, sauf le cas exceptionnel du remboursement par un client de frais de voyage mis à sa charge. La balance de ce compte, qui donne l'importance du chiffre annuel de cette dépense, est portée par un article de virement au débit de *Frais généraux,* sa véritable place.

COMPTE DE FRAIS GÉNÉRAUX.

Ce compte est débité de tous les frais d'administration, tels que loyer, assurances, impositions, levées, appointements, chauffage, éclairage, etc.; il ne comporte, en principe, aucun crédit, sauf le cas de remboursement par un client de quelques-uns des frais à porter au débit du compte personnel de ce client.

La balance du compte en est en même temps le solde et nous permet d'apprécier l'importance de nos frais généraux et de juger s'ils sont ou non en rapport avec l'importance de nos affaires; elle est rapportée par un article de virement au débit de *Pertes et profits* dont elle est un des éléments.

Dans certaines maisons, on peut avoir un compte spécial pour les *menus frais occasionnés par les marchandises*, tels que lettres de voiture, factage, courtage, dont quelques-uns sont remboursés par les correspondants qui les ont ordonnés. La balance de ce compte est transportée alors par un article de virement au compte principal de *Marchandises générales* ou directement au compte de *Pertes et profits*. On peut avoir aussi un *compte spécial* pour les agios résultant de la *négociation des effets* du *portefeuille*, un compte spécial pour les *intérêts*, pour les *commissions en marchandises*, pour celles en *banque*. Tous ces comptes spéciaux, débités des agios, intérêts, commissions par nous alloués, crédités de ceux à nous alloués, se règlent tous par le compte de *Pertes et profits*, de manière à disparaître à l'inventaire, de même que le compte de *Frais généraux* et de *Frais de marchandises*.

PROFITS ET PERTES COURANTS.

Ce compte se règle le dernier de tous, puisque c'est à lui que se rapporte, que se reverse la balance en bénéfice ou en perte résultant du règlement de tous les autres comptes.

Il est donc *débité* de tous les articles de *balance en perte*, *crédité* au contraire des articles de *balance en bénéfice,* de même que, dans le courant de l'année, il a été débité et crédité de toutes les pertes et de tous les bénéfices éprouvés ou réalisés.

La balance de ce compte nous représente donc le résultat final de toutes nos opérations pendant chaque exercice.

Cette balance est transportée par un article de virement au compte de *Pertes et profits annuels,* établi au Grand Livre sur la même page que le compte de *Fonds capital :* le compte de *Pertes et profits courants* disparaît ainsi à l'inventaire.

PERTES ET PROFITS ANNUELS.

Ce compte est, on le voit, le résumé des résultats de chaque année ; si tous ces résultats sont en bénéfice, leur addition, qu'il suffit de faire à chaque inventaire, indique le chiffre dont le Fonds capital s'est accru ; si un inventaire donne une perte, on est obligé de régler ce compte par un article de solde à nouveau, résultant de la balance, pour ne faire ressortir à l'inventaire que le montant des bénéfices, compensation faite des pertes, ou des pertes, déduction faite des bénéfices, dans le cas où le débit du compte serait plus élevé que son crédit.

Tous les comptes du Grand-Livre ainsi réglés, il ne reste plus qu'à faire la feuille ou le tableau de l'inventaire.

Si l'addition des soldes débiteurs n'est pas égale à celle des soldes créditeurs, il y a nécessairement erreur dans les écritures de l'inventaire et il y a lieu alors à les vérifier article par article ; quelquefois on dresse le tableau d'inventaire sur la même feuille que la balance d'ordre en disposant, à droite des colonnes débit et crédit, deux autres colonnes intitulées : débiteurs et créditeurs, pour y inscrire en regard de leur énonciation le solde de chacun des comptes qui ne se balancent pas par eux-mêmes ou qui ne disparaissent pas à l'inventaire. Cette disposition permet d'avoir en même temps sous les yeux le mouvement général de chaque compte et le résultat en débit ou en crédit de ceux qui composent notre actif et notre passif.

Quand il s'agit d'un commerce exercé en société, il est ordinairement convenu que le compte de *Pertes et profits annuels* ne sera réparti qu'à l'expiration ou à la dissolution de la société ; alors ce compte présente bien par la balance les résultats annulés ou combinés de toutes les années qui précèdent.

Mais il peut arriver que les associés soient d'accord d'un partage annuel. Dans ce cas, l'inventaire une fois clos et arrêté, le premier article à faire au Journal est un article de répartition du compte de *Pertes et profits annuels* au débit de ce compte par le crédit des comptes courants libres des associés, et si un inventaire présente de la perte, comme chacun est débité de sa part au crédit de Compte général, il pourrait se faire que cet article obligeât tous ou l'un des associés au payement de sa part dans le cas où il ne serait créancier de son commerce d'aucune somme disponible ou d'une somme inférieure, autrement sa mise de fonds ne serait plus intacte.

Enfin, l'inventaire clos et arrêté, on doit, avant de recommencer les écritures du nouvel exercice, faire écriture au Journal :

Divers à divers,

importance du débit et du crédit de l'inventaire, 1°, de manière à ce que les soldes débiteurs et créditeurs au Grand-Livre, figurant sur le Journal général, soient compris dans les additions de ce dernier registre pour la balance suivante.

CHAPITRE VII

Liquidation.

Souvent, à la fin d'un exercice, l'inventaire étant terminé, et après en avoir connu les résultats, des circonstances prévues ou imprévues imposent au commerçant une liquidation.

Et d'abord qu'entend-on par liquidation?

« La liquidation, dit M. Alauzet, est l'apurement « définitif d'une opération ou d'une suite d'opérations « qui sont arrivées à leur terme ou qui ont dû prendre « fin ; aussi, quand une association en participation « est entreprise et qu'elle a terminé ses opérations, « on clôt alors par une liquidation ; de même, quand « une société est arrivée à l'époque fixée pour sa « dissolution, ou qu'un évènement tel que la mort « d'un associé ou tout autre y met fin, ou bien encore « en cas de faillite, une liquidation devient néces- « saire ; elle a pour premier but de régler les droits « des tiers ; de répartir entre chaque associé ou ayant « droit, ou à chaque héritier de la personne décédée, « la part qui lui revient, soit dans les valeurs actives « qui restent après avoir complètement désintéressé « les tiers, si la liquidation a été bonne ; soit dans « les charges à acquitter, si la liquidation a été mau- « vaise. »

Nous n'avons pas à traiter ici la liquidation après décès et entre héritiers, ni la liquidation des sociétés commerciales, ni celle résultant d'une faillite.

Nous envisageons simplement la situation d'un commerçant que des circonstances obligent à céder ses affaires, soit qu'il ait prévu la chose par son acte de société ou, au contraire, lorsqu'une circonstance imprévue l'y contraint. Dans ce cas, comment doit-il l'exprimer dans ses écritures commerciales ?

ÉCRITURES DE LIQUIDATION.

Quand des causes l'exigent, on procède à la liquidation du commerce, quel que soit le mode convenu entre les associés ; le premier article à passer au Journal est celui ayant pour but d'opérer la restitution des mises de fonds par un article au débit du compte *Fonds capital* par le crédit du compte courant du commerçant exerçant isolément, et par le crédit des comptes de fonds des associés, s'il y a société.

Du jour où le commerce entre en liquidation, le commerçant devient créancier, vis-à-vis de lui-même, de la mise de fonds qu'il a versée.

Le compte de *Capital* n'ayant plus de raison d'être se balance et disparaît.

Si on fait soi-même sa liquidation, les écritures se suivent et continuent comme si le commerce continuait, toutefois avec cette différence qu'on ne fait plus d'opérations nouvelles, on termine celles entamées, on paye tout ce que l'on doit, au fur et à mesure des rentrées de tout ce qui vous reste dû.

Si on cède la suite de ses affaires à une maison qui vous succède et se charge d'effectuer votre liquidation, le nouveau commerce qui, le plus souvent, prend à sa charge les soldes de quelques-uns des comptes généraux et personnels à des conditions arrêtées, vous donne tous les mois ou tous les trois mois, un état des opérations faites par lui, pour votre liquidation, indépendamment du compte courant d'intérêts qui s'établit entre lui et vous à ce sujet, et qu'il vous remet tous les six mois ou tous les ans.

C'est d'après ces états mensuels ou trimestriels que l'on fait, sur les livres, par écritures de liquidation, les deux articles collectifs pour chaque état :

Un au *débit du compte du nouveau commerce*, à qui vous ouvrez un compte pour toutes les sommes ou valeurs qu'il a reçues, et dont il est devenu débiteur vis-à-vis de vous, par le crédit des comptes de qui il a reçu.

Un à son *crédit pour toutes les sommes* qu'il a payées, pour votre compte, par le débit de ceux à qui il a payé.

En dehors de ces deux articles, il ne nous reste plus à faire, en règle générale, que des articles de pertes et profits résultant du règlement de nos comptes tant généraux que personnels.

Quel que soit le mode de liquidation adopté, il est de principe qu'au fur et à mesure des rentrées, on doit, tout d'abord, acquitter les sommes dues à des tiers, avant d'en répartir aucune aux intéressés. Tous les créanciers payés, les rentrées sont employées, en premier lieu, à solder les comptes courants libres et les comptes courants obligés des associés, et ce n'est

qu'après la liquidation de ces comptes que les rentrées sont affectées au remboursement des mises de
fonds et proportionnellement.

.. Quand toutes les rentrées sont effectuées et qu'il ne
reste plus rien à liquider et, par conséquent, plus rien
à répartir, tous les comptes au Grand-Livre sont
nécessairement balancés, excepté les comptes *Profits
et pertes* et les *comptes de Fonds*.

. On procède au règlement du compte de *Pertes et
profits* dont la balance est l'expression vraie, réelle
du bénéfice réalisé ou de la perte éprouvée.

. Cette balance est ensuite répartie, par un article
collectif, à chacun suivant sa part dans son compte
de Fonds, et le compte *Pertes et profits* balancé disparaît à son tour.

. Quant aux comptes de Fonds, véritables comptes
courants d'intérêts, jusqu'au dernier moment, si les
rentrées ont été réparties entre les associés dans la
proportion du droit de chacun, ils devront se balancer
par le rapport de l'article de répartition de la balance
de *Pertes et profits*, puisque cet article fixe la somme
dont chaque mise de fonds est augmentée ou dimi-
nuée. Dans le cas contraire, celui qui aura reçu
trop ressortira débiteur pour solde exactement de la
somme dont ressortira créancier celui qui aura reçu
moins ; ils se règlent entre eux.

. C'est ainsi que les opérations d'un commerce se
liquident.

. Les écritures en sont clôturées par la balance de
tous les comptes, à moins d'erreurs.

CHAPITRE VIII

Ouverture d'une comptabilité en parties doubles chez un commerçant n'ayant pas de livres de commerce.

Les circonstances n'ayant pas permis au commerçant de connaître les prescriptions de la loi, il peut arriver que, par ignorance ou par incapacité, il n'ait pas ouvert d'écritures régulières.

Il peut se faire aussi qu'il ait établi sa comptabilité à l'aide de simples notes, et employé la partie simple ; mais les exigences du commerce réclamant l'ouverture d'une comptabilité plus complète et l'emploi de la méthode à parties doubles, que doit faire alors le commerçant ?

Il doit dresser un inventaire estimatif de toutes les valeurs existant en magasin, tant celles qui composent l'*actif* que celles qui composent le *passif*, ainsi que les *comptes des débiteurs* et *ceux des créanciers*.

Cet *inventaire* ou *bilan*, une fois établi, on doit passer *écriture* au Journal :

1° En débitant toutes les personnes et toutes les valeurs *actives*, telles que *espèces*, *marchandises*,

19

effets à recevoir, mobilier, débiteurs, par le *crédit de capital;*

2° En *créditant* toutes les personnes et toutes les valeurs composant le *passif,* par le *débit* de ce compte de capital.

Il ne reste plus qu'à ouvrir, au Grand-Livre, un compte à chacune des personnes ou des valeurs qu'on a nommées au Journal, et à y transporter les écritures.

Ceci posé, les opérations de chaque jour devront être placées sur les différents livres dont le nombre et la nature varient selon les exigences de l'entreprise commerciale.

LIVRE VII

DE LA COMPTABILITÉ

APPLIQUÉE AU NÉGOCE, A L'INDUSTRIE, A LA BANQUE, A L'AGRICULTURE, A L'ADMINISTRATION PUBLIQUE

Nous avons exprimé, dans ce travail, les principes généraux de la comptabilité et de la tenue des livres.

Ces principes sont suffisants aux maisons faisant le commerce général en gros, en mi-gros ou en détail ; il nous reste à démontrer comment s'organise, à l'aide des règles que nous avons posées, la comptabilité générale, et quelles modifications elle demande lorsqu'elle s'applique aux diverses branches de la vie sociale :

Soit à l'industrie et aux manufactures ;
Soit à la banque et aux opérations financières ;
Soit à l'agriculture ;
Soit enfin à l'administration des deniers publics.

Nous ne pouvons, dans ce travail, qu'indiquer par quelques notes les règles principales employées pour chacune de ces branches.

Nous ne dirons rien absolument de la comptabilité applicable aux sociétés anonymes par actions, ni de la comptabilité des chemins de fer.

Les sociétés en commandite et les sociétés anonymes ne sont pas en rapport avec les besoins d'un commerce dirigé par des femmes.

Nous ne parlerons pas non plus de la société en participation ; nous avons pourtant effleuré cette dernière et parlé non de la comptabilité spéciale à cette forme de l'association, mais à quelques comptes ouverts aux chefs de commerce, au chapitre spécial du règlement des comptes.

Nous laissons à des professeurs plus autorisés que nous cet enseignement supérieur.

1° COMPTABILITÉ INDUSTRIELLE APPLIQUÉE AUX MANUFACTURES, AUX FABRIQUES.

La comptabilité peut s'appliquer aux divers commerces exercés isolément ou sous forme de société en *nom collectif,* soit aussi sous forme de commandite pure et simple.

De même, l'industrie peut se servir utilement des systèmes de comptabilité que nous avons indiqués dans cet ouvrage, quel que soit le mode des entreprises : usines, fabriques, manufactures.

Mais une condition expresse, c'est d'établir la comptabilité en se basant sur la *division du travail.*

Ainsi, dans l'industrie, la transformation du capital s'opère par le *travail* et par l'échange.

Il faut donc distinguer :

1° La comptabilité, de la production, de la fabrication et de ses subdivisions ;

2° Le mouvement des échanges, achats et ventes de la maison considérée comme maison de commerce.

La comptabilité industrielle comprendra, tout d'abord, le compte principal de *fabrique ou d'exploitation*, et ce compte pourra se subdiviser en ses principaux éléments :

1° Matières premières ;

2° Main-d'œuvre ;

3° Frais d'installation et de fabrication ;

4° Compte de matériel.

Les produits fabriqués exigent l'étude du *prix de revient*. Ce prix, indispensable à connaître, devient la base du prix de vente. La question de l'établissement du prix de revient a été traitée au livre sixième de ce travail.

Disons un mot des trois premiers comptes formant la base de la comptabilité industrielle :

1° Le *Compte de matières premières* sera *débité* du prix d'achat des matières premières servant à la fabrication par le crédit de ceux à qui on les achète ; *crédité*, par le débit du compte de *fabrique*, de la valeur de la matière entrée dans les produits ;

2° Le *Compte de main-d'œuvre* sera débité, par le *crédit* de caisse, des sommes comptées aux ouvriers ; crédité, par le débit du compte de *fabrique*, de ce qu'a coûté la main-d'œuvre nécessaire pour amener la matière première à l'état de produit fabriqué ;

3° Enfin le *Compte de frais de fabrication* sera débité, par le crédit de caisse, de tous les frais payés pour la fabrique ; ce compte sera crédité, par le débit du compte de *fabrique*, de la valeur des frais de fabrication applicables à chaque produit fabriqué dont on a passé écriture.

Ces trois comptes doivent se solder, au moment de l'inventaire, par un solde *débiteur* représentant, pour le premier, la valeur des matières premières non encore employées ou en cours de fabrication ; et pour les deux derniers la valeur de la main-d'œuvre et des frais applicables aux produits non encore fabriqués.

Ces comptes pourront se présenter de trois manières :

1° Avec un solde *débiteur* plus fort que celui qu'ils doivent avoir, indiquant que le prix de *revient* a été calculé trop bas ; il faudra les créditer, par le débit du compte de *fabrique*, de la différence nécessaire pour ramener les soldes à la position qu'ils doivent présenter ;

2° Avec un solde *débiteur* plus faible, indiquant que le prix de revient a été calculé trop haut ; on les créditera, par le débit du compte de *fabrique*, de la différence ;

3° Avec un solde créditeur prouvant que les prix de revient ont été calculés encore plus haut ; il faudra alors *débiter* ces comptes, par le *crédit* du compte de *fabrique*, non seulement de ce solde, mais de la somme composée du solde créditeur et du solde débiteur qu'on aurait dû avoir.

Le compte de fabrique débité des crédits de matières premières : main-d'œuvre, frais de fabrication, etc., représentera naturellement, au débit, le prix de revient exact des produits fabriqués, et au *crédit*, le prix de vente de ces mêmes produits.

La balance du compte, comme pour le compte de

Marchandises générales, sera l'expression du bénéfice ou de la perte résultant du règlement, et donnant lieu à un article de *Pertes et Profits*.

En ce qui regarde le compte de *Matériel* et les autres comptes, leur établissement, leur règlement ne présenteront aucune modification spéciale; nous n'avons pas à nous en occuper ici.

2° COMPTABILITÉ FINANCIÈRE.

Maisons de banque.

La banque est le commerce de l'argent et des valeurs qui le représentent.

L'opération commerciale du banquier est donc celle de prêter de l'argent contre des effets négociables; il opère aussi sur les fonds publics donnant lieu aux opérations sur la rente et sur les *fonds étrangers*.

Les effets de commerce forment la marchandise du banquier; il se propose de les acheter et de les revendre avec le plus grand bénéfice possible.

Le banquier, on le comprend, n'a pas de compte de *Marchandises générales;* mais il a, comme les autres maisons de commerce, des comptes de *Caisse, Fonds capital, Frais généraux, Meubles et ustensiles, Pertes et Profits*, et enfin des comptes personnels ou comptes courants d'intérêts.

Les comptes d'*Effets à recevoir* et d'*Effets à payer* nous présentent quelques différences avec ceux tenus dans les autres maisons de commerce.

Le banquier n'opérant, le plus ordinairement, que sur des valeurs de portefeuille, il lui est indispensable de connaître, à chaque moment, l'état précis de ses opérations.

Pour arriver à ce but, le banquier adopte un système qui diffère en quelques points de celui adopté dans les autres maisons. Il ne fait pas écriture au compte de *Pertes et profits* du bénéfice ou de la perte résultant de chaque opération, il se contente de l'indiquer ainsi :

S'il achète plusieurs effets dont la somme s'élève à 1.500 fr. et dont l'escompte est de 50 fr.,

La somme fournie par la caisse sera de 1.450 fr.

L'article sur le Journal devra être d'après le principe général :

Effets à recevoir aux Suivants.

Pour achat de divers effets :
 A Caisse.
Espèces comptées . . . . 1.450 '⎫
  A Pertes et Profits.   ⎬ 1.500 '
Pour escompte . . . . 50 ⎭

Par la méthode adoptée en banque, l'article au Journal sera :

Effets à recevoir à Caisse.

Pour achats de divers effets 1.450

Il n'est pas fait mention de la perte, on le voit; seulement, lorsque l'article sera transporté au Grand-Livre, il y aura lieu de faire sur ce dernier une modification dans l'établissement de ses colonnes, c'est-à-dire qu'à côté des numéros d'entrée et de sortie, on placera une colonne destinée aux valeurs nominales. Au débit, la différence entre la valeur réelle et la valeur nominale indiquera le bénéfice obtenu sur l'achat des effets.

Au crédit, cette différence sera l'expression de la perte subie au moment de la vente.

Il en résulte qu'à l'inventaire, au règlement des comptes, la différence entre les colonnes du débit et celles du crédit sera le résultat exact et définitif du bénéfice ou de la perte résultant du mouvement des effets.

Tous les autres comptes adoptés dans le commerce de la banque suivent exactement la méthode générale, et ne présentent pas de difficultés.

4° COMPTABILITÉ AGRICOLE.

Lorsqu'on applique la comptabilité à l'agriculture, une des principales études à faire est celle des prix de *revient*.

L'agriculteur doit tenir une comptabilité exacte, il doit avoir des comptes nombreux, et, si l'agriculteur n'a pas, comme le négociant, à enregistrer des opérations donnant lieu à un mouvement d'*effets à recevoir* ou d'*effets à payer*, il doit établir un grand nombre de comptes personnels et de nombreuses subdivisions à ces comptes :

1° Les instruments de travail forment une valeur matérielle qui doit être représentée;

2° Les amendements, les engrais ;

3° Les semences ;

4° Le payement des gages et des salaires ;

Outre ces frais qui nécessitent l'ouverture de comptes spéciaux, les frais journaliers formeront, comme dans les manufactures, le compte de :

5° Frais généraux ;

6° Enfin chaque terre formera un lot, et ces divers lots exigeront l'ouverture de comptes spéciaux d'exploitation.

Mais, avant de formuler un principe général applicable à la comptabilité agricole, disons que l'agriculteur, propriétaire ou fermier, doit procéder par l'évaluation précise de sa propriété ; en d'autres termes, il doit dresser un inventaire estimatif de ses valeurs tant *actives* que *passives*.

Cela posé, il procèdera à l'ouverture de comptes formant une comptabilité régulière.

C'est ainsi qu'il ouvrira un compte de matériel, de récolte, de bétail, de salaires, de semences.

Le compte de bétail sera débité du fourrage, paille et autres produits consommés dans l'étable, ainsi que des salaires des gens de service attachés aux soins du bétail ; le compte sera crédité soit des engrais fournis, soit des ventes effectuées.

Le compte de récolte sera débité des récoltes produites, et crédité des récoltes vendues, soit par le compte de caisse, soit par celui du portefeuille, ou même par le débit des acheteurs ou de tel ou tel autre compte qui aura reçu tout ou partie de cette récolte.

La comptabilité de l'agriculteur est peut-être minu-

tieuse, mais elle est intéressante et peut fournir des
enseignements utiles.

L'inventaire ne présentera pas de difficultés si nous
considérons les comptes d'engrais, amendements,
bétail comme autant de subdivisions d'un compte de
Marchandises générales, devant se régler comme ce
dernier. Les comptes établis pour chaque terre présentent, au cultivateur, les résultats de ses différentes
cultures ; ils peuvent se solder, au moment de l'inventaire, par des articles de pertes et profits.

Nous ne complétons pas l'ensemble des principes
de la comptabilité agricole, ce serait sortir du cadre
de nos études. Ces quelques mots ne sont qu'un
aperçu général de l'application du principe fondamental.

1° COMPTABILITÉ PUBLIQUE.

La comptabilité administrative, ou comptabilité des
finances publiques, est l'ensemble des mesures par
lesquelles sont constatées les recettes et les dépenses
publiques.

Le décret du 31 mai 1862 en établit la règlemen-
tation. Chaque ministère y trouve des règles spéciales
à son département, et l'application en est rigoureusement observée.

Mais la comptabilité des finances publiques diffère,
dans bien des points, de la comptabilité générale.

Elle est uniforme dans ses opérations.

La comptabilité publique n'enregistre que des
entrées, des dépenses et des existences.

Le point de départ des écritures est le budget des dépenses accompagné des lois de crédit qui le complètent. Lors du vote du budget ou des lois qui s'y rattachent, un *crédit* est ouvert à chaque ministère, et ce crédit est divisé par *titres* et *chapitres* représentés par autant de comptes de dépenses diverses.

Chaque crédit partiel est ensuite subdivisé, par l'administration, entre les divers ordonnateurs, de telle sorte que chacun d'eux est *crédité*, sous forme de compte, de la totalité des sommes qu'il a à dépenser.

Les payements ordonnancés, la somme qui en fait l'objet est imputée au budget auquel elle appartient, et cet article est *débité* de cette somme.

L'emploi des livres principaux y est adopté. Les comptables payeurs ont un Journal, un Grand-Livre et un Livre de caisse.

Les comptes passés au Grand-Livre se trouvent désignés par le budget des dépenses, de telle sorte que les écritures se rattachent à la comptabilité générale chargée de les résumer.

A la fin d'un exercice, on balance chaque chapitre du budget, et on a par là l'emploi des *crédits* et leur non emploi.

Par cela, on voit si des dépenses restent encore à ordonnancer, ou si les crédits sont insuffisants.

Les crédits non employés sont annulés.

Les crédits insuffisants reçoivent un supplément qui permet l'autorisation des dépenses après contrôle.

La comptabilité des ordonnateurs n'entre pas dans le cadre de la comptabilité proprement dite, c'est une comptabilité d'ordre dans laquelle ne figurent ni existences, ni fonds à distribuer.

Ses agents n'ont aucun maniement d'argent à opérer.

La classification des divers services des agents comptables s'opère suivant des règles qui leur sont spéciales, et leurs résultats vont se contrôler à la comptabilité publique ; ils sont l'objet de chapitres spéciaux, soit aux *dépenses*, soit aux *recettes*, et donnent lieu à des *retraits* ou à des *versements* de fonds chez les receveurs des finances.

Tous les comptables des deniers publics sont assujettis à l'examen et à la vérification des inspecteurs des finances, et, après eux, d'un tribunal commun, la Cour des comptes.

Elle recherche minutieusement l'observation stricte des règlements, l'emploi des formules, les opérations arithmétiques, enfin les pièces justificatives des dépenses et des recettes de chaque comptable.

Il y aurait, sur ce sujet important, bien des classifications à établir ; mais nous ne l'avons abordé qu'à titre indicatif et nous n'insisterons pas davantage sur ce sujet, dépassant le cadre de notre travail.

CONCLUSION

L'ensemble des principes, des méthodes et des moyens qui constituent la science de la comptabilité est, ce nous semble, suffisamment développé ; le but de nos études ne nous permet pas d'insister et de multiplier davantage les règles à suivre pour chaque branche de l'industrie dans ses diverses entreprises, du commerce ou de la richesse financière ou agricole.

Dès le début de ce travail, nous avons exprimé cette pensée : *Que l'ordre est la loi commune*, applicable à tous les besoins de la vie, que l'ordre, érigé en principes, est la base de toute comptabilité.

A côté de l'ordre, point de départ de nos études, s'impose une deuxième condition de succès : *Le travail du maître*. En effet, la partie purement intellectuelle de la gestion, de la direction de la maison de commerce, de l'usine, de l'atelier, du comptoir ne peut se confier à personne.

Seule, la pensée du maître prévoit, sa main dirige, son œil surveille. Le commerce ne peut s'exercer par des règles générales fixes et invariables. C'est par

l'harmonie des moyens, la combinaison des spéculations heureuses et la connaissance précise de la situation commerciale, par le contrôle des écritures, que se
prépare le succès ; à ces connaissances, s'ajoute celle
du prix et de la valeur réelle des marchandises,
autrement dit, du prix de revient.

Nous l'avons dit : la comptabilité est une science
complète, la science du commerce général dans toutes
ses applications.

Nos études commerciales, dans leur première et
leur deuxième partie, ont fait connaître les règles
générales de l'industrie et du commerce, les lois qui
les régissent, les principes de l'économie politique,
les usages établis et conformes à la loi.

Ce deuxième volume complète le premier, il s'y
rattache et comprend l'étude des méthodes à l'aide
desquelles se forment, s'organisent et se tiennent les
comptes et les écritures.

Nous terminons cet aride travail par une série de
propositions dont l'ensemble présente un commerce
dans lequel apparaissent successivement et les principes et les difficultés ; et par l'exposé de tout ce qui
concerne un second commerce représentant une association en nom collectif et en commandite simple.

Ces travaux pratiques, professés dans nos cours
depuis leur création, sont l'œuvre de notre professeur,
M. B. Rolland. Ils sont indispensables à l'application
des règles données.

Notre tâche est remplie : nous espérons que ce
travail prendra sa place et aidera à la propagation de

l'enseignement commercial dont nous avons deviné, pour les jeunes femmes, les intéressants résultats, et que l'*ordre*, le *travail du maître* amèneront le *crédit* et, partant, le succès de toute entreprise industrielle ou commerciale confiée à nos élèves.

TROISIÈME PARTIE

ENSEIGNEMENT PRATIQUE

DE COMPTABILITÉ

DE

M. J. ROLLAND

Propositions analysées au Cours supérieur de Comptabilité
commerciale de Lyon.

20

TROISIÈME PARTIE

ENSEIGNEMENT PRATIQUE DE COMPTABILITÉ

PREMIER COMMERCE

PROPOSITIONS

N°°		SOMMES.
	——————— 1er *janvier* 18 . ———————	
1	Entreprenant un commerce d'achat et de vente de toutes productions, à forfait ou à la commission, je fixe le chiffre du capital dont je dispose pour son exploitation à.... fr.	50.000 »
	——————— 2 *janvier* 18 . ———————	
2	A valoir sur le capital que je consacre à l'exploitation de mon commerce, je verse en espèces............... fr.	12.000 »
	——————— 3 *janvier* 18 ———————	
3	J'achète de Simon, en ville, 30 balles coton à fr. 204 les 100 kil. qu'il me livre et dont il me remet facture payable à deux mois ou comptant sous escompte 2 %. Tare 6 %.	

S

1	k° 96	»	11	k° 89	»	21	k° 93	50	1re colonne kil.
2	98	»	12	90	»	22	93	»	
3	97	»	13	93	»	23	94	»	2e » »
4	95	»	14	92	»	24	96	50	
5	97	50	15	94	50	25	97	»	3e » »
6	98	»	16	97	»	26	95	»	
7	98	50	17	95	50	27	96	»	Total........
8	96	50	18	96	»	28	94	»	Tare 6 %...
9	94	»	19	98	»	29	89	»	
10	97	»	20	97	50	30	87	»	Net kil.
k°			k°			k°			à fr. 204 les 100 kil .. fr.

No	

———— 5 *janvier* 18 . ————

4   A valoir sur mon capital, autrement dit sur ma mise de fonds, j'apporte et mets en portefeuille les effets ci-après pour les négocier au besoin ou les encaisser à l'échéance.

1. fr. 4.000, Lyon, 10 janvier.⎫
2.   6.000,   »   15   » ⎬ Valeurs aux échéances. fr.
3.   6.000, Paris, 15   » ⎭

———— 7 *janvier* 18 . ————

5   J'achète et je paye comptant compté les objets ci-après pour meubler mes comptoirs et magasins :

Un bureau à 4 places.................. fr. 200 ⎫
Deux banques à fr. 100 la pièce ....   200 ⎪
Une caisse en fer.....................   180 ⎬ .... fr.
Balance à coupes cuivre et kil. 100, poids   ⎪
  en fonte.:........................   150 ⎪
Romaine pesant kil. 1.000.............   120 ⎭

———— 8 *janvier* 18 . ————

6   A valoir sur ma mise de fonds je livre à mon commerce qui les reçoit dans ses magasins :

100 pièces vin de St-Gilles à fr. 120 la pièce, fût
  compris....................................... fr.

———— 10 *janvier* 18 . ————

     J'encaisse un effet de mon portefeuille :

7   1. fr. 4.000 sur Lyon du 10 janvier.................. fr. | 4.000 | »

———— 11 *janvier* 18 . ————

8   Je négocie à MM. Louis Pons et Cᵢₑ, banquiers en ville, un effet de mon portefeuille :

3. fr. 6.000 sur Paris, au 15 janvier, à ¹/₂ % de perte. fr.

———— 12 *janvier* 18 . ————

9   Louis Pons et Cᵢₑ me payent la négociation de l'effet sur Paris :

Fr. 6.000 que je leur ai cédé hier, sous déduction de la
  perte... fr.

N^{os}	——————— 13 *janvier* 18 . ———————

N^{os} ——————— 13 *janvier* 18 . ———————

10

Suivant l'ordre que je lui avais donné par ma lettre 1er courant, David, de Bordeaux, me remet facture à 10 surons indigo le 10 de ce mois, payable dans 2 mois ou comptant, escompte 4 %, tare 11 kil. par suron.

D C.

29 kil.	110
30	109
31	112
32	111
33	114
34	108
35	109
36	112
37	114
38	111

.... kil.
Tare 11 kil. par suron. —————

Net.............
à fr. 23, 20 le kil................... fr.

——————— 15 *janvier* 18 . ———————

11

J'encaisse un effet de mon Portefeuille :
2. fr. 6.000 s/ Lyon au 15 janvier................... fr. | 6.000 | »

——————— 20 *janvier* 18 . ———————

12

J'achète de Simon, en ville, qui me livre et me remet facture de 30 balles café, payable dans 3 mois, ou comptant, escompte 4 %, tare 7 kil. par balle.

S.

1	k°78	»	11	k°76	50	21	k°75	»
2	77	»	12	78	»	22	79	»
3	77	50	13	77	»	23	76	50
4	79	»	14	79	»	24	77	»
5	76	»	15	78	»	25	78	»
6	79	»	16	79	50	26	76	»
7	78	50	17	76	50	27	79	»
8	77	»	18	78	»	28	78	»
9	76	»	19	77	»	29	80	»
10	79	»	20	76	50	30	78	»

1re colonne kil.
2e »)
3e » »
——————
Total........
Tare 7 kil. p.
balle.
——————
Net kil.
à fr. 3,70 le kil..

——————— 23 *janvier* 18 . ———————

13

Sur présentation de la lettre de voiture et après avoir pris livraison de l'envoi, après avoir reconnu le bon conditionnement et l'identité en contenance, je paye la voiture des 10 surons indigo d'envoi de David, de Bordeaux, à fr. 16 les 100 kil................................. fr.

——————— 25 *janvier* 18 . ———————

14   Je vends à Bertrand, de Tarare, à qui je ne veux pas ouvrir un compte personnel et que, pour cette cause, je comprends dans un compte collectif *débiteurs et créditeurs divers*, compte ouvert aux personnes avec lesquelles on ne fait pas des affaires suivies, et en faisant je lui remets facture à   15 balles coton payables dans 6 mois, ou comptant, escompte 6 %, tare 6 %, suivant détail ci-après :

S   ——————— 25 *janvier* 18 . ———————

1	k. 96	»	8	k. 96	50	Kil.............		
2	98	»	9	94	»			
3	97	50	10	97	»	»		
4	95	»	11	89	»			
5	97	»	12	90	»	Total...		
6	98	»	13	93	»			
7	98	50	14	92	»	Tare 6 %.......		
	.....		15	94	50	Net kil..........		
k.			k.			à fr. 230 les 100 kil....·........ fr.		

——————— 28 *janvier* 18 . ———————

15   Suivant l'ordre que leur portait ma lettre du 15 courant, Salavy père et fils, de Marseille, m'expédient et me remettent facture à 12 balles colle forte, payable à 4 mois, ou comptant, escompte 3 %, tare nette, c'est-à-dire d'après la reconnaissance matérielle de la marchandise.

K

1	k. 190	»	7	k. 186	»	Kil. net......		
2	185	50	8	188	»			
3	184	»	9	185	50	» »		
4	189	»	10	189	»			
5	188	»	11	187	»	Total.........		
6	187	50	12	186	»	à fr. 118 les 100 kil......... fr.		
k.			k.					

——————— 31 *janvier* 18 . ———————

16   Je paye à Simon, en ville, le net de sa facture du 3 courant, c'est-à-dire sous déduction de l'escompte.

N°°	——————— 31 *janvier* 18 . ———————
17	Pour balancer le compte de Simon, je dois le débiter de l'escompte qu'il m'a consenti et que je viens de retenir sur le payement de sa facture.

——————— 31 *janvier* 18 . ———————

18 Je payé à Joseph , mon garçon de magasin:

Pour ses gages du mois de janvier............ fr. 50 »
Pour sa note de menus frais du mois.......... 18 75
et attendu que je le paye régulièrement à la fin de chaque mois, je ne lui ouvre pas de compte, cette dépense doit aller à la charge du compte de frais de mon commerce.

——————— 31 *janvier* 18 . ———————

19 Pour ne pas laisser improductifs les capitaux que j'ai en caisse, je propose à MM. Louis Pons et Cⁱᵉ, banquiers en ville, de m'ouvrir chez eux un compte courant d'intérêts, et nous convenons de l'intérêt à 5 % réglé de 6 en 6 mois, plus leur commission ⅓ %. En conséquence je leur verse... fr. 18.000 »

——————— 5 *février* 18 . ———————

20 Pour se rembourser du montant de sa facture à 10 surons indigo dont nous avons fait écriture (10), David, de Bordeaux, nous a avisé que le 13 janvier il a fait traite sur moi à 2 mois de date à l'ordre de Calz et Cⁱᵉ par qui cette traite nous est présentée pour l'acceptation; nous l'acceptons et en faisons écriture.

——————— 8 *février* 18 . ———————

21 Je vends à Simon, en ville, 5 surons indigo payables dans 3 mois, ou comptant, escompte 3 %. Tare 11 kil. par suron.

D C		
	29 kil. 110	
	30 109	Kil.
	31 112	Tare 11 kil. Net k. à fr. 27,90 le k. fr.
	12 111	par suron.
	33 114	

———— 9 *février* 18 . ————

22   Sur présentation de la lettre de voiture et après réception de la marchandise, je paye la voiture à 12 balles colle
forte, d'envoi de Salavy père et fils, de Marseille, sur
kil.   poids brut à fr. 9 les 100 kil. Mais ayant fait reconnaître au voiturier une avarie, il consent à la supporter
pour un poids de kil. 10, au prix de fr. 118 les 100 kil. que
nous lui retenons, d'où suit que nous n'avons à lui payer,
au lieu de fr.   , que............................ fr.

———— 18 *février* 18 . ————

23   Suivant l'ordre que je lui ai donné le 1er courant, David,
de Bordeaux, m'adresse le 5, compte d'achat et frais à
20 balles cacao et m'avise de l'expédition qu'il m'en fait le
même jour pour être rendu en 12 jours au prix de voiture
de fr. 31 les 100 kil., le compte d'achat payable comptant
sous escompte 4 %.

S P

1	k. 102	»	11	k. 103	»		
2	98	50	12	97	»		
3	99	»	13	99	»	Kil..........	
4	100	»	14	98	»	Tare 2 %.....	
5	101	50	15	97	»		
6	98	»	16	102	»	Net kil..	
7	97	50	17	101	»		
8	99	»	18	100	50	à fr. 1,60 le kil. fr. »	
9	100	»	19	98	»	escompte 4 %.	
10	101	»	20	97	50		

                               Frais.

    Factage 50 c. par balle......... fr. » »
    Poids public 25 c. par balle.... » »
    Courtage 1 %.................. » »
    Réparations 9 80
    Commission 2 %.............. » »

            Valeur, 14 février........... fr.

———— 19 *février* 18 . ————

24   Je prélève pour mes besoins personnels ou pour la
dépense de mon ménage........................ fr. 600 »

——————— 21 *février* 18 . ———————

25   J'achète de Simon, en ville, qui me livre et m'en remet facture, 10 tonneaux crême de tartre, payables à 4 mois, escompte 3 %, tare vérifiée.

T P

1.	kil. 137 »	tare 20 50		
2.	162 50	21 »		
3.	166 »	30 50	Kil....	
4.	149 50	25 »		
5.	158 »	24 50	Tare ..	à fr. 142 les
6.	161 »	29 »	Net....	100 k... fr.
7.	144 »	25 50		
8.	151 50	27 50		
9.	169 »	29 »		
10.	157 »	20 »		

——————— 26 *février* 18 . ———————

26   Je paye la voiture à 20 balles cacao d'envoi de David, de Bordeaux, sur kil. brut à fr. 15,50 les 100 kil., mais attendu que la marchandise n'a été rendue que le 24 au lieu du 17, je retiens, suivant la stipulation de la lettre de voiture, $\frac{1}{3}$ de son montant.

——————— 27 *février* 18 . ———————

27   Perret, mon débiteur personnel, avant que j'eusse entrepris le commerce, me remet les effets ci-après que je cède à mon commerce pour m'en tenir compte, valeur à l'échéance et à porter au compte courant libre.

4.	fr. 3.000,	Paris, 31 mars.	
5.	4.000,	» 5 avril.	.... fr.
6.	5.000,	» 7 »	
7.	3.000,	» 10 »	

——————— 28 *février* 18 . ———————

28   Je paye à Simon le net de sa facture 21 courant, en espèces, c'est-à-dire sous déduction de l'escompte stipulé sur la facture...fr.

N^{os}	———————— 28 *février* 18 . ————————

29

Je paye à Joseph, mon garçon de magasin :

Fr. 50, » ses gages de ce mois ⟩
  16,30 sa note des menus frais ⟨ ················ fr.

———————— 1er *mars* 18 . ————————

30

Je prends de Gérard, en ville, en dépôt :
Fr. 15.000 contre ma promesse à 3 mois à 5 °/. l'an.

———————— 2 *mars* 18 . ————————

31

Je prends chez Louis Pons et Cie pour régler Salavy père et fils, de Marseille, de leur facture du 28 janvier par l'article suivant, les effets ci après :

8. fr. 2.600, sur Marseille, au 10 mai à ⁷/₈ % perte au papier ························· ⟩
9. »   49,70 sur Marseille, à vue au pair··············· ⟨

———————— 3 *mars* 18 . ————————

32

Pour régler Salavy père et fils, de Marseille, de leur facture du 28 janvier, je leur remets les effets ci-après :

8. fr. 2.600, sur Marseille, 10 mai ⟩
9.   49,70   »   à vue ⟨ au pair······· fr. | 2.649 | 70

———————— 8 *mars* 18 . ————————

33

Pour se rembourser du montant de son compte d'achat et frais à 20 balles cacao, montant à fr.   , David, de Bordeaux, fait traite sur moi, du 14 février à 4 mois, sur Raoul neveu, à ¹/₄ de perte, courtage, 1 °°/₀₀.

———————— 10 *mars* 18 . ————————

34

Le 27 février, j'ai cédé à mon commerce 4 effets sur Paris, ensemble fr. 15.000, valeur à l'échéance, mais outre la perte d'intérêts, ces effets ont à supporter une perte de changement de place qui doit être portée au débit de mon compte courant, elle est de ¹/₈ %.

Nᵒˢ		
	——————— 11 *mars* 18 . ———————	

35 J'expédie à David, de Bordeaux, sur sa demande, 12 balles colle forte dont je lui remets facture payable à 4 mois, ou comptant, escompte 3 %, tare perdue.

K

1	k. 190	»	7	k. 186	»	
2	185	50	8	188	»	Kil....
3	184	»	9	185	50	
4	189	»	10	189	»	Total..
5	188	»	11	187	»	
6	187	50	12	186	»	

à fr. 134 les
100 k.... fr.

——————— 12 *mars* 18 . ———————

36 À valoir sur mon compte chez Louis Pons et Cⁱᵉ, je fais recevoir chez eux................................... fr. | 18.000 | »

——————— 13 *mars* 18 . ———————

37 Je paye la traite de David, de Bordeaux, à l'ordre de Sarrus, échue ce jour, acceptée le 5 février............ fr. | 23.200 | »

——————— 18 *mars* 18 . ———————

38 Je paye à Daniel, mon commis, à valoir sur ses appointements .... fr. | 300 | »

——————— 20 *mars* 18 . ———————

39 Pour régler la facture de Simon, en ville, du 20 janvier, je lui remets :
4. fr. 3.000, sur Paris, 31 mars.
7.   3.000,   »   10 avril.
    Avec déduction de 1 % d'escompte sur la facture plus
1.500, M/. Bⁱˡ. à S/. O., au 15 mai, et je le solde en espèces.

——————— 23 *mars* 18 . ———————

40 Je vends à Auger frères, en ville, que je porte au compte de débiteurs divers, 10 balles de coton payables comptant escompte 2 %. En prenant livraison, Auger frères réclament une bonification pour avarie sur une balle, je leur accorde une réduction de fr. 30 par 50 kil. sur 30 kil. d'avarie, escompte 2 %, tare 6 %.

Nᵒˢ							
	16	k. 97	»	21	à.93	50	Kil. »
	17	95	50	22	93	»	»
S	18	96	»	23	94	»	» » } Net, k. à f. 240
	19	98	»	24	96	50	Tare 6 % } les 100 k.
	20	97	50	25	97	»	A déduire : avarie k. 30 à f.

A déduire : avarie k. 30 à f.
60 les 100 k.............

fr.
Escompte 2 %........

——————— 25 mars 18 . ———————

41   Pour règlement de ma facture du 24 courant, Auger frères, en ville, me remettent :

Fr. 2.000 , sur Paris, au 20 de mai, que je prends à 4 % l'an, plus ¼ de changement de place, et ils me comptent le solde en espèces.. fr.

——————— 30 mars 18 . ———————

42   Je remets à Louis Pons et Cⁱᵉ, en ville, à porter à mon compte courant chez eux, sous déduction de ⅛ % de perte à la lettre,

5. fr. 4.000, Paris, 5 avril. }
6.   5.000,   »   7   » } .... fr.

——————— 31 mars 18 . ———————

43   Je paye à Joseph, mon garçon de magasin,

Fr. 50   » pour ses gages du mois. }
   22,50 sa note menus frais   » } 72,50
    et au receveur des contributions   } .. 172 50
   100   à compte sur ma patente............. 100   » }

——————— 31 mars 18 . ———————

Pour m'assurer de l'exactitude de mes écritures à la fin de chaque trimestre, je procède à l'établissement d'une balance d'ordre.

——————— 1ᵉʳ avril 18 . ———————

44   Pour règlement de ma facture du 11 mars à 12 balles colle forte vendues et expédiées à David, de Bordeaux, je fais traite sur lui du montant de cette facture payable au

N°ˢ	11 juillet, mais ne sachant pas à qui je négocierai cette lettre de change, je la fais à l'ordre de moi-même et je la mets en portefeuille pour la négocier plus tard............. fr.	

——————— 1ᵉʳ *avril* 18 . ———————

45	Je paye à mon commis Daniel, à valoir............. fr.	200 »

——————— 8 *avril* 18 . ———————

46   Pour règlement de ma facture du 8 février, Simon, en ville, me remet les valeurs suivantes que je prends à 4 % l'an et ³/₈ de changement de place.

Fr.   500, Lyon, 20 mai.
       1.000,   »   30 »
        800,   »   31 juillet.
       2.800, Paris, 15 juin.   } Fr.
       3.970, Marseille, 18 juillet.   } .... fr.
       3.200, Paris, 20 juillet.
           et me remet le solde en
              espèces............., fr.

——————— 10 *avril* 18 . ———————

47   Je remets à Louis Pons et Cⁱᵉ, les effets ci-après dont ils me créditent, valeur de ce jour sous perte de 4 % l'an et ³/₈ de changement de place :

Fr. 3.200,   Paris, 20 juillet.
    2.800,   »   15 juin.
    3.970,   Marseille, 18 juillet.   } .... fr.
    2.000,   Paris, 20 mai.
    3.008.95 Bordeaux, 11 juillet.

——————— 15 *avril* 18 . ———————

48   Je prends de Louis Pons et Cⁱᵉ, les effets ci-après dont ils me débitent, valeur ce jour à 4 % l'an.

Fr. 3.000, Lyon, 15 juillet.
    2.000,   »   30 juin.   } .... fr.
    2.000,   »   30 »

Nᵒˢ	

49

B

l à 50

Sur ma demande, David, de Bordeaux, me vend, m'expédie et me remet facture payable dans 3 mois sans escompte, à 50 pipes vin de Bordeaux à fr. 195 la pièce, fût compris... fr.

———— 20 *avril* 18 . ————

50

Sur ma demande, Mathieu frères, de Marseille, me vendent, m'expédient et me remettent facture à 20 caisses savon, payable dans 3 mois, ou comptant, escompte 2 %.

Q R	18	k.108	»	t. 7	»	28	k.105	»	t. 5	»	
	19	109	»	9	»	29	114	»	6	»	Kil.
	20	107	»	8	»	30	112	»	9	»	
	21	112	»	7	»	31	108	»	8	»	
	22	111	»	8	»	32	107	»	7	»	
	23	114	»	9	»	33	109	»	9	»	
	24	106	»	10	»	34	111	»	5	»	
	25	109	»	6	»	35	107	»	10	»	Tare.
	26	107	»	5	»	36	115	»	11	»	
	27	111	»	9	»	37	108	»	4	»	à f. 98 les 100 k. f.

———— 20 *avril* 18 . ————

51

Sur leur demande, je vends, j'expédie et je remets facture à Salavy père et fils, de Marseille, à 5 surons indigo, payable dans 3 mois, ou comptant, escompte 4 %, tare 11 kil. par suron.

D C	34 kil.	108	Kil.
	35	109	Tare.
	36	112	
	37	114	Net à fr. 27,60 le kil... fr.
	38	111	

———— 20 *avril* 18 . ————

52

Je paye la voiture aux 20 caisses savons d'envoi de Mathieu frères, de Marseille, kil. brut à fr. 6,50 les 100 kil.. fr.

N°ˢ | ——————— 30 *avril* 18 . ———————

53

En règlement de ma facture du 20 courant, Salavy père et fils, de Marseille, après avoir déduit l'escompte 4 %, me remettent :

Fr. 1.300, Paris, 10 juillet. ⎫
    800, »   15   » ⎪
    950, »   18   » ⎬ 4 $7/8$ % l'an,
1.000, Rouen, 30 août.   ⎪ $5/8$ changement de place.
3.900. »   15   » ⎪
2 850, Havre, 17 » ⎪
    500, Rouen, vue. ⎭

Le bon à mon ordre au 30 mai au pair pour solde.

——————— 30 *avril* 18 , ———————

54

Je paye à Joseph, mon garçon de magasin :
Fr. 50, » ses gages du mois. ⎫
   11,50 sa note menus frais. ⎬ .... fr.

——————— 30 *avril* 18 . ———————

55

Je vends, je livre et je remets facture à Simon, en ville, à 50 pièces vin de St-Gilles, payable dans 2 mois, sans escompte, la pièce, fût compris, à fr. 135 .... fr.

——————— 5 *mai* 18 . ———————

56

Contre ma promesse de fr. 5,000, je reçois de Louis, en ville, à l'ordre de qui je fais cette promesse payable dans 3 mois à 5 % l'an d'intérêt déduit.................... fr.

——————— 6 *mai* 18 . ———————

57

L'effet de fr. 3.000, sur Paris, au 10 avril, que j'avais donné le 20 mars en payement à Simon, en ville, revient impayé avec protêt et compte de retour s'élevant à fr. 3.031,35 que je rembourse immédiatement ; cet effet m'avait été cédé à moi personnellement par un ancien débiteur Perret neveu, en ville, déclaré dans l'intervalle en état de faillite ; j'en charge préalablement un compte ouvert aux débiteurs faillis.

N^{os}			

———— 10 mai 18 . ————

58 — Je me présente dans l'assemblée des créanciers de Perret neveu et, après avoir fait vérifier et avoir affirmé ma créance, conformément à la délibération de la majorité, je souscris au concordat proposé, qui consacre abandon ou remise de 20 % en faveur de Perret neveu, moyennant le payement comptant de 30 % en espèces et de 50 % en son billet payable le 10 novembre prochain, garanti par aval de Perret oncle.

———— 12 mai 18 . ————

59 — Je prélève pour la dépense de mon ménage... ..... fr. ... 500 »

———— 15 mai 18 . ————

60 — Je négocie à veuve Guérin et fils, en ville, par l'intermédiaire de Ferrand, agent de change, les effets ci-après à ⅝ % de perte; dont je reçois immédiatement le produit net :

Fr. 500 » Rouen à vue. ⎫
2.138,10 Marseille, 30 mai. ⎰ .... fr.

———— 15 mai 18 . ————

61 — Je paye mon bon ordre Simon échu ce jour........ fr. 1.500 »

———— 18 mai 18 . ————

62 — Je vends, je livre et je remets facture à Auger frères, en ville, à 50 pipes vin de Bordeaux, payable à 3 mois sans escompte, à fr. 220 la pipe, fût compris.

———— 20 mai 18 . ————

63 — J'encaisse un effet de mon portefeuille échu ce jour.. fr. 500 »

———— 30 mai 18 . ————

64 — Je retourne à Simon, en ville, un effet qu'il m'avait cédé et que j'ai dû faire protester faute de payement, et attendu que j'ai dû payer fr. 7,50 pour le coût du protêt, il doit me rembourser cette somme en sus du capital; en conséquence son compte doit être chargé de ces deux sommes distinctement .... fr.

——————— 31 mai 18 . ———————

65   Je paye à Joseph, mon garçon de magasin :
Fr. 50, ses gages du mois.   )
19,05, sa note menus frais... (·················· fr.

——————— 1er juin 18 . ———————

66   Girard, en ville, me propose de lui renouveler ma promesse pour 3 mois à 5 % l'an; je suppose alors par une
double écriture : 1° que je lui paye la promesse du 1er mars
échue aujourd'hui; 2° que je reçois de lui un nouveau dépôt
de fr. 15.000, pour lequel je lui fais une nouvelle promesse
en capital et intérêts de..........................·· fr.

——————— 8 juin 18 . ———————

67   David, de Bordeaux, à qui j'en ai fait la demande, me
vend, m'expédie et me remet facture à 100 pipes de vin
de Bordeaux, payable à 3 mois, sans escompte, à fr. 210
la pipe, fût compris......................... fr.

——————— 10 juin 18 . ———————

68   Louis Pons et Cie, en ville, me remettent une traite de
Mathieu frères, de Marseille, du 20 avril, à 3 mois, que ces
derniers ont fournie sur moi-même en remboursement de
leur facture 20 avril, à 1 7/8 % de perte; Louis Pons et Cie
me préviennent qu'ils me débitent de cet effet, valeur à
l'échéance pour sa valeur intégrale.................. fr.

——————— 15 juin 18 . ———————

69   Bertrand, de Tarare, porté sur mes livres au compte
débiteurs et créditeurs divers, étant déclaré en état de
faillite, et ne sachant pas encore s'il interviendra arrange-
ment, nous le transportons au compte de débiteurs
faillis.........................·············· fr.

——————— 15 juin 18 . ———————

70   Nous payons à Daniel, notre commis, à valoir .... fr. | 150 | »

——————— 16 juin 18 . ———————

71   J'achète de Mauvernay et Cie, en ville, qui me remettent
facture, 25 pièces taffetas (7/12) noir par 75 mètres la pièce,
à fr. 3,10 le mètre, payable à 2 mois, escompte 11 %.. fr.

21

————— 17 *juin* 18 . —————

72

En avancement d'hoirie ma mère me remet un effet que je cède à mon commerce, valeur à l'échéance fr. 10.000, Paris 15 juillet. .... fr.

————— 18 *juin* 18 . —————

73

Sur leur ordre je remets à Salavy père et fils, de Marseille, compte d'achat et frais aux objets ci-après, payables comptant, escompte 10 %, valeur ce jour.
25 Pièces taffetas 7/12 noir, par 75 mètres la pièce, fr..

Frais. { Caisse et emballage.......... fr. 8 }
{ Commission 2 1/2 %............ » }

————— 20 *juin* 18 . —————

74

J'achète et je reçois facture de Gros frères, en ville, payable comptant, escompte 1 1/2 %, 20 pièces 3/6 bon goût, mesuré par dépotage, à 88 fr. 50 cent. l'hectolitre, frais 5,70 pour les 20 pièces.

GF

1	litres	642	11	litres	628.
2	»	630	12	»	626.
3	»	620	13	»	629.
4	»	629.	14	»	628.
5	»	625	15	»	630.
6	»	626	16	»	731.
7	»	628	17	»	622.
8	»	627	18	»	621.
9	»	621	19	»	625.
10	»	623	20	»	629.	Escompte 1 1/2 fr.

Contre quoi je leur donne immédiatement :
Fr. 1.000, Rouen 30 août. }
3.900, » 15 » } à 7/8 % perte....... fr.
Et un chèque sur Louis Pons et Cⁱᵉ, pour solde. fr.

————— 20 *juin* 18. —————

75

Je vends à Durand, en ville, D.D. à 3 mois sans escompte, 100 pièces vin de Bordeaux, à fr. 236 ; fût compris.... fr.

——— 25 *juin* 18 . ———

75   Mon beau-père verse chez Louis Pons et Cie, la dot de mon épouse, stipulée par contrat passé le 10 de ce mois par devant Me C...., notaire de cette ville, pour être tenue à ma disposition et que Louis Pons et Cie, portent au crédit de mon compte chez eux .... fr. |40.000

——— 30 *juin* 18 . ———

76   A la veille de cesser mon commerce particulier pour en former un nouveau par association, et devant en conséquence procéder à mon inventaire, je réclame tous les comptes ou mémoires de fournisseurs, artisans ou autres individus, ainsi je paye :

A Joseph, mon garçon (Son mois de gages. fr. 50 ») 68 90
  de magasin. (Sa note menus frais. 18 90)
Au papetier sur mémoire...................... 200 »
A la compagnie d'assurances, sa prime annuelle 60 »
Au receveur, solde du 1er semestre des impositions.... .... 50 »
Au propriétaire, loyer de 6 mois à ce jour....... 600 »
Au facteur pour ports de lettres............. 68 60
A divers courtiers en marchandises, leur note... 280 »
Au bureau des peseurs et mesureurs publics.... 58 »
A l'emballeur pour toiles, cordes et ficelles..... 49 50
A divers agents de change, leur note de courtage 75 »
Au charpentier, son mémoire.................. 150 »
Au serrurier,   »   .... 95 »
Au plâtrier,   »   .... 80 »
A moi-même, prélevé ce mois en compte courant. 4.000 »
Je groupe ces dépenses en les classant par spécialité.

——— 30 *juin* 18 . ———

77   Pour procéder à mon inventaire je dois commencer par m'assurer de l'exactitude de mes écritures dans le rapport du journal au grand livre et à cet effet je commence par établir une balance d'ordre. Si elle ne vient pas de prime saut, il faut procéder au pointage de vérification. Trouvée qu'elle soit : je solde tous les comptes personnels, c'est-à-dire ceux de tous mes correspondants avec lesquels je suis en cours d'opérations..

78	Je solde le compte de caisse après m'être assuré que ce solde de caisse est exactement d'accord avec les existences réelles.
79	J'estime la valeur des meubles et ustensiles existant par une dépréciation annuelle de 10 % suivant l'usage.
80	L'article de dépréciation passé, je passe celui de solde à nouveau.
81	Je fais écriture des levées que je me suis attribuées et que j'ai fixées à fr. 4.000, et le compte d'appoint de Daniel à fr. 1.800.
82	Je solde ensuite mon compte par article à nouveau.
83	Je dresse l'extrait de mon compte courant afin d'en faire ressortir les intérêts et en faire écriture conjointement avec ceux revenant à la dot de ma femme.
84	Alors je fais écriture du solde à nouveau de mon compte courant.
85	Je solde par article à nouveau le compte de Daniel, mon commis.
86	J'évalue les effets du portefeuille par une échéance commune. Sur le pied de 5 % l'an et 1/4 % de changement de place sur le Havre et 1/8 sur Paris, article à compte nouveau.
87	Je fais écriture du bénéfice ou de la perte produit par la prise ou la négociation des effets du portefeuille.
88	De même que nous avons évalué les effets à recevoir, je dois évaluer par le même procédé les effets à payer encore en circulation, aussi sur le pied de 5 %, et en faire article d'écriture à nouveau.
89	Et pour balance du compte, je fais écriture de la perte produite par la négociation de ces effets.
90	Je balance le compte de frais généraux par le compte de profits et pertes.
91	Louis Pons et Cie me remettent l'extrait de mon compte courant chez eux; après vérification et bien trouvé des énonciations et des calculs d'intérêts, je fais écriture de ces intérêts et aussi de la commission de banque de 1/3 %.
92	Je fais aussi écriture de conformité pour le solde de ce compte.
93	Nous réglons le compte des débiteurs douteux ou faillis. Nous estimons que Bertrand, de Tarare, pourra payer 70 %, le chiffre de cette évaluation fait l'objet d'un article à nouveau.

94   Nous faisons article d'écriture de la perte que nous avons présumée sur ce compte pour le balancer.

95   Enfin nous procédons à l'évaluation des marchandises existant en magasin; elle se compose des objets ci-après :

5 balles coton, net kil.   estimées à f. 220 les 100 k. f.
    escompte 2 %.

50 pièces vin St-Gilles, sans es-
    compte...................... à f. 150 la pièce fr.

30 balles café, escompte 4 % ...... à f. 4,60 le kil. fr.

20 balles cacao.................... à f. 2,40 le kil. fr.

10 tonneaux crème de tartre, es-
    compte 3 %................. à f. 160 les 100 k., f.

20 caisses savon, escompte 2 %... à f. 120 les 100 k., f.

20 pièces ³/₆ lit., escompte 1 ½ %. à f. 99,66 l'hect. f.
    dont nous faisons article à nouveau.

96   Nous faisons aussi écriture, pour balance du compte de marchandises, du bénéfice ou de la perte qu'il accuse.

97   Et en définitive, nous balançons le compte de profits et pertes par celui de profits et pertes annuels, assez générale-ment ouvert sur la même page et au dessous du compte de fonds capital, pour pouvoir à prime vue reconnaître ainsi l'accroissement de ce capital.

    Après tous comptes ainsi réglés et soldés, on dresse la feuille de l'inventaire général des écritures, de telle sorte que tous les comptes restant débiteurs pour solde à nou-veau donnent ensemble une addition exactement égale à celle de tous les comptes créditeurs.

COURS DE COMPTABILITÉ COMMERCIALE

SECOND COMMERCE

ACTE DE SOCIÉTÉ

Entre les soussignés, P.-D. Adam, propriétaire, domicilié à Lyon, place des Terreaux, n° 1 ; B. R***, négociant, aussi domicilié à Lyon, place des Pénitents-de-la-Croix, n° 3, et M. Jean, commis négociant, également domicilié à Lyon, port Saint-Clair, n° 8 : il a été convenu, de commun et parfait accord, de former une Société de commerce, en commandite et en nom collectif, pour l'achat et la vente, pour son propre compte, ou à la commission, de marchandises de toute nature, aux clauses et conditions ci-après stipulées.

Art. 1er. — La Société est formée sous la raison commerciale R***, Jean et Cie, pour le temps et terme de cinq années qui commencent le premier juillet mil huit cent....., pour finir à pareil jour de l'année mil huit cent.....

Art. 2. — Le fonds capital de la Société est de deux cent mille francs, dont cent mille francs doivent être versés par le sieur Adam, à titre de compte de fonds en commandite ; cinquante mille francs par le sieur R***, à titre de compte de fonds, et cinquante mille francs par le sieur Jean, aussi à titre de compte de fonds. A titre d'associé commanditaire, le sieur Adam n'est garant des pertes du commerce que jusqu'à concurrence de sa mise de fonds en commandite; les sieurs R*** et Jean, seuls associés gérants, sont aussi seuls responsables et solidaires l'un pour l'autre.

ART. 3. — En sus de sa mise de fonds, le sieur Jean est tenu au versement d'une somme de cinquante mille francs à titre de prêt obligé pour toute la durée de la Société.

ART. 4. — Chaque associé pourra avoir en outre un compte courant libre. Le crédit de ces comptes courants libres ne pourra excéder la somme de dix mille francs sans l'autorisation écrite et signée des autres associés. Quelle que soit la somme à laquelle ces versements pourront s'élever, le retirement n'en pourra être effectué que par fractions de trois mille francs, de mois en mois, à moins de consentement écrit et signé par les autres associés.

ART. 5. — Les comptes de fonds, de prêt obligé et comptes courants libres portent intérêt à 5 0/0 l'an, réglés à chaque fin d'année et portés au crédit des comptes courants libres de qui de droit.

ART. 6. — La mise de fonds en commandite du sieur Adam, la mise de fonds et le prêt obligé de M. Jean devront être versés en espèces ou en valeurs agréées par la Société, dans le délai d'un mois, à partir de ce jour.

ART. 7. — La mise de fonds de n. sʳ R*** est représentée par les valeurs provenant de son précédent commerce, savoir : les marchandises et les meubles et ustensiles, sur la mise à prix de l'inventaire, sous réduction de 6 0/0. Les effets du portefeuille sur pied d'inventaire, sauf rentrée, et sa créance sur L. Pons et Cⁱᵉ, banquiers en ville, le tout accepté valeur ce jour; est agréé aussi comme créance sur la Société le compte de dépôt de dame R***, de f. 40.000, — à défalquer de l'actif apporté par ledit sieur R***. L'apport de la différence, si le reliquat ne suffit pas pour parfaire sa mise de fonds, devra être versé en espèces ou valeurs agréées, dans trois mois, pour plus long délai. La liquidation des autres dettes actives ou passives de son précédent commerce sera opérée par la présente Société, sans autres frais que ceux de droit.

ART. 8. — Le siège de la Société est dans les comptoirs et magasins présentement occupés par le sieur R***, place des Pénitents-de-la-Croix, n° 3. Il ne pourra être changé que du consentement écrit et signé des trois associés.

ART. 9. — Les sieurs R*** et Jean ont seuls la signature sociale; ils doivent tout leur temps, tous leurs soins, toute leur industrie aux affaires de la Société; ils n'en peuvent disposer, non plus que de la signature sociale, dans leur intérêt et à leur profit particulier, sous peine de tous dommages-intérêts de droit.

ART. 10. — Il est alloué annuellement à M. R*** une prélevée de trois mille francs, plus une indemnité de table de cinq cents francs pour réception des étrangers; et à M. Jean, une prélevée de deux mille francs, plus une indemnité de caisse de deux cents francs pour parer aux erreurs ou non-valeurs qui restent à sa charge, le tout exigible par douzièmes de mois en mois.

ART. 11. — Les levées, indemnités, appointements, impositions, frais de voyage ou autres, à charge du commerce, seront portés au débit d'un compte de frais généraux, ainsi que la dépréciation annuelle de 10 0/0 sur la valeur des meubles et ustensiles, y compris les acquets de l'année.

ART. 12. — A chaque fin d'année, il sera fait inventaire général des écritures de la Société. Les bénéfices ou les pertes qui en résulteront seront portés à un compte de profits et pertes annuels, pour n'être répartis qu'à l'expiration de la Société et seulement après liquidation et extinction de toute tierce dette passive, dans les proportions suivantes, savoir : vingt pour cent au sieur Adam ; trente pour cent au sieur Jean, et cinquante pour cent au sieur R***. Les pertes, le cas échéant, seront supportées dans la même proportion.

Art. 13. — En cas de perte sur un ou plusieurs inventaires successifs, excédant, après défalcation des bénéfices antérieurs, le quart du capital social, il sera loisible à chaque associé de provoquer la dissolution immédiate de la Société, sans être passible de dommages-intérêts.

Art. 14. — Hors les cas prévus par les articles neuf et treize du présent acte, nul associé ne peut provoquer la dissolution de la Société avant son terme, sous peine de tous dommages-intérêts de droit.

Art. 15. — A la dissolution de la Société, quelles qu'en soient la cause et l'époque, la liquidation et la suite du commerce reviendront au sieur R***, à charge par lui de fournir bonne et valable caution pour sûreté du remboursement des dettes passives de la Société ; il sera tenu de faire la liquidation, pour compte, périls et risques de la Société, sans autres frais que ceux de droit.

Tous les trois mois, il devra produire état de situation de la liquidation, et après extinction des tierces dettes passives, faire répartition entre les associés des rentrées à l'époque de la production des états de liquidation, dans l'ordre suivant :

1° Des comptes courants libres par nivellement;

2° Du compte de prêt obligé du sieur Jean ;

3° Des comptes de fonds, proportionnellement,

4° Et enfin par la répartition des bénéfices, dans les proportions stipulées en l'article 12.

Art. 16. — Six mois avant l'expiration de la Société, les associés devront se prévenir par écrit de l'intention où ils seront alors de la proroger ou non. Dans le premier cas, il y sera pourvu par nouvel acte; dans le cas contraire, toutes dispositions seront prises dès lors pour préparer la plus prompte liquidation possible, toute opération qui ne pourrait être liquidée dans ce délai ne pourra être entreprise et resterait pour compte, périls et risques de qui l'aurait entamée.

ART. 17. — En cas de mort de l'un des associés, la Société est dissoute quant à lui seulement, elle continue jusqu'à son terme entre les associés survivants. Les héritiers ou ayants droit du prémourant sont tenus de s'en rapporter au dernier inventaire signé et ne peuvent entraver les opérations du commerce par aucun acte judiciaire, apposition de scellés, ou autres; le remboursement des capitaux leur revenant sera effectué par quart de trois en trois mois, avec intérêt à 5 0/0 du jour de l'inventaire servant de base au règlement. Le règlement laisse en réserve les dettes actives non rentrées, lesquelles se liquident à périls et risques communs sur état trimestriel de liquidation. Tout débiteur non douteux à l'inventaire et nonobstant en retard de payement, et contre lequel il n'aura été exercé aucune poursuite judiciaire pendant le trimestre qui suit le décès, est considéré comme valeur réalisée et doit être compris comme rentrée dans l'état trimestriel de liquidation subséquent; les levées courent jusqu'au jour du décès et sont exigibles à première requisition.

En foi de tout ce qui est dit ci-devant, et après l'avoir lu, entendu et bien compris, et promis d'exécuter fidèlement et loyalement, nous avons signé en trois expéditions. Sans préjudice de l'extrait à déposer au greffe du tribunal de commerce.

Lyon, le premier juillet mil huit cent.........

M. JEAN.   B. R***.   P.-D. ADAM.

PROPOSITIONS

	——— 1ᵉʳ *juillet* 18 . ———
99	Nous faisons écriture de l'art. 2 de l'acte social...... fr.
	——— 1ᵉʳ *juillet* 18 . ———
100	Nous nous chargeons des marchandises existant en magasin à l'inventaire de notre sieur Rolland, sous réduction de 6 %............................ ...... fr.
101	Des meubles et ustensiles sous pareille réduction................................... fr.
102	Des effets du portefeuille sur pied d'inventaire. fr.
103	Du solde de compte de veuve Morin Ponsct Cⁱᵉ. fr.
101	Du solde en caisse....................... fr.
	Par contre :
104 *bis*	Nous reconnaissons dame R..... en compte courant de sa dot...................................... 10.000 »
	——— 1ᵉʳ *juillet* 18 . ———
105	Nous encaissons les effets ci-après :
	Fr. 2.000, Lyon, 30 juin.⎫ 2.000, » » ⎬ ....
	——— 5 *juillet* 18 . ———
106	Nous achetons de Boiron, en ville, payable à 2 mois ..
	1809 10 chales velours ⁶/₄ fond noir.⎫ Escⁱᵃ 10 %.
	1811 10 » » grenat.⎪
	1817 10 » » vert. ⎬ 50 à fr. 120
	1820 10 » » bleu.⎪ le chale. fr.
	1818 10 » » amarante.⎭

———————— 5 *juillet* 18 . ————————

107

A valoir sur sa mise de fonds en commandite :
Notre sieur Adam verse en espèces................. fr. 30.000 »

———————— 5 *juillet* 18 . ————————

108
JK ∅
31 à 60

Nous achetons de Simon, en ville, payables à 2 mois ou comptant, escompte 2 %. 30 blocs alun de Rome.
Kil. 7,500, à fr. 34 les 100 kil...........................

———————— 7 *juillet* 18 . ————————

109

A valoir sur sa facture du 5 courant nous remettons à Boiron :
Fr. 3.000, Lyon, 15 juillet.
1.300, Paris, 10 » } Au pair............. fr.
950, » 18 »

———————— 7 *juillet* 18 . ————————

110

André, de Paris, nous ayant proposé de nous ouvrir un compte courant d'intérêts à 5 % l'an avec commission de banque 1/3 % , nous lui remettons à l'encaissement :
Fr. 10.000 , Paris, 15 juillet .... fr.

———————— 8 *juillet* 18 . ————————

111
JK ∅
31 à 60

Suivant l'ordre de David , de Bordeaux, nous lui remettons compte d'achat et frais à 30 blocs alun de Rome, payables comptant, escompte 2 %.
kil. 7,500, à fr. 34 les 100 kil.. fr.
Escompte 2°/. ...... fr. } fr.
Frais. { Factage 50 c. par bloc.
Poids public 50 c. par b.
Courtage 1 %.........
Commission 3 %...... } fr.
Vr 31 juillet.

———————— 10 *juillet* 18 . ————————

112

A valoir sur mise de fonds en commandite.
Notre sieur Adam nous remet les effets que nous prenons au change de :
£ 480, s/ Londres, 30 septembre, à fr. 24,25.. fr.
D. 3.680, s/ Naples, 15 » 4,25..
M/B 8.698. s/ Hambourg, 10 » 187 »..

———— 10 *juillet* 18 . ————

113	Notre sieur Jean verse en espèces, à valoir sur son compte de fonds... fr.	20.000	»

———— 10 *janvier* 18 . ————

114	Pour la liquidation de notre sieur R... Nous payons à Daniel, notre commis, le solde de ses appointements...................................... fr.	250	»

———— 11 *juillet* 18 . ————

115   Nous achetons des suivants les objets ci-après :
De Couston et Cⁱᵉ, le 10, à 2 mois, escompte 10 %.

42 douzaines mouchoirs ³/₄ fantaisie à fr. 48. fr.	⎫
15 » ⁴/₄ » 59.	⎬.. fr.
72 écharpes.......... .... 18.	⎭

De Jules Bonnet et Cⁱᵉ, le 10, à 60 jours et 10 % escompte.

601 à 651 (1)

50 pièces taffetas noir ⁷/₁₂ pour 65 mètres par pièce, à fr. 4,50......................, fr.	⎫ ⎬.. fr.	
Don 1 %.......................	⎭	

A Mérinos, le 11, à 60 jours, escompte 10 %.

1809 mᵉˢ 41 » velours noir.	⎫
1812 41 ⁵/₈ »	⎬ m. à fr. 22,50 fr.
1800 22 ⁷/₈ peluche noire... à fr. 19,75	
Don 1 %..................	

De Jules Besset, le 11, comptant, escompte 10 %.

601 à 651   50 châles péruviens ⁶/₄, à fr. 65 (1), fr.

De Couston frères, le 11, à 2 mois, escompte 10 %.

1856 à 1906

50 pièces gros de Naples, à 45 mètres par pièce à fr. 3,25.................... fr.	⎫ ⎬
Don 1 %..................	⎭

(1) Les étoffes de soie n'ont pas un métrage régulier, chaque pièce a son numéro et son métrage. Nous n'en avons pas établi le détail pour éviter un travail qui n'apprend rien.

— 335 —

─────── 14 *juillet* 18 . ───────

116   A charge de la liquidation de notre sieur R....
Nous payons la traite de M. David, de Bordeaux, échue le
14 juin.. fr.

─────── 14 *juillet* 18 . ───────

117   Nous achetons de Mauvernay, à 2 mois, escompte 10 %.
3680   50 pièces taffetas $^7/_{12}$, à 37 mètres par
à   pièce, à fr. 4,75 .... fr.   }.... fr.
3730   Don 1 % ....

─────── 15 *juillet* 18 . ───────

118   Suivant conventions assises par correspondance, nous
établissons avec Marinos, de Buenos-Ayres, un compte à
demi en marchandises, et en conséquence nous lui expédions par l'entremise de Courant neveu, du Havre, les
objets ci-après, dont nous lui adressons compte d'achat et
frais comme suit :

     Compte d'achat et frais aux objets ci-après.

    Acheté par R...., Jean et Cie, de Lyon, pour le compte
à demi établi entre M. Marinos de Buenos-Ayres et eux,
expédiées à ce dernier par l'intermédiaire de Courant
neveu, du Havre.

602   50 pièces taffetas noir $^7/_{12}$, 65 mètres par
à   pièce, à fr. 4,50 le mètre........... fr.   }.... fr.
652   Don 1 % ....
R. M.   50 châles péruviens $^6/_4$, à fr. 65 pièce......... fr.
4 G   50 châles velours   »   120 » ....
⌀ 1 à 4   50 pièces gros de Naples, à 45 mètres par
601 à   pièce, à fr. 3,25.................... fr.
651   Don 1 % ....
                      fr.

     Escompte 10 %.................

Frais. Papier, corde, ficelle, etc.. fr. 15 par
balle, 4 balles............................ 60

———— 15 *juillet* 18 . ————

119   A valoir sur sa mise de fonds notre sieur Jean nous cède 5 actions des bateaux à vapeur sur le Rhône, de fr. 5.000 chacune, à 2 ¹/₂ % de prime, intérêt du 30 juin....... fr.

———— 15 *juillet* 18 . ————

120   Nous achetons de Chambertin, à 60 jours, escompte 10 %.

N° 1471 M. 99 serge noire ⁷/₁₂ ⎱ Mètres   à fr. 4,30 le ⎫
N° 1489 » 97   »   ⎰   mètre........ fr.   ⎬
     Don 1 %................. .... ⎭

———— 15 *juillet* 18 . ————

121   Nous payons aux suivants :

A Simon, le net de sa facture 5 courant, sous escompte 2 %. ⎱
A Boiron   »   »   »   11 ¹/₂ %. ⎰

———— 15 *juillet* 18 . ————

122   Nous encaissons l'effet n° 6, échu ce jour. .... fr.

———— 15 *juillet* 18 . ————

123   Nous achetons de Durand, en ville, payable à 2 mois sous escompte 11 %, que nous payons immédiatement avec escompte 12 ¹/₂ %.

MF ⌀   34 kil. 94 ⎫
      35 » 86 ⎪   5 balles organsin Piémont
      36 » 90 ⎬ kil.   conditionné kil. 439,72, à fr. 79,68 c.
      37 » 89 ⎪   le kil..... .... fr.
      38 » 92 ⎭

———— 15 *juillet* 18 . ————

124   Pour la liquidation de notre sieur R....

Nous payons la traite de David, de Bordeaux, pour sa facture 15 avril................................. fr.

———— 16 *juillet* 18. ————

125   Nous achetons de Berlie oncle et neveu, à 2 mois, escompte 10 %.

8604   50 pièces taffetas façonné pour ombrelles, à 27 mètres ⎱
à   par pièce, à fr. 3,75 le mètre................. fr.   ⎬
8654   Don 1 %................................. ⎰

——— 17 *juillet* 18 ———

126

Nous vendons à Barras neveu, de Vienne, et leur expédions payables à 2 mois ou comptant, escompte 2 %, 20 caisses savon.

QR ⌀

18 kil.	108	T.	7 ⌀	28 kil.	105	T.	5		
19	109		9	29	114		6		
20	107		8	30	112		9	kil.	T.
21	112		7	31	108		8	»	»
22	111		8	32	107		7	»	»
23	114		9	33	109		9	Total.	
24	106		10	34	111		5		
25	109		6	35	107		10	Net kil.	à fr. 132
26	107		5	36	115		11	les 100 kil..... fr.	
27	111		9	37	108		4		

——— 18 *juillet* 18 ———

127
C. R.
⌀
1 et 2.

Suivant l'ordre reçu de Carlino, de New-York, nous lui remettons compte d'achat et frais aux objets ci-après à eux expédiés par l'intermédiaire de Schmidt et Cⁱᵉ, du Havre, payable comptant, escompte 10 %.

42 douzaines mouchoirs ³/₄ fantaisie à fr. 48 la dᵉᵉ fr.
15   »   ⁴/₄   »   59 »
72 écharpes fantaisie à fr. 18 la pièce.........
41 mètres velours noir. }   à fr. 22,50
41 ⁵/₈   »   }   le mètre... fr.
22 ⁷/₈ peluche noire à fr. 19,75 »
99 serge noire. }   à fr. 4,30
97   »   }   le mètre......... fr.

                                                    fr.
      Don 1 %.................
   Escompte 10 % .... fr.

Frais. { Emballage fr. 15 par balle,
{ 2 caisses................ fr.   30
{ Commission 2 %, valeur 31 juillet.

——— 18 *juillet* 18 ———

128

Nous vendons à Simon, en ville, à 2 mois sans escompte, 50 pièces vin de St-Gilles, la pièce, fût compris, fr. 160. fr.

22

——————— 20 *juillet* 18 ...———————

129   Barras neveu, de Vienne, nous donne ordre de tirer sur lui au 17 septembre en règlement de notre facture du 17 juillet... fr.

——————— 20 *juillet* 18 .———————

130   Pour compléter sa mise de fonds en commandite, notre sieur Adam nous ouvre un crédit de fr. 20 000, chez André de Paris, qui nous ouvre compte courant d'intérêts à 5 % et ⅓ % de commission de banque, notre sieur Adam verse le complément en espèces.

——————— 20 *juillet* 18 .———————

131   Nous expédions en consignation, c'est-à-dire à vendre pour notre compte, à David, de Bordeaux, à vendre au mieux de nos intérêts.
50 pièces taffetas ⁷/₁₂ pour parapluies à fr. 5.
50   »   façonné pour ombrelles   »   4.
Nous portons en ligne de compte le don de 1 %, l'escompte 11 %, l'emballage de 4 caisses à fr. 10 par caisse.

——————— 20 *juillet* 18 :———————

132   Pour compte de la liquidation de notre sieur R...., nous faisons traite sur Salavy père et fils, de Marseille, pour règlement de son compte d'achat du 18 juin.
                 Valeur 18 août.

——————— 25 *juillet* 18 .———————

133   Nous payons aux suivants :
A Coustou et Cⁱᵉ, leur facture du 10 juillet, sous escompte 11 ½ %.................................... fr.
A C.-Joseph Bonnet, sa facture du 10 juillet, sous escompte 11 ½ %....................

——————— 25 *juillet* 18 .———————

134   André, de Paris, nous propose de tenter une opération de compte à demi en soies, achetées par nous à Lyon, et vendues par nous à Paris; en conséquence nous appliquons à ce compte à demi les 5 balles organsin Piémont achetées par nous, le 15 courant. Nous les expédions à André et lui remettons compte d'achat et frais.

Compte d'achat et frais à 5 balles organsin Piémont, achetées par R ..., Jean et Cⁱᵉ, de Lyon, de compte à demi avec M. André de Paris, et expédiées à ce dernier par les voitures de Coubayon, Veller et Cⁱᵉ, pour être vendues en six jours au prix de vente de fr. 9,50 les 100 kil.

MF ⌀

34 kil. 94	
35 86	
36 90	Kil. 451, conditionné kil. 439,72, à
37 89	fr. 80,70 cent.................... fr.
38 92	Escompte 12 ¹/₂ %..........

Frais.
{ Factage 50 cent. par balle..
{ Condition notre ¹/₂........ fr. 2,75 } fr.
{ Double emballage fr. 7 par b.
{ Commission ¹/₂ %... ......

——————— 25 *juillet* 18 . ———————

135   A valoir sur sa mise de fonds, notre sieur Jean verse espèces... fr. | 10.000 | »

——————— 25 *juillet* 18 . ———————

136   Pour remplir son compte de prêt obligé notre sieur Jean nous remet :

Piastres   636,30, 05 sur Cadix à fr. 15,70 pour
             1 pistole.............. fr.
Cf   8.916,25,   sur Rotterdam à 53 ¹/₂ d.
             g. s. par fr. 3.........
Lires   6.122,09,   sur Milan à 98 pour 100..
Et il verse le complément en espèces.........   fr.

——————— 31 *juillet* 18 . ———————

137   Nous payons à Mérino sa facture du 11 courant sous déduction de 11 % d'escompte.

——————— 31 *juillet* 18 . ———————

138   Nous recevons pour la liquidation de notre sieur R.... de Simon, en ville, fr. 6.750 pour sa facture échue le 30 juin, plus ¹/₄ % d'intérêts pour retard de paiement......... fr.

——————— 31 *juillet* 18 . ———————

139   Nous encaissons l'effet n° 1, échu ce jour............ fr. | 800 | »

——— 5 *août* 18 . ———

140   Nous payons pour la liquidation de notre siéur R....,
sa promesse de fr. 5.000, ordre Louis, en ville, et nous la
renouvelons au nom de la Société pour 6 mois avec intérêts
à 5 % l'an.

——— 5 *août* 18 . ———

141   Nous négocions au pair à Veuve Guérin et fils, et recevons le montant. de notre traite sur Salavy père et fils,
de Marseille.

——— 12 *août* 18 . ———

142   De compte à tiers entre David, de Bordeaux, Salavy
père et fils, de Marseille, et nous, nous achetons à Samuel,
en ville, 10 surons cochenille, payables à 3 mois et escompte 6 %.

JO ✗
21	kil.	58	T.	2 25	
22		59		2 30	
23		60		2 10	kil. brut. »
24		57		2 05	tare..... »
25		58		3 10	
26		60		2 30	Net...... » à fr. 22,50 le kil. fr.
27		59		2 20	
28		61		2 15	
29		60		2 15	
30		58		2 20	

——— 12 *août* 18 . ———

143   Nous remettons à David, de Bordeaux, et à Salavy père
et fils, de Marseille, compte d'achat et frais à 10 surons
cochenille achetés par nous de compte à $\frac{1}{3}$ avec eux et
les avisons de notre traite sur chacun d'eux pour leur $\frac{1}{3}$.

JO ✗ 21 à 30 (suivant détail, art. 144).

Net kil.   à fr. 22,50 le kil..... fr.
        Escompte 6 %.........
        Factage fr. 1 par suron.......
        Poids public 50 c. par suron.
        Courtage 1 %..............   Valeur 12
        Commission 2 %............   novembre.

———— 12 *août* 18 . ————

144   Pour règlement de la facture Samuel de ce jour, nous lui remettons notre traite à 3 mois sur David, de Bordeaux, pour le $1/_3$ du compte d'achat ci-dessus, notre traite à 3 mois sur Salavy père et fils, de Marseille, pour leur $1/_3$, et nous soldons Samuel de sa facture sous déduction de 6 % d'escompte par notre traite sur Salavy père et fils, de Marseille, dans notre compte chez eux.

———— 14 *août* 18 . ————

145   Nous remettons à Courant neveu, du Havre, pour en procurer l'encaissement à notre crédit.

Fr. 2.850, sur le Havre au 17 août.................... fr.

———— 15 *août* 18 . ————

146   Nous recevons pour la liquidation de notre sieur R.... de Simon en ville, le montant de l'effet protesté à lui rendu.. fr. 1.007 50

Plus l'intérêt à 5 % du 30 mai à ce jour......

———— 15 *août* 18 . ————

147   Courant neveu, du Havre, nous remet le 10 courant le compte de frais de réception et de réexpédition de 4 caisses soieries à notre envoi de compte à $1/_2$ avec Marinos de Buenos-Ayres.

Voiture de Lyon au Havre, kil. 317, à fr. 16,30

les 100 kil.................................. fr.   55,47

Réception, magasinage, port en douane et au

navire....................................... 5 »

Permis d'embarquement, port de lettres et

menus frais................................. 8 »   667 97

Commission de transit, fr. 3 par caisse........ 12 »

Assurance sur fr. 25.000, à 2 %.............. 500 »

Courtage d'assurance 1 p. $^{00}/_{00}$.............. 25 »

Commission d'assurance $1/_4$ $°/_0$............... 62 50

———— 15 *août* 18 ————

148   Nous payons pour la liquidation de notre sieur R...., à Mauvernay, sa facture du 16 juin sous escompte 10 $1/_2$ %.. fr.

_____ 16 _août_ 18 . _____

149   Nous achetons de Gros frères, comptant escompte 1¹/₂ %, 30 pièces 3/6 bon goût.

GF ⌀

91	1.625	»	101	1.620	»	111	1.625	»	
92	622	»	102	626	»	112	627	»	Lit. 6252
93	624	»	103	628	»	113	629	»	» 6248
94	627	»	104	625	»	114	622	»	» 6254
95	628	»	105	624	»	115	624	»	
96	626	»	106	622	»	116	625	»	
97	625	»	107	623	»	117	628	»	» 18.754 à fr. 90,14
98	622	»	108	621	»	118	625	»	
99	628	»	109	629	»	119	625	»	
100	623	»	110	630	»	120	624	»	l'hectolitre. 16.904 85

lit.	6.252	»	lit.	6.248	»	lit.	6.254	»

_____ 17 _août_ 18 . _____

150   A valoir sur nos consignations, nous faisons traite sur David, de Bordeaux.

fr. 2.000 au 15 septembre. ⎫
   2.000   30   »   ⎬ .... fr.
   3.000   15 octobre. ⎭

_____ 17 _août_ 18 . _____

151   Nous remettons à André, de Paris, à porter au crédit de notre compte chez lui.

Cf 8.916,25 sur Rotterdam, au 31 août.

_____ 18 _août_ 18 . _____

152   André, de Paris, nous remet compte de vente et net produit aux 5 balles organsin que nous lui avions expédiées de compte à ¹/₂

MF ⌀

34 kil. 94	⎫		
35 86			
36 90	⎬ Kil. 451, à fr. 84, le kil. fr. 37.884 » ⎫	32.959 10	
37 89	Escompte 13 %... 4.924 90 ⎭		
38 92	⎭		

Voiture Lyon à Paris, à 20 fr. les 100
   kil.,....................... fr. 90,20 ⎫
Courtage ³/₄ %..................... 284,15 ⎬ 1.368,10
Factage, fr. 1 par balle........... 5 » |
Commission et ducroire 3 %....... 988,75 ⎭

        Dont notre ¹/₂................. 31.591 » 15.795 50

——— 20 août 18 . ———

153   Nous consignons à Wilson, de Londres, à vendre pour notre compte 50 pièces 3/6 bon goût et ouvrons un compte à cette opération, que nous chargeons du rabattage à fr. 3 par pièce et de 25 cent. pour passe-debout.

——— 20 août 18 . ———

154   Nous vendons à Guérin, en ville, D. D. payable comptant, tare 6 %, 5 balles coton.

SN ⌀

26 kil.	95					
27	96					
28	94	Kil. 461 »	Net kil. 433,50, à fr. 224, les			
29	89	Tare. 27,50	100 kil .... fr.	971	05
30	87					

——— 21 août 18 . ———

155   Pour la liquidation de notre sieur R...., nous recevons d'Auger frères leur facture du 18 mai................ fr.

——— 22 août 18 . ———

156   Courant neveu, du Havre, nous retourne avec protêt et compte de retour notre remise du 14 courant.

Frais de protêt et autres............... fr. 2.879 } 2.915
Perte à la retraite 1 1/4 %.............. 36 }

mais il ne nous débite que du capital et frais laissant la perte à la retraite à notre profit.................... fr.

——— 25 août 18 . ———

157   André, de Paris, nous donne note de négociation de notre remise sur Rotterdam, du 17 août, à 50 1/8 ; de plus il nous remet à valoir sur son compte chez nous.

Fr. 5.000, Lyon 30 septembre. }
   4.000,   »   } Valeur aux échéances
   6.000,   25   }
   2.000,   »   }

158

———— 25 *août* 18 . ————

Nous achetons à Jacquemet, payable à 2 mois, escompte 10 %, don 1 %; 30 pièces velours.
10 pièces, mètres 250, émeraude
   à fr. 27,50.................. fr. 6.875 »
10 pièces, mètres 250, grenat à
   fr. 28,25.................... 7.062,50 } 21.212,50 } 21.000 40
10 pièces, mètres 250, bleu à
   fr. 29,10.................fr. 7.275 »
            Don 1 %.................... 212,10

159

———— 25 *août* 18 . ————

Bidermann, de Strasbourg, à qui nous avions consigné, à vendre pour le compte à $\frac{1}{3}$ entre David, de Bordeaux, Salavy père et fils, de Marseille, et nous à 10 surons cochenille nous en remet compte de vente et net produit, et pour nous en couvrir il nous remet en même temps fr. 15.673,95 sur Paris, à $\frac{1}{4}$ % de perte au 30 septembre.

Brut kilos 590 »
Tare » 22 80 } Net kil. 567,20 à fr. 30, le kil. 17,016 »
            Escompte 4 %............ fr. 680,65
                                            16.335,35
Frais. { V^re sur kil. 590, à fr. 19 les % kil. fr. 112,10 }
        { Factage fr. 1 par balle...... 10 » } } 700.60 } 15.634 75
        { Courtage 1 %............. 170 15 { V^r 30 sep-
        { Commission et ducroire 2 $\frac{1}{2}$ % 408 35 } tembre.

160

———— 28 *août* 18 . ————

Pour la liquidation de notre sieur R...., nous recevons de Salavy père et fils, de Marseille.
Fr. 2.915, sur Lyon, à vue......................... fr. 2.915 »

161

———— 28 *août* 18 . ————

Nous recevons de Salavy père et fils, de Marseille, compte d'achat et frais à 100 caisses savon, payable comptant, escompte 2 %.

S. R.
1 à 100

Kilos 10.556, brut. } Net kilos 9.994, à fr. 98
   » 562, tare. } les 100 kil.......... fr. 9.794 »
      Escompte 2 %............... 195,90
                                     9.598 10
Factage 25 cent. par caisse. fr. 25 » }
Poids public 50 cent...... 50 » } } 9.963 »
Courtage 1 %............. 97,95 { 364,90
Commission 2 %......... 191,95 } V^r 31 août.

——————— 28 *août* 18 ———————

162 S ∅ 1 à 30.	Nous vendons à Sarrus en ville, payable à 3 mois, ou comptant escompte 4%, 30 balles café. Tare 7 kil. par balle. 30 Kil. 2330 brut. } Net kil. 2.120, à fr. 4,70 le kil.... fr. » 210 tare. }	9.964 »

——————— 28 *août* 18 ———————

163

Nous achetons de Giraudon, payable à 60 jours, escompte 10 %.

20 Pièces satin.— 5 pièces, m. 125 noir, à fr. 3,25 fr. 406,25

»	»	bleu,	» 3,75	468,75
»	»	rose,	» 3,55	443,75
»	»	vert,	» 3,60	450 »

1.768,75

Don 1 %................. 17,70   1.751 05

——————— 29 *août* 18 ———————

164

André, de Paris, nous remet pour son compte, Lires 5.850 8 6 sur Milan, 10 septembre.
Ducats 647 25, Naples, 15 septembre.
Piastres 379 23 30, Cadix, 15 septembre.

Nous les remettons à Louis Pons et Cⁱᵉ, qui les paye de suite sur le pied de 97,75 le Milan, 4,45 le Naples, et 15,80 le Cadix.

——————— 29 *août* 18 ———————

165

Nous faisons recevoir chez Louis Pons et Cⁱᵉ, à valoir sur notre compte courant chez eux.................. fr. 20.000 »

——————— 29 *août* 18 ———————

166

Nous payons aux suivants :

A Gros frères, C. D. sa facture 16 courant, sous escompte 1 ½ %.
A J. Besset, C. D. sa facture 11 juillet sous escompte 10 ½ %.
A Coustou frères, C. D.   11   »   »
A Mauvernay, C. D.   14   »   »

—————— 29 août 18 . ——————

167

Salavy père et fils, de Marseille, nous avisent que pour se rembourser de leur $\frac{1}{3}$ au compte de vente de Bidermann, de Strasbourg, ils ont fait traite sur nous au 30 septembre, de fr. 5.211,58, et de plus qu'ils ont fourni fr. 3.000, au 30 septembre; fr. 3.000, au 5 octobre, et fr. 2.000, au 10 octobre, à valoir sur leur compte d'achat à 100 caisses savon, et ils nous débitent de $\frac{1}{8}$ % de perte sur la négociation de ces 3 dernières traites.

—————— 31 août 18 . ——————

168

Nous encaissons un effet échu ce jour.............. fr. | 2.915 | »

—————— 31 août 18 . ——————

169

David, de Bordeaux, nous remet compte de vente, compte de frais et compte de rentrées des ventes faites pour notre compte et pour lesquelles il n'est pas ducroire, comme suit :

Compte de frais.

Voiture à kil. 315, à fr. 17 les 100 kil........ fr.	53,55	
Magasinage et assurance $\frac{1}{8}$ %.............	6,88	170 65
Commission 2 % sur fr. 5.511.15 montant du compte de vente.........................	110,22	

Compte de vente.

A Roux, de Bordeaux, le 15 août ,
10 pièces taffetas parapluies,
mètres 370, à fr. 5,10........ fr. 1,887 » | 1.868,15
    Don 1 %........... 18,85

A Roman, de Libourne, le 18,
15 pièces taffetas pour ombrelles,
mètres 405, à fr. 4........... 1.620 » | 1.603,80
    Don 1 %............ 16 20

A Loudun, de Bordeaux, le 25, | 5.511 15
5 pièces taffetas pour parapluies,
mètres 185, à fr. 5,15........ 952,75 | 943,25
    Don 1 %............ 9,50

A Doux, de Bordeaux, le 25,
10 pièces taffetas ombrelles,
mètres 270, à fr. 4,10......... 1.107 » | 1.095,95
    Don 1 %............ 11,05

Compte de rentrées.

De Roman, de Libourne, fac-
ture 18 courant............. fr. 1.603,80 } 1.427.40
   Escompte 11 %..... 176,40 }
                  } 2.402 | 80
De Doux, de Bordeaux, facture
25 courant.................. 1.095,95 } 975.40
   Escompte 11 %..... 120,55 }

———— 31 *août* 18 . ————

170   Nous payons à Jacquemet sa facture 25 août, sous escompte 11 %.

Fr. 5.000, Lyon. 30 septembre. }
 4.000, —   »   » } à 4 1/2 % l'an.... fr. }
 6.000, — 25   » } et payons le solde }
 2.000, —   »   » } en espèces..... fr. }

———— 31 *août* 18 . ————

171   Nous payons à Daniel, notre commis, à valoir ...... fr.   600 | »

———— 31 *août* 18 . ————

172   Courant neveu, du Havre, nous remet compte de frais à 50 pièces 3/6 expédiées pour notre compte à Wilson, de Londres.

Voiture à kil. 31.755, à fr. 22,50............. fr. 3.572,45
Réception, magasinage et port en douane.... 100 »
Permis d'embarquement, ports de lettres et   3.957 | 45
 menus frais.............................. 35 »
Commission de transit, fr. 5 par pièce........ 250 »

———— 31 *août* 18 . ————

173   Notre sieur R..... prélève à valoir sur ses levées... fr.   540 | »

———— 1er *septembre* 18 . ————

174   Nous payons, pour la liquidation de notre sieur R..., sa promesse à Gérard, en ville, échue ce jour, et nous la renouvelons pour 6 mois à 5 % l'an pour notre propre compte.

——— 1ᵉʳ *septembre* 18 . ———

175

Nous recevons facture de Pascal, de Nîmes, sur commission donnée, payable comptant sans escompte.

50 douzaines bas de soie blancs,
la douzaine à............. fr. 43.50... fr. 2.175 »⎞
25 douzaines de gants de soie à
filet, la douzaine à........... 18,25... 456,25⎬ 2.912|50
25 douzaines gants de soie élasti-
ques, la douzaine à........ 11,25... 281,25⎠

Valeur 30 septembre.

——— 2 *septembre* 18 . ———

176

Nous remettons à André, de Paris, pour notre compte :

£. 480, Londres, 30 septembre, £ à ⎫
M/B. 8 598, Hambourg, 10 septembre, M/B à ⎬ ... fr.

——— 3 *septembre* 18 . ———

177

Suivant notre ordre, Pascal, de Nîmes, nous expédie et
nous remet facture aux objets ci-après, payable comptant
sans escompte.

50 douzaines bas de soie blancs fins à fr. 51
la douzaine...................... fr. 2.550 »⎞
50 douzaines bas de soie blancs surfins à
fr. 69 la douzaine.................. 3.450 »⎬ 6.230 »
20 douzaines gants de soie blancs élastiques
à fr. 11,50...................... 230 »⎠

——— 5 *septembre* 18 . ———

178

Nous remettons à Louis Pons et Cⁱᵉ, qui nous les portent en compte :

Ducats. 3.580, » , Naples, 15 septembre, à fr. 4,35
Piastres. 636,30, 5, Cadix, 25 septembre, à 15,90
Lires. 6.122, 9, », Milan, 30 septembre, à 99,50

——— 5 *septembre* 18 . ———

179

Nous remettons à Marinos, de Buenos-Ayres, compte
d'achat aux objets ci-après que nous lui expédions de
compte à 1/2 par l'entremise de Courant neveu, du Havre,
en 3 caisses 5, 6, 7.

10 pièces velours émeraude m. 250,
  à fr. 27,30.................... fr. 6.875 » } 6.806,25
          Don 1 %............   68,75)

50 douzaines bas de soie blancs à fr. 43,50... fr. 2.175, »

10 pièces velours grenat, m. 250
  à fr. 28,25...................... fr. 7,062,50 } 6.991,90
          Don 1 %.............   70,60)

25 douzaines gants de soie élastiques, f. 18,25. fr. 456,25
25   »   »   » filet   11,25.   281 25

10 pièces velours bleu m. 250,
  à fr. 29,10.................... fr. 7,275 »} 7.202,25
          Don 1 %............   72,75)

5 pièces satin noir, m. 125,
    à fr. 3,25................. fr. 406,25
5 pièces satin céleste, m. 125
    à fr. 3,75............   478,75
5 pièces satin rose, m. 250
    à fr. 3,55.............   443,75 1.778,75
5 pièces vert à fr. 3,60......   450 »   1.761,05
          Don 1 %............. fr.   17,70 25.663,95
          Escompte 10 %................. fr. 2 566,40
                                      23.097,55

Frais d'emballage......................... fr.   132, » } 23.229 55

Valeur 30 septembre.

———— 8 septembre 18 ————

180   Nous achetons de Pasquet et Cie, en ville, payable à 2
mois, escompte 10 % :
50 douzaines foulards à fr. 72.................. fr. 3.600 } 6.600 »
50   »   »   60..................   3.000)

———— 10 septembre 18 ————

181   Nous achetons de Balagnie, de St-Etienne, payable à 3
mois, escompte 14 % :

100 pièces ruban satin uni
à fr. 11,50 .... fr. 1.150
54 pièces ruban satin uni
à fr. 9,50 513
30 pièces ruban satin uni
à fr. 7,30 .... 219 } 6,706 »
404 pièces ruban taffetas façonné
à fr. 9 .... 3.636
36 pièces ruban gros de Naples
à fr. 33 .... 1.188
Bonification de métrage, 12 °/. ...... fr. 804.70
                                        5.901,30 } 5.075 10
Escompte 14 °/. 826,20
Valeur 10 décembre.

———— 12 septembre 18 . ————

182 | Nous achetons de Morand, en ville, à 60 jours, escompte 10 °/. :
120 cravates noires unies, à fr. 6,50. fr. 780 }
180 » » lancées à fr. 7,75. 1.395 } ...... fr. 4.605 »
300 » « façonnées à f. 8,10. 2.430 }

———— 12 septembre 18 . ————

183 | Nous achetons de Royer, de St-Etienne, à 3 mois, escompte 15 °/. :
50 pièces ruban gros de Naples uni,
à fr. 25 .... fr. 1.250 }
75 pièces ruban écossais, à fr. 40 .... 3.000 }
10 » gros de Naples façonné, } 5.490 »
à fr. 34 .... 340 }
100 pièces ruban taffetas, à fr. 9 ...... 900 }
Bonification de métrage, 8 °/. .... fr. 439,20
Valeur 12 décembre. 5.050 » } 4.293 20
Escompte 15 °/. 757,60

———— 13 septembre 18 . ————

184 | Nous négocions à Audra cousins et encaissons le net :
Fr. 2.690,15, sur Vienne, 17 septembre à 1/4.
2 000, » » Bordeaux, 15 »
2.000, » » » 30 » } à 1/2 °/. }
3.000, » » » 15 octobre. }

	13 *septembre* 18 .				
185	Nous achetons de Mantelier et Cie, à 1 mois sans escompte : 50 barils clouterie, kil. 180 par baril. kil. 9.000, à fr. 0,42 le kil. .... fr.			3.780	»
	15 *septembre* 18 .				
186	Suivant son ordre, nous remettons à Carlino, de New-York, compte d'achat et frais aux objets ci-après que nous lui expédions par l'entremise de C. Schmidt, du Havre :				
K Ø 3	50 douzaines foulards, à fr. 72..... fr.	3.600			
	50 » » 60.....	3.000	6.600 »		
» 4	120 cravates noires unies à fr. 6,50..	780			
	180 » » lancées, à f. 7,75.	1.395			
	300 » » façonnées, à fr. 8,10....................	2.430	4.605 »		
» 5	50 douzaines bas de soie blancs à fr. 51......................	2.550			
	50 douzaines bas de soie blancs surfins, à fr. 69.................	3.450			
	20 douzaines gants de soie élastiques, à 11,50.................	230	6.230 »		
			17.435 »		
	Escompte 10 %.......... fr.		1.743,50		
	Valeur 30 septembre.		15.691,50	16.050	35
	Frais { Emballage, fr. 15 par balle. fr.	45, »			
	Commission 2 %..........	313,85	358,85		
	15 *septembre* 18 .				
187 SP Ø 1 à 20	Nous vendons à Sarrus, en ville, comptant, escompte 4 % : 20 balles cacao, kil. net 1.948,75, à fr. 2,50 le kil...... fr.			4.871	90
	15 *septembre* 18 .				
188	Marinos, de Buenos-Ayres, nous remet compte d'achat et frais aux objets ci-après pour retour au compte à 1/2 à nous expédié sur le brick *le Rio*, en destination de Courant neveu, du Havre :				

J et C 1 à 4	200 cuirs 5.603, à $ 26, la pesée de 35			$ 4.242,02	

Permis d'embarquer.... $ 2 »
Courtage et reconnais-
sance 1 °/°............ 42 04

Frais {
Pesage et marques 40 . »
4 charrettes, à $ 10 40 »
Balandre et char-
gement $ 22, p.
100 cuirs....... 44 »
Douanes $ 1 par
cuir............ 100 »
} 368 »

JC ∅

$ 4.610,06

5 à 15 | 11 balles cuirs secs 7.935, soit 317 arobes et 10 , à $ 20 l'arobe................... $ 6.348 04

11,741 40

Article renvoyé à l'inventaire.

Permis d'embar-
quer........... $ 2 »
Courtage et recon-
naissance 1 °/°.: 63,40
4 charrettes et ba-
landres........ 60 »
Double emballage
$ 30 p. balles... 330 »
Douane 4 °/°...... 240 »
Balandres $ 8 par
balle.......... 88 »

} 783 04

7.131,04

$ 11.741,10

Valeur 15 juillet.

──────── 15 *septembre* 18 . ────────

189   Nous recevons de Carlino, de New-York, à valoir sur notre compte d'achat :

Fr. 2.000, 2 billets de la banque de France...... fr. 2.000
Livres sterling 150, sur Londres, au 15
novembre, à 24,301......................... fr.

──────── 15 *septembre* 18 . ────────

190   Nous achetons de Bertholon-Souchon, de St-Chamond, à 3 mois, escompte 14 °/° :

200 pièces ruban satin à fr. 11,75.... fr. 2.350
200 » » gros naples à f. 25,10   5.020 } 8.830 »
200 » » satin à 7,30........ 1.460
Bonification de métrage, 12 °/°........ fr. 1.059,60

7.770,40

Valeur 15 décembre.   Escompte 14 °/°...... 1.087,85

6.682 55

——————— 18 *septembre* 18 . ———————

191 Nous remettons à l'encaissement à André, de Paris,
Fr. 15.673,95, sur Paris, 30 septembre.............. fr. | 15.673 | 95

——————— 18 *septembre* 18 , ———————

192 Nous recevons pour la liquidation de notre sieur R....
de Bertrand, de Tarare, sur sa créance de... fr. 3.083,15
25 °/₀ espèces....................................... 770,80

25 °/₀ Bᵗ Bertrand, au 31 décembre, avec aval de son
oncle, fr. 770,80, que nous remettons à notre sieur R...
qui a consenti abandon de 50 °/₀.

——————— 20 *septembre* 18 . ———————

193 Courant neveu, du Havre, nous consigne à vendre pour
son compte 100 balles coton fernambouk à plus basse
limite, fr. 240 les 100 kil., sur réception nous payons la
voiture, kil. 11.330, à 13,60 les 100 kil. (non ducroire).

——————— 20 *septembre* 18 . ———————

194 André, de Paris, nous donne note de négociation à
notre remise 2 septembre; il a fait le Londres à fr. 24,35,
le Hambourg à fr. 189.

——————— 20 *septembre* 18 . ———————

195 Courant neveu, du Havre, nous remet compte de vente
et net produit aux objets ci-après d'envoi de Marinos, de
Buenos-Ayres, pour le compte à 1/2 avec ce dernier :

J et C 4 balles 200 cuirs secs kil. 2.508, f. 1,70 le kil.. fr. 4.263,60
1 à 4 fret sur kil. 2.508, à fr. 80, les 900 kil. 222,90

10 °/₀ avarie et chapeau....... fr. 22,30
Signaux..................... 95
Valeur 2 septembre..... 246,15   246,15

Frais Douanes sur kil. 2.508 à fr. 5
les 100 kil.................. 125,40
Décimes et quittance........ 12,50
Valeur 15 septembre... 137,90   137,90

A reporter............

23

Report............

	Assurance sur fr. 4.263,60, 2 °/.	85,30		
	Courtage....................	4,30		
	Valeur 30 septembre....	89,60	89,60

	Valeur commune 12 septem- bre, sur 473,65.		
	Intérêts du 12 septembre au 20 janvier, 133 jours...........	8,75	
	Réception et transport du bord, fr. 0,08 par cuir.,..........	16, »	
Frais	Journaliers pour battre le cuir, fr. 0,04 par cuir............	8, »	
	Assurance contre l'incendie 1/2 °/......................	21,10	199,60
	Permis d'embarquement et me- nus frais.................	7,25	
	Courtage 1/4 °/...............	10,65	
	Commission de vente 2 °/.....	85,25	
	Ducroire 1 °/................	42,60	

Valeur 20 janvier............ 3,590,35

CC	11 B.	Crin, k. 3.453,12, à f. 1,95 le k.........		6.753,60
		Fret 305 pieds cubes, à fr. 80 les 42 pieds cubes..........	580,95	
		Avarie et chapeau 10 °/......	58,10	
		Valeur 10 septembre....	639,05	639,05
		Douane kil. 3,453,12, à fr. 5 les 100 kil...............	172,65	6.094,55
		Décime et quittance.........	18,20	
			190,85	190,85
		Assurance sur fr. 4.632, 1 ³/₄ °/₀	81,05	5.903,70
		Courtage 1 °°/₀₀, police et tim- bre fr. 2,50................	7,10	
			88.15	88,15
		Valeur 26 septembre....		5.815,55

A reporter...........

Intérêts du 26 septembre au 23 février 150 jours à 5 %......	19,10			
Réception, port à l'entrepôt, sortie et livraison fr. 2 par balle.....................	22 »			
Au voilier, pour échantillon et condition..................	2,75			
Fourniture, 3 mètres toile.....	1,80			
Magasinage à l'entrepôt, f.1 par balle......................	11 »	322,40		
Poids public..................	7 90			
Assurance incendie 1/2 %......	33,75			
Permis d'embarquement, menus frais et ports de lettres.	6,25			
Courtage 1/4 %..............	16,85			
Commission de vente 2 %.....	134,65			
Valeur 23 février Ducroire 1%.	67,35	5.493,15	9,083 50	
Total de 4 balles cuirs.....		3.590,35		

———— 20 septembre 18 . ————

196 André, de Paris, nous remet pour notre compte :

Fr. 10.000, 10 billets de banque.
 8.000, Lyon, 31 décembre.
 4.000, » 25 » ⎫ Valeur aux échéances.
 3.000, » 15 janvier. ⎬
 5.000, » 10 » ⎭

———— 20 septembre 18 . ————

197 Nous recevons des suivants avis qu'ils ont fait traite sur nous en règlement de leurs factures :

St-Etienne, Balaguier, au 10 déc., par facture 10 sept.
 H. Royer 12 » » » 12 »
St-Chamond, Bertholon-Souchon, 15 décembre, par facture 15 septembre.

———— 20 septembre 18 . ————

198 Nous remettons à Thompson et Cⁱᵉ, de Londres, compte d'achat et frais aux objets ci-après à lui expédiés par l'entremise de Smith, du Havre :

CI ℐ1	100 pièces rubans satin uni à fr. 11,50................ fr. 1.150 »				

CI ℐ1 | 100 pièces rubans satin uni
à fr. 11,50................ fr. 1.150 »
54 pièces rubans satin uni
à fr. 9,50............... 513 »
30 pièces rubans satin uni
à fr. 7,30............... 219 »   5.518 »
404 pièces rubans taffetas façonné
à fr. 9.................. 3.636 »

ℐ 2 | 30 pièces rubans gros naples fa-
çonnés à fr. 33............ 1.188 »
50 pièces rubans gros naples fa-
çonnés à fr. 25............ 1.250 »   6.678 »
75 pièces rubans écosssais à f. 40   3.000 »
10 pièces rubans façonnés à f. 34   340 »
100 pièces rubans taffetas à fr. 9.   900 »

ℐ 3 | 200 pièces rubans satin uni
à fr. 11,75............... 2,350 »
200 pièces rubans gros de Naples
à fr. 25,10............... 5.020 »   8,830 »
200 pièces rubans satin uni
à fr. 7,30............... 1.460 »   21.026 »

Bonification de métrage 8 °/₀........ 1.682,10

                                        19.343,90
Escompte 10 °/₀ 1.934,40

                                        17.409,50
Frais { Emballage fr. 15 par balle   45, »
        Commission 2 1/2 °/° .....   435, »   480 »   17,889 75

——————— 20 septembre 18 . ———————

199 | Nous recevons des suivants pour règlement de factures :
de Simon, en ville, notre facture 18 juillet, sans escompte.
de Guérin, » » 20 août, moins escompte
2 °/₀.

——————— 20 septembre 18 . ———————

200 | Le 13 septembre nous avons expédié à Salavy père et
fils, de Marseille, 50 barils clouterie en consignation à
Patrice, d'Alger.
Aujourd'hui nous recevons d'eux avis de réception et
de réexpédition à Patrice, d Alger, et ils nous remettent
compte de frais.

Voiture Lyon à Marseille, kil. 900, fr. 3 les 100 kil.. fr. 270		
Déchargement fr. 1 par baril.................. 50		
Port à bord navire l'*Espérance* fr. 0,50 par baril.. 25		
Assurance sur fr. 2.500, 3 %.................... 75		
Fret fr. 40 par tonneau........................ 432		
Avarie et chapeau............................ 10	937	»
Commission de transit fr. 1,50 par baril.......... 75		

Valeur 30 septembre.

———————— 20 *septembre* 18 . ————————

201	Nous avons omis le 8 de ce mois de porter à charge de la liquidation de notre sieur R.... l'acquit de la traite de David, de Bordeaux, sur lui, par facture du 8 juin.... fr.	21.000	»

———————— 20 *septembre* 18 . ————————

202	Nous recevons par la liquidation de notre sieur R...., de Durand, le montant de sa facture du 20 juin.		

———————— 23 *septembre* 18 . ————————

203	Nous recevons de Sarrus, en ville, en espèces le règlement de notre facture du 15 septembre, moins l'escompte 4 %.		

———————— 25 *septembre* 18 . ————————

204 AM Ø 1 à 20	Nous vendons à Sarrus, en ville, à 2 mois ou comptant escompte 2 % : 20 caisses savon, kil. net 1.985,50 à fr. 137 les 100 kil.. fr.	2.720	15

———————— 25 *septembre* 18 . ————————

205	Notre sieur R.... nous charge de recevoir pour le compte de Mᵐᵉ R...., chez M. Cazati, notaire, le montant d'une succession advenue........................ fr.	18.000	»

———————— 29 *septembre* 18 . ————————

206	Nous payons aux suivants : A Chambertin, n. factʳᵉ 15 juillet, moins l'escompte 10 %. A Berlie O. et N. » 16 . » » » »		

———————— 30 *septembre* 18 . ————————

207	David, de Bordeaux, notre entrepositaire nous remet les comptes suivants :		

Compte de frais :

Magasinage et assurance ⅛ %............... fr.		11,75		
Commission 2 % sur fr. 9.405...............		188,10	199	85

208 — Compte de vente :

A Roux, le 10 courant.

15 pièces taffetas parapluie, 550 m.				
à 5 fr. 19 ½	2.858,25	2.829,65		
Don 1 %	28,60			

A Darnal, le 12 courant.

20 pièces taffetas parapluie, 740 m.				
à fr. 5,10...............	3.774 »	3.736,25	9.405	95
Don 1 %............	37,75			

A Dutillet, le 15 courant.

25 pièces taffetas pour ombrelles,				
675 m. à fr. 4,25............	2.868,75	2.840,05		
Don 1 %	28,70			

209 — Compte de rentrées :

Le 10 septembre, de Roux, régle-				
ment factures 15 août et 10				
septembre	4.697,80	4.204,50		
Escompte 10 ½ %...	493,30		7.529	75
Le 25 septembre, de Darnal, fac-				
ture 12 septembre..........	3.736,25	3.325,25		
Escompte 11 %......	411 »			

Valeur 16 septembre.

———— 30 *septembre* 18 ————

210 — Nous payons à Joseph, notre garçon de magasin :

Ses gages de 3 mois................................ fr.	150		
Sa note menus frais du trimestre................	117	267	»

———— 30 *septembre* 18 ————

211 — Nous payons 2 traites de Salavy père et fils, de Marseille, dont nous avons reçu avis le 29 août..................

——————— 30 *septembre* 18 , ———————

212

    Nous recevons de Courant neveu, du Havre, compte de frais à l'expédition, de 3 caisses soieries M ∅ 5 à 7 par navire le *Président* pour le compte à 1/2 avec Marinos, de Buenos-Ayres :

Voiture sur kil. 469, à fr. 17,40 les 100 kil...... fr.	81,60		
Permis d'embarquement, ports de lettres et menus frais...........................:	10,50		
Assurance, magasinage et port à bord.........	7,50	540	60
Commission d'expédition, fr. 6 par colis........	18 »		
Assurance sur fr. 18.000, 2 %..................	360 »		
Courtage et Assurance 1 °°/₀₀..................	18 »		
Commission d'assurance 1/4 °/₀..................	45 »		

——————— 30 *septembre* 18 . ———————

213

    Le 8 courant nous avons acheté de Coumert et Derussi, en ville, dont nous avons négligé de faire écriture immédiatement, 4 balles organsin pays, payables à 3 mois, escompte 11 %.

V B F	108 kil. 98 »	Kil. 349, net conditionné,		
∅	109 91,50	à fr. 82,25 le kil......... fr. 28.705,25		
	110 85 »	Escompte et bonification de	24.901	80
	111 74,50	13 1/4 %............. 3.803,45		

——————— 30 *septembre* 18 . ———————

214

    L'acte de Société intervenu entre nous stipulant que : « la mise de fonds de notre sieur R.... est représentée « par les valeurs provenant de son précédent commerce « et que l'apport de la différence, si les rentrées ne suffi- « sent pas pour parfaire sa mise de fonds, la différence devra « être versée par lui en espèces ou autres valeurs agréées, « dans 3 mois pour plus long délai. » Il est indispensable de régler à ce jour son compte de liquidation ; à cet effet, après avoir préalablement établi une balance d'ordre pour nous assurer de l'exactitude de nos écritures, nous devons dresser un compte courant d'intérêt, pour le solde être porté, non point de compte nouveau à compte vieux, mais de son compte de liquidation au compte courant libre, qui lui est ou doit lui être ouvert ; s'il reste débiteur dans le premier, il le devient ainsi dans le dernier, et alors ce sera sur celui-ci que seront passés les versements à effectuer incessamment; dans le cas contraire, il sera libre de disposer de l'excédant par prélèvements ultérieurs.

Mais là ne se borne pas notre œuvre; nous devons aussi faire écriture sur les livres du précédent commerce de notre sieur R...., de tous les articles portés au débit ou au crédit du compte courant d'intérêts de sa liquidation arrêté à ce jour; c'est d'après ce compte, ce qui peut être fait au moyen de deux articles collectifs, l'un à notre débit, l'autre à notre crédit.

Mais ici encore tout n'est pas fini. Il faut reprendre l'ancien Grand Livre compte par compte pour arrêter et solder ceux qui ne le sont pas encore par des articles supplémentaires, de telles sorte qu'il ne doit en rester aucun d'ouvert.

Pour ne pas intervertir l'ordre des propositions relatives au commerce actuel, nous présenterons celui des propositions concernant les écritures de règlement à passer sur les livres du précédent commerce comme supplément distinct et spécial auquel nous devons recourir dès à présent et qui se trouve placé après la série que nous n'avons pas voulu intervertir.

——————— 1er octobre 18 . ———————

215 · Nous payons la traite de Pascal, de Nimes, en règlement de ses factures.

——————— 5 octobre 18 . ———————

216 · Nous payons la traite de Salavy père et fils, de Marseille... fr. 3.000 »

——————— 8 octobre 18 . ———————

217 · Nous achetons à Remon et Cⁱᵉ, en ville, à 3 mois, escompte 11 % :

MB ⊘ · 5 balles organsin, kil. 326,50 net conditionné, à fr. 84,50, 31 à 34 · le kil.. fr. 27.589 25

——————— 10 octobre 18 . ———————

218 · Nous payons la traite de Salavy père et fils, de Marseille... fr. 2.000 »

——————— 13 octobre 18 . ———————

219 · Salavy père et fils, de Marseille, nous écrivent que le navire l'*Espérance* a rencontré gros temps en mer, et que,

forcé de s'alléger, le capitaine a fait jet en mer des 50 barils clouterie de notre envoi à Patrice, d'Alger, que les chargeurs et propriétaires du navire ont été appelés à produire leurs titres pour établir le prorata de chacun au montant du sinistre.

Sandoz, propriétaire du navire a justifié créance de................................... fr. 190.000 »

Pertuis, pour Albain, de Rouen, pour 10 balles drap..... ....:... 21.479,10

Pauchon, pour Astolf, de Paris, 20 caisses bijouterie.............................. 105.409,60

Qu'eux pour nous pour facture et compte de frais, à 50 barils clouterie, admis parce que sur le prorata l'armateur leur a payé......... ....

Et la Cie d'assurance . ...

D'où il suit que la différence est une perte pour nous.

——————— 15 octobre 18 . ———————

| 220 | Nous vendons à Bornier, en ville, comptant.escompte 3%: 10 tonneaux crème de tartre, kil. 1.303, à fr. 190 les 100 kil., encaissé... fr. | 2.401 | 45 |

——————— 15 octobre 18 . ———————

| 221 | David, de Bordeaux, nous consigne, à vendre pour son compte, 20 surons cochenille, que nous recevons et dont nous payons la voiture sur poids brut kil 1.255,50, à fr. 17 les 100 kil., ducroire .... fr. | 213 | 45 |

——————— 18 octobre 18 . ———————

222

∅

1 à 100

Schmidt, de New-York, nous remet compte d'achat et frais à 100 balles coton Louisiane :

35.000, $ 09 c. la ld.............	$ 3.150, »
Assurance, 1/2 °°/°° .... $ 1,57	
Port à bord, 10 c..................... 10 »	12 »
Ports de lettres.................... » 43	3,162 »
Commission d'achat 2 1/2 °/°	79,05
Valeur 60 jours................	3.241,05
Commission de remboursement 1 1/2 °/° sur 3.290,40......	49,35
Schelling	3.290,40

| Au change de fr. 5,25................... | 17.274 | 60 |

——————— 18 *octobre* 18 ———————

223   Suivant notre autorisation, Schmidt, de New-York, a fourni sur Chaezler et Cie, de Londres, livre sterling 500 à $.109 $\frac{1}{2}$ °/°, 100, 4 $\frac{1}{2}$ schelling = 1 $.

——————— 19 *octobre* 18 ———————

224   Nous achetons de Bertholet, à 60 jours, escompte 10 °/₀ : 32 Coupes gros de Naples 54 m. par pièce, m. 1.728, à fr. 3,60 le m.................................... fr. | 6.220 | 80

——————— 20 *octobre* 18 ———————

225   Nous achetons de Sarron et Cie, à 60 jours, escompte 10°/₀: 15 coupes satin broché pour gilets, 14 ^m 38 par pièce, m. 215 $\frac{3}{4}$ à fr. 6,90 le m............................. fr. | 1.488 | 65

——————— 23 octobre 18 ———————

226   Notre sieur Adam nous charge de retirer et de porter à un compte courant libre à lui ouvrir, le produit de la vente de fr. 800 de rente à 5 °/₀ à fr. 112, que nous encaissons... fr.

——————— 23 *octobre* 18 ———————

227
C N   Nous vendons à Auger frères, en ville, à 3 mois ou comptant, escompte 4 °/₀ :

1 à 10   10 balles coton de la consignation Courant neveu, du Havre.

Kil.   1.044 » ⎫
Tare 2 °/₀   20,33 ⎬ Net kil. 1.023,12 à f. 246 les 100 k. fr. | 2.516 | 85

——————— 25 *octobre* 17 ———————

228
C N   Nous vendons à Givors et Goiran aux mêmes conditions que dessus :

11 à 20   10 balles coton de la même provenance que dessus.

Kil.   1.116,50 ⎫
Tare 2 °/₀   22,33 ⎬ Net kil. 1.094,17 à f. 245 les 100 k. fr. | 2.680 | 70

——————— 25 *octobre* 18 ———————

229   Auger frères nous règlent facture 23 courant, en espèces, déduit 30 kil. avarie, au prix de facture et de 4 °/₀ d'escompte.

──────── 25 *octobre* 18 . ────────

230   Nous achetons de Monnet et Cⁱᵉ, en ville, à 60 jours, escompte 10 % :

85 châles brochés chenille, à fr. 54 le châle............ fr. | 4.590 | »

──────── 25 *octobre* 18 . ────────

231   Nous payons à Montillet sa facture 13 septembre, sous escompte, en un effet sur Lyon, 15 novembre, fr. 1.515,70, et le solde en espèces.............................. fr.

──────── 25 *octobre* 18 . ────────

232   Nous payons à Sarron et Cⁱᵉ leur facture 20 octobre, sous escompte 11 ½ %.

    Nous payons à Bertholet et Cⁱᵉ leur facture 19 octobre, sous escompte 11 ½ %.

──────── 25 *octobre* 18 . ────────

233   Nous vendons à Gourdias, en ville, à 2 mois ou comptant,
D escompte 4 %, 5 surons cochenille, de la consignation
1 à 5 David de Bordeaux, kil. 283,50 net, à fr. 25 le kil...... fr. | 7.087 | 50

──────── 31 *octobre* 18 . ────────

234   Gourdias nous paye comptant, sous escompte 4 %, notre facture 25 courant.

──────── 31 *octobre* 18 . ────────

235   David, de Bordeaux, nous remet compte de rentrées, le 2 octobre, de Loudun, facture 25 août, escompte 10 ½ %.
8 » de Dutillet, » 30 septembre, escompte 11 %.

──────── 31 *octobre* 18 . ────────

236   Nous faisons traite sur David, de Bordeaux, fr. 5.000, au 15 novembre, négocié à ¾ % de perte à Balaydier, en ville, qui nous en paye le net..................... fr.

──────── 31 *octobre* 18 . ────────

237   Givors et Goiran nous remettent en payement de notre facture 25 courant leur mandat à vue sur Augier, que nous encaissons, ils retiennent l'escompte à 4 %.

—————— 31 *octobre* 18 . ——————

238 | Nous remettons à Marinos, de Buénos-Ayres, compte d'achat et frais aux objets suivants, pour le compte à demi avec lui :

15 coupes satin broché pour gilets, 215 mètres ³/₄, à fr. 6,90............................. fr. 1.488,65
85 châles brochés chenille, à fr. 54............. 4.590 »
32 pièces gros de Naples, 1.728 mètres, à fr. 3,60............................. 6.220.80
                                                          12.299,45
Escompte 10 °/................... 1.229.95
                                                          11.069,50
Emballage fr. 15, par caisse 2 fr. 30 »)Valeur 31
Commission 2 °/.............. 221,40(décembre 251,40) 11.320 90

—————— 31 *octobre* 18 . ——————

239 | Nous remettons à Courant neveu, du Havre, compte de frais aux marchandises reçues de lui, à vendre pour son compte :
Le factage 50 cent. par balle.
Magasinage et assurance ¹/₄ °/₀.
Poids public 50 cent. par balle. } *Article renvoyé au*
Courtage ¹/₂ °/₀. } *30 novembre.*
Commission 2 °/₀.

—————— 31 *octobre* 18 . ——————

240 | Nous remettons en outre à Courant note et compte de rentrées sur les ventes pour son compte, dont nous ne sommes pas ducroire.

Article renvoyé au 30 novembre.

—————— 31 *octobre* 18 . ——————

241 | A valoir sur leurs comptes de levées :
Notre sieur Jean prélève.................. fr. 1.500
Notre sieur R .... 800 } 2.300 »

—————— 31 *octobre* 18 . ——————

242 | Nous payons aux suivants :
A Romon et Cⁱᵉ, facture 8 octobre, escompte 11 °/₀ + 1 ¹/₂ °/₀.
A Giroudon, » 28 août, » 10 °/₀.
A Pasquet, » 8 septembre, » 10 ¹/₂ °/₀.
A Morand, » 12 » » 11 °/₀.

———— 5 *novembre* 18 . ————

243　Nous négocions à veuve Guérin et fils, qui nous payent Livres sterling 150, Londres, 15 novembre, à fr. 24,50. fr.

———— 10 *novembre* 18 . ————

244　Nous achetons à Coumert et Derussy, à 90 jours, escompte 11 % :
5 balles organsin, kil. 451 net, à fr. 82,50 le kil .... fr. | 37,207 | 50

———— 15 *novembre* 18 . ————

245　Nous remettons à Thompson, de Londres, compte d'achat et frais :
A 5 balles organsin, kil. 451 net, à fr. 82,50 le kil ...... fr.

Frais { Factage 50 cent. par balle. fr.
Courtage fr. 6 les 100 kil.
Condition.............. 33,80 }
Commission 2 % ....

———— 15 *novembre* 18 . ————

246　Nous vendons à Servant et Babin, de Thisy, à 3 mois, escompte 4 % :
10 balles coton, de la consignation de Courant, du Havre.
G N ⌀　Kil. 1.145 net.　} Kil. net 1.122,10, à fr. 247 les
21 à 30　»　32, tare 2 %.} 100 kil. .... fr. | 2,771 | 60

———— 15 *novembre* 18 . ————

247　Nous payons à Monnet sa facture, 25 octobre, sous escompte 10 1/2 %.

———— 15 *novembre* 18 . ————

248　A valoir sur notre facture ce jour, Servant et Babin, de Thisy, nous remettent :
Fr. 15.000, Paris 15 février, à 1/2 % de perte......... fr.

———— 15 *novembre* 18 . ————

249　Nous recevons de Salandras, de Buenos-Ayres, à vendre pour son compte avec notre ducroire, 80 balles café, ⌀ 1 à 80 B C, pour lesquelles nous payons la voiture, suivant lettre Courant, du Havre, sur kil. 6.133, à fr. 7,60 les 100.

——— 15 *novembre* 18 . ———

250	Nous vendons à Ramondin cousins, en ville, à 2 mois ou comptant escompte 4 %/₀ :	
D ⌀		
6 à 10	Kil. 318 brut. ⎱ Net kil. 297, 5 surons cocheuille, à fr. 21 tare. ⎰ 24,50 le kil...................... fr.	7.276|50

——— 15 *novembre* 18 . ———

251 — Ramondin cousins. nous règlent notre facture ce jour, en leur billet à 2 mois, au pair.

——— 18 *novembre* 18 . ———

252	Marinos, de Buenos-Ayres, nous remet compte d'achat et frais pour le compte à demi avec lui aux objets ci-après :	
R J	1 caisse marks 68, C°⁰ argent à $ 50 le mark... $ 3.437,04	
⌀ 1	» 21, » or 95 » .... 1.095 »	
	Balance................ 5.432,04	
	⎧ Courtage balance, essai .... $ 60 ⎫	$5.567 »
	Article renvoyé ⎪ Permis d'embarquer...... 2 ⎪	
	⎨ Douane 1 %/₀............ 54 ⎬ 134,04	
	à l'inventaire. ⎪ Charrette et balandre..... 10 ⎪	
	⎩ Emballage................ 8 ⎭	

——— 19 *novembre* 18 . ———

253	Nous établissons C¹° à ¹/₂ à suivre avec Courant. du Havre, qui à cet effet nous remet compte d'achat et frais à 40 caisses indigo.	
J C	K. 4.400, brut. ⎧ kil. net 3.960 ⎫	
1 à 40	440; t. 11 k. ⎪ à f. 18 le k. fr. 71.280 » ⎪	
	par c. ⎨ Escompte 4 %/₀ 285,20 ⎬ 68.428,80	
	⎧ Factage, 50 c. par ⎫ Valeur 30	70.173|75
	Article renvoyé ⎪ caisse......... fr. 20 » ⎪ nov.	
	à l'inventaire. ⎨ Courtage ¹/₂ %/₀.... 356,40 ⎬ 1.744,95	
	⎩ Commission 2 %/₀. 1.368,65 ⎭	

——— 20 *novembre* 18 . ———

254	Nous achetons de Balay-David, de St-Etienne, à 3 mois :	
R ⌀	5 caisses rubans de soie assortis	
1 à 40	s'élevant à................. fr. 42.864,50 ⎱ 37.720,75	
	Bonification de métrage 12 %/₀.... 5.143,75 ⎰	32.439|85
	Escompte 14 %/₀. Valeur 20 février.... fr. 5.280;90	

——— 20 novembre 18 . ———

255 Nous remettons à Coumert et Derussi à valoir sur facture 10 courant :

8.000, Lyon, 31 décembre. ⎱ et 8 septembre, la 1ʳᵉ sous
4.000,   »   25   »   ⎰ escompte 1 1/2 %.
à 3 %.

et payons le solde en espèces.

——— 20 novembre 18 . ———

256 Wilson, de Londres, nous remet compte de vente et net produit aux

50 pièces 3/6 de notre consignation net livre sterling 1.579,19 que nous évaluons à fr. 25.

En outre il nous remet les effets suivants pris à fr. 25,25.

2.000, Paris, 25 janvier. ⎫
3.800,   »   »   »   ⎪
1.584,   »   31   »   ⎬ Valeur du 20 novembre aux
8.450,   »   »   »   ⎪ échéances.
4.372,   »   10 février. ⎪
1.973,   »   »   »   ⎭

——— 20 novembre 18 . ———

257 Nous vendons à Simon, en ville, à 2 mois ou comptant escompte 4 %, de la consignation de David, de Bordeaux, 10 surons cochenille.

Kil. 629 » brut ⎱ net kil. 582,50 à fr. 24 le kil........ fr. 13.980 »
     46,50 tare ⎰

et pour règlement de cette facture sous escompte 4 1/2 %, il nous remet :

3.000, Lyon. 20 janvier ⎫
2.800,   »   25   »   ⎪ que nous prenons à 3 1/4 %
5.000, Paris, 10 février ⎬ l'an et il reçoit en espèces
1.803,   »   15   »   ⎪ le solde.
3.340,   »   20   »   ⎭

——— 20 novembre 18 . ———

258 Pour solder notre facture 15 courant sur laquelle ils nous avaient remis un à-compte, Servant et Babin, de Thisy, nous remettent un mandat sur Lyon payable fin courant après avoir déduit l'escompte sur la facture 4 %, nous considérons cet effet à échéance comme espèces de caisse.

———————— 25 *novembre* 18 . ————————

259   Nous remettons à David, de Bordeaux, compté de vente et net produit des 20 surons cochenille de sa consignation.

Nous déduisons du produit brut des ventes l'escompte 4 °/₀ plus :

	Le factage 50 c. par suron............ fr.	
	Magasinage et assurance 1/₈ °/₀.........	
Frais	Poids public , 50 c. par suron.........	
	Courtage 1/₂ °/₀.....................	
	Commission et ducroire 3 °/₀..........	

———————— 25 *novembre* 18 . ————————

260
R ⌀
1 à 4

     Nous achetons de Blanc frères, de St-Etienne, voir compte :

4 caisses rubans de soie assortis, ensemble.. fr. 35.304,80
       Bonification de métrage 12 °/₀.....   4.236,55

                       31.068,25
Escompte 14 °/₀.................   4.349,55   26.718 70

———————— 27 *novembre* 18 . ————————

261   Nous achetons de Tyssonnière, en ville, valeur comptant : 50 pièces vin beaujolais à fr. 115 la pièce et nous payons immédiatement.

———————— 27 *novembre* 18 . ————————

262   Courant, du Havre, nous avise réception des 100 balles coton d'envoi de Schmidt, de New-York, et nous remet compte de frais montant à fr. 1.284,50, la facture de Schmidt est du 18 octobre.

———————— 28 *novembre* 18 . ————————

263   Nous achetons de Beaucourt, comptant sans escompte, et payons comptant : 50 pièces vin St-Gilles à fr. 98 la pièce............ fr.

———————— 29 *novembre* 18 . ————————

264
GF ⌀
51à100

     Nous achetons de Gros frères, en ville, à 2 mois, escompte 1/₂ °/₀ :

50 pièces 3/6, lit. 19,781 à 95 c. le litre...... fr. 18.791,95
   Escompte 1 1/₂ °/₀....................   281,85   18.510 10

——— 30 *novembre* 18 ... ———

265   Nous remettons à Courant neveu, du Havre, compte d'achat et de frais pour le compte avec lui les objets ci-après :

50 pièces vin beaujolais ⎱ sans escompte.
50   » » St-Gilles ⎰
50   » 3/6, escompte 1/2, et portons en frais.
     Rabattage fr. 2 par pièce.... fr. ⎱ Valeur fin
     Factage 50 c.............. ⎰ courant
     Commission 2°/₀..............

——— 30 *novembre* 18 ———

266   Nous remettons à Thompson, de Londres, compte
T ∅   d'achat et frais à 9 caisses rubans de soie assortis. Nous
1 à 9   portons sur le compte d'achat la bonification de métrage et l'escompte comme aux achats pour 3 mois.
Emballage fr. 7 par caisse......... fr. ⎱ .... fr.
Commission 2 1/2 °/₀.............. ⎰

——— 30 *novembre* 18 ———

267   Nous remettons à Courant neveu, du Havre :

Compte de vente du mois.
Compte de frais.
Compte de rentrées.

——— 1ᵉʳ *décembre* 18 ———

268   Nous vendons à Tisseur frères, de Roanne, à 3 mois, ou
CN ∅   comptant escompte 4 °/₀, 5 balles coton de la consignation
31 à 36 de Courant neveu :

Kil. 5?0 » brut. ⎱ Kil. 568,40, à fr. 246,50 les 100 kil. fr. | 1.401 |10
  »   11,60 tare 2 °/₀ ⎰

——— 5 *décembre* 18 ———

269   Nous portons à la monnaie l'or et l'argent d'envoi de Marinos, de Buenos-Ayres, pour le changer et nous lui remettons compte de vente et frais pour le compte à demi avec lui :

Kil. 15,75 argent, à fr. 218,82 le kil. fr. 3.446,45 ⎱
 » » 60 or. » 3.434,44 » 2.060,60 ⎰ 5.507,05
   Frais. — Voiture du Havre à Lyon, à fr. 18 ⎱ | 5.504 |10
les 100 kil.............................. 2,95 ⎰

24

———— 5 *décembre* 18 ————

270   Nous achetons de Perret neveu, à 3 mois, ou escompte à 4 %/. :

50 bonbonnes acide sulfurique, tare écrite à fr. 23 les 100 kil., kil. 4.925 net............................ fr. | 1.132 | 75

———— 10 *décembre* 18 ————

271   Nous encaissons la négociation des effets suivants :

2.000, Paris, 25 janvier. ⎫
3.800   »   »   » ⎪ à 4 %/. l'an.............. fr.
1.584   »   31   » ⎬
8.450   »   »   » ⎭

———— 10 *décembre* 18 ————

272   Nous acquittons la traite de Balguerie, échue, avisée le 20 septembre................................... fr. | 5.075 | 10

———— 10 *décembre* 18 ————

273   Nous vendons à Tisseur frères, de Roanne, à 3 mois, ou escompte 4 %/. :

10 balles coton de la consignation Courant, du Havre, Kil. 1.100 brut.   ⎫ Net kil. 1.078, à fr. 245,50 les
»   22 tare 2 %/.⎭ 100 kil...................... fr. | 2.646 | 50

———— 10 *décembre* 18 ————

274   Nous consignons à Abric frères, de Cadix, par l'intermédiaire de David, de Bordeaux, à vendre pour notre compte :

50 bonbonnes acide sulfurique.

———— 12 *décembre* 18 ————

275   Nous payons la traite de Henry Roger, échue, avisée le 20 septembre................................... fr. | 4.293 | 20

———— 12 *décembre* 18 ————

276   Nous recevons de Marinos, de Buenos-Ayres, compte de vente et net produit à notre expédition du 15 juillet, s'élevant net à $ 5.511,25. — Valeur 30 octobre.

———— 15 *décembre* 18 ————

277 | Nous payons la traite de Berthon-Souchon, avisée, le 20 septembre.. fr. | 6.482 | 55

———— 15 *décembre* 18 ————

278 | Nous achetons comptant fr. 700, rente 5 %, à fr. 73,50.

———— 15 *décembre* 18 ————

279 | En règlement et après déduction d'un escompte de 2 %, nous remettons à Perret neveu sur facture 5 courant, notre promesse à 2 mois.

———— 15 *décembre* 18 ————

280 | Tompson, de Londres, nous remet :

Fr. 20.000, Paris 28 février. ⎫
20.000. » » » ⎬ Valeur aux échéances.
10.000, » » » ⎭

———— 15 *décembre* 18 ————

281 | Nous faisons traite sur Thompson de Londres :
Livre sterling 600 à 3 mois à fr. 24.75.

———— 16 *décembre* 18 ————

282 | Nous recevons de Schmidt, de New-York, compte d'achat
SR ∅ | et frais à 50 balles coton, adressées à Salavy père et fils,
1 a 50 | de Marseille :

Kil. 17.000, à 8 c................... $ 1.360 » ⎫
    Assurance
    ½ %....... $ 6,80
    Chargement à   13,04 ⎬ 1.373,04
    bord .... 5 »
    Ports de let-
      tres........ 1,24 ⎭
    Commission d'achat...............   33,65

        Valeur 60 jours à 5.218........ 1.406,65
    Commission de remboursement s. fr.
      $ 1.429, à ½ %.................   23,01

                       1.429,70 | 7.460 | 55

—————— 25 *décembre* 18 . ——————

283   Nous vendons à Gourd, en ville, comptant escompte 4 %. du compte à ¹/₂ avec Courant neveu, du Havre, 20 caisses indigo.

Kil. 2.200 brut
        tare 10 kil. par caisse } net kil.   à fr. 24 le kil.

Gourd nous paye immédiatement, moins l'escompte.

—————— 31 *décembre* 18 . ——————

284   Nous remettons à Courant neveu, du Havre, compte de vente et net produit à 20 caisses indigo du compte à ¹/₂ avec lui :

§ 1 à 30   Kil. 2.200 brut
         tare 10 kil. par caisse. } kil..... à fr. 24... fr.

Frais. { Magasinage et assurance ¹/₈ %..... fr. }
       { Courtage ¹/₂ %.................... }
       { Commission 2 %. .... }

—————— 31 *décembre* 18 . ——————

285   David, de Bordeaux, nous remet compte de frais à la réception et réexpédition des 50 bonbonnes acide sulfurique consignées par nous à Abric frères, de Cadix :

Voiture de Lyon à Bordeaux, kil. 4.950, à fr. 6 les
    100 kil...................................... fr. 297 } 397 »
Commission de transit, fr. 2 par bonbonne......... 100 }

—————— 31 *décembre* 18 . ——————

286   Nous payons à Joseph, notre garçon de magasin, le trimestre d'appointements........................ fr. 150 } 354 »
    Sa note menus frais.................... 204 }

OBSERVATIONS

Arrivés au 31 décembre, nous considérons notre année sociale comme accomplie ; que la Société soit dissoute ou continue, et nous devons dans cette hypothèse procéder d'abord à l'établissement d'une balance d'ordre pour nous assurer de l'exactitude de nos écritures, ensuite à l'état descriptif et estimatif, autrement dit à l'inventaire matériel des marchandises en magasin, ou en consignation chez autrui, ou en compte en participation avec des tiers, des effets existant en portefeuille, à la reconnaissance des espèces en caisse, des engagements contractés par nous, non échus et par conséquent en circulation : après quoi nous pourrons et devrons procéder à l'inventaire général de nos écritures; ces diverses opérations, nous les avons déjà abordées dans le premier commerce exercé isolément par notre sieur R...., du 1er janvier au 30 juin; nous n'avons pas à répéter les explications que nous avons données alors. Mais pour établir cet inventaire général, nous devons préalablement régler et solder tous les comptes personnels y compris ceux ouverts aux associés et aussi les comptes généraux, celui des profits et pertes réservé pour le dernier comme résumant tous les autres ; on doit donc clore tous les comptes du grand livre sans autres explications que celles déjà données sur chacun d'eux.

TABLE DES MATIÈRES

TROISIÈME PARTIE.

ENSEIGNEMENT PRATIQUE DE COMPTABILITÉ.

Mâcon, imp. Protat frères.